U0556840

国家社科基金
后期资助项目

中医药传统知识
医药信息专用权研究

Research on the Exclusive Right of
Traditional Chinese Medicine Knowledge and
Medical Information

陈 庆 著

社会科学文献出版社
SOCIAL SCIENCES ACADEMIC PRESS (CHINA)

国家社科基金后期资助项目
出版说明

　　后期资助项目是国家社科基金设立的一类重要项目，旨在鼓励广大社科研究者潜心治学，支持基础研究多出优秀成果。它是经过严格评审，从接近完成的科研成果中遴选立项的。为扩大后期资助项目的影响，更好地推动学术发展，促进成果转化，全国哲学社会科学工作办公室按照"统一设计、统一标识、统一版式、形成系列"的总体要求，组织出版国家社科基金后期资助项目成果。

全国哲学社会科学工作办公室

目 录

绪 论 ··· 001

第一章　中医药传统知识基本概念 ································· 014
　第一节　中医药传统知识医药信息相关概念界定 ············· 015
　第二节　中医药传统知识相关概念 ···································· 025
　第三节　传统医药相关的法律保护国际探索 ···················· 038

第二章　中医药传统知识医药信息专用权保护正当性 ··············· 052
　第一节　制度经济学视角下医药信息专用权保护的正当性 ······ 052
　第二节　人权视角下医药信息专用权保护的正当性 ········· 063
　第三节　文化多样性视角下医药信息专用权保护的正当性 ······ 076

第三章　医药信息专用权实质审查标准的建立
　　　　——以专利实质要件为例 ······································ 085
　第一节　医药信息专用权属性对知识产权制度的回应与突破 ····· 085
　第二节　新颖性：专利新颖性与医药信息商业新颖性 ····· 089
　第三节　创造性：专利创造性与医药信息用途独特性 ····· 104
　第四节　实用性：专利实用性与医药信息稳定性和有效性 ······· 117

第四章　中医药传统知识医药信息专用权之客体探析 ··············· 130
　第一节　中医药传统知识相关客体考察 ···························· 130
　第二节　从专利权客体视角到医药信息客体 ···················· 138

第三节　医药信息客体适用的理论基础 ················· 143

第五章　中医药传统知识医药信息专用权之主体探析 ········· 147
　　　第一节　权利主体的范畴界定 ························· 149
　　　第二节　中医药传统知识医药信息专用权主体边界探索 ··· 152
　　　第三节　由著作邻接权人到"持有人"的主体认定 ······· 162

第六章　中医药传统知识医药信息专用权之权利内容构建 ····· 176
　　　第一节　医药信息专用权权利内容 ····················· 176
　　　第二节　医药信息专用权确权登记与数据库保护制度 ····· 183
　　　第三节　医药信息专用权医药用途模式与侵权判定标准 ··· 198
　　　第四节　医药信息专用权合理使用制度探析与构建 ······· 208

第七章　中医药传统知识医药信息获取与利益分享实现路径探析 ··· 220
　　　第一节　获取与利益分享相关国际进展与路径探索 ······· 223
　　　第二节　利益分享实现的条件之一：传统医药信息强制披露的
　　　　　　　构建 ······································· 231
　　　第三节　利益分享实现的条件之二：获取知情同意的路径
　　　　　　　构建 ······································· 239

结　语 ··· 256

附　录　中华人民共和国中医药传统知识医药信息专用权保护条例
　　　　（建议稿） ··· 258

主要参考文献 ··· 267

后　记 ··· 279

绪　论

一　中医药传统知识问题的由来

放眼全球，新一轮科技革命和产业革命加快重塑世界，当今世界正处于百年未有之大变局，全球经济结构进入重大调整期，知识产权已成为发达国家争夺国际竞争优势的重要工具，知识的价值直接构成财富。随着科技的进步，人们对创造物质财富的渴望与全球资源的日益匮乏之间的矛盾不断加剧，科技革命依靠现有资源所带来的创新成果难以满足人们日益增长的物质需求，开始将思维触角伸入传统知识。在过去的几千年历史中，传统知识在推动人类物质文明和精神文明建设中立下了汗马功劳，作为延续和传播人类文明的工具，传统知识的发展路径一直秉承"传承—发展—利用"的传统使用模式。进入知识经济时代，当传统知识遭遇现代科技时，人们开始发现传统知识"传统"的使用方式并不能充分挖掘和体现其本身所蕴含的价值，人们思维角度开始由单纯依赖"传承—发展—利用"的路径，转变为"传承—发展—开发"的路径。

中医药传统知识蕴含着巨大的产业药用开发价值，2015年屠呦呦因从青蒿中提取青蒿素用于治疗疟疾荣获诺贝尔医学奖，再次证明了中医药作为我国原创科技资源的重大意义和价值所在。西方发达国家基于国家经济利益考虑，凭借其先进的制药技术，将自然提取物纳入专利保护范围，扩大专利权客体范畴，无偿利用我国的中医药传统知识所披露的药用价值信息开发新药并申请专利的"生物海盗"行为，极大地损害了我国的中医药传统资源。西方发达国家的"生物海盗"行为本质在于无偿使用我国来自传统中医药典籍或民间口头流传的中医药传统知识披露的用于人体预防、保健和疾病的诊断、治疗的有确切疗效的药用价值信息，以此为指引利用现代化制药技术从传统中药获取有效成分或开发新药物剂型，获取专利权保护。

建立中医药传统知识专门保护制度是新时期国家知识产权战略中的重要组成部分。如何从中医药传统知识自身特点和价值出发，通过对现行知识产权制度，尤其是专利制度在保护中医药传统知识方面的积极作用和制度阙如进行理论研究，以构建符合我国中医药传统知识特色的专有产权保护制度具有重要的战略意义。

在人类漫长的历史发展中，由于对生命起源的陌生，对人体机能及复杂病原机体的不了解，早先人类通过自己的劳动在改造、适应自然的过程中，通过自己对社会自然探索所获得的知识，逐步形成了本部族独特的文化知识体系，其中包括简单治疗疾病的医疗工具、医药技能、传统药物知识等医药传统知识，这些知识包含朴素的哲学思想，是各地区、各民族人民根据自己独特的部族文化、基于对客观自然界的认识，在世代沿袭前人技能、经验和知识的基础上不断创新、发展，逐渐形成的具有地区民族特色的用于治疗疾病、保健养生等的医疗知识体系。可以说，每一个国家、每一个民族及部落传统医药的理论、诊法方药都蕴含着本民族、本地区特有的历史、文化、地理因素，具有唯一性特点。然而正是这些千差万别的医药传统知识在人类历史发展过程中扮演着重要的角色，它们对维系人类健康、延长生命、传播文明、推动科技进步有着重大意义。

中医药传统知识融合了民族地方的区域性特点和人文精神，反映了中华民族对生命、健康和疾病的认识，是中国古代朴素唯物主义的表现形式之一，是集阴阳、五行、藏象、经络为一体的中医药理论知识体系。其中所蕴含的传统文化表现形式多样、内容丰富，特别是经过历代医药学家的潜心研究，已形成具有中华民族特色的文化体系，包括针灸、推拿、中草药、四诊法、中医养生等知识体系。从文化多样性的角度出发，保护中医药传统知识的核心价值在于保护中医药传统文化，为当代及后世发展和利用中医药提供创新源泉。

其中，作为中医药传统知识最为重要的组成部分——传统中药及中药复方贯穿于整个中医药体系。单味中药以植物药为主，因此中药也以本草代称，除植物药外，动物药、矿物药也都属于中药范畴。中药复方通常是指两味或两味以上的中药根据特定的加工方法和君臣佐使的药理搭配运用于特定病症的方剂。其治疗理论和药理作用蕴含着丰富的哲学思想。正如《神农本草经》中所载"药有阴阳配合，子母兄弟"，后世医药学家多用"阴阳"来阐释药理。金代医家李杲在《东垣十书·汤液本草》的"药类法象"一章中说道："温凉寒热，四气是也。温热者，天之阳也；凉寒者，天之阴也。此乃天之阴阳也……辛甘淡酸苦咸，五味是也。辛甘淡者，地之阳也；酸苦咸，地之阴也。此乃地之阴阳也。味之薄者，为阴中之阳，味薄则通，酸苦咸平是也；味之厚者，为阴中之阴，味厚则泄，酸苦咸寒是也。气之厚者，为阳中之阳，气厚则发热，辛甘温热是也；气之薄者，为阳中之阴，气薄则发泄，辛甘淡平凉寒是也……气味辛甘发散为阳，酸甘涌泄为阴。"通过阴阳，既阐释了药之特性，又阐明了药之功效，具有高度的概括性和规律性。

在中医药发展过程中，不管是中药、中药复方、中医基础理论知识以及各种诊疗技艺、中医药文化符号，还是由后世各医学名家所著经典文献所构成的中医药传统知识，都包含中华文化朴素的哲学思想观，这些朴素的哲学思想观维系和促进中医药传统知识的不断发展与丰富。与此同时，在世界其他国家和地区的传统部族、社区中也逐步形成与当地历史文化、社会生活环境相适应的在宗教哲学基础上构建的传统医药体系。如被视为世界文明中最为古老的医药体系之一的印度阿育吠陀医学，其医药治病理论起源于数千年前的印度教和占星术。在占星术的指引下，阿育吠陀医学可以选择合适的草药用于治疗疾病，而这种特殊的草药必须遵守占星术中星体与疾病相反的规则。[①] 源于美洲土著民族纳瓦霍人（Navajo，美国最大的印第安人部落）的传统草药治疗方法则是建立在

---

① P. N. V. Kurup, "Medical Astrology" in *Traditional Medicine and Health Care Coverage*, World Health Organization, 1983, p.59.

本民族的宗教信仰上。① 发源于阿拉伯文明，普遍盛行于印度-巴基斯坦半岛及其他部分伊斯兰国家的尤那尼（Unani）传统医学，又称希腊-阿拉伯传统医学，更是与深厚的宗教信仰分不开，尤那尼医学处方中所记载的草药一直被认为来源于上帝，由波斯语言所书写。② 被形容为"非洲文化筛选下来的精华"（a distillation of African culture）的非洲传统医学更是有着极深厚的文化及宗教信仰体系，如呕吐被认为是触犯某种禁忌，这种禁忌包含社会宗教和一定的文化意蕴。植物和动物是传统治疗的工具和宗教应用，他们认为牺牲动物可以平息祖宗神灵的怒气，恢复健康和社会和谐。这些传统医药知识无不蕴含着丰富的传统文化理念，包括用于治疗疾病的工具、诊疗技艺，以及依赖该传统知识治疗疾病的传统草药、矿物药等。

现代医学（即通常所说的西医，民国时期被称为新医，与旧医相对），起源于古希腊医学。最初，医学理论体系也是建立在哲学基础之上，强调心与身、人体与自然的相互联系，重视保持健康，认为健康主要取决于生活方式、心理和情绪状态、环境、饮食等因素。作为古罗马时期最著名、最有影响力的医学大师，盖伦被认为是仅次于希波克拉底的第二位医学权威，其在《希波克拉底的元素》中描写了基于四元素说的四气说哲学系统，并以此发展了自己的理论，其作为一种整体医学观念与中国、日本和印度的传统医学之间具有广泛相似性。③ 然而，盖伦深受亚里士多德哲学中的感觉经验及逻辑演绎方法影响，逐渐倾向于可以直接感知的人体解剖和液体病理等研究，倾向于唯物论和还原论的方式，将自己的理论发展建立在观察、实验的基础之上，从而走上了与传统医学完全不同的发展道路。现代医学通过实验建立起来的医学理论更具有直观性，无疑比传统医学显得更具有科学性，直接冲击着传统医学的生存和发展（我

---

① William Morgan, "Navaho Treatment of Sickness: Diagnosticians", in David Landy, ed., *Culture Disease and Healing: Studies in Medical Anthropology*, Macmillan Publishing Company, 1977, p.165.

② P. N. V. Kurup, "*Medical Astrology*" in Traditional Medicine and Health Care Coverage, World Health Organization, 1983, p.64.

③ 〔英〕罗伊·波特主编《剑桥插图医学史》，张大庆等译，如果出版社、大雁文化事业股份有限公司，2008，第1页。

国在民国时期发生过中医存废事件），特别是工业革命后的欧洲各国，快速发展的科技水平进一步为现代医学的发展提供了物质技术条件，新型药物的问世，各种治疗疾病的仪器、实验器材的发明等为现代医学的发展铺平了道路。工业革命推动下的知识产权制度极大地刺激和推动了新型药物的研发和上市，过去被认为不可治愈的大多数疾病随着新药不断问世而得以治愈，极大地提高了人们的生存质量。然而，随着科技的发展和人口数量的增长，单纯依靠化学合成开发新型药物难以满足新型疾病治疗的需要，医学界极度渴望寻求其他途径开发新的药物。于是，发达国家及跨国制药巨头将目光转向了发展中国家的传统医药知识和遗传资源，以便能在其中寻找到开发新药的灵感和启示。事实证明，利用发展中国家的传统医药知识是发达国家开发新型药物最为便捷有效的途径之一，其不需要再花费大量的人力、物力和财力在上千个化学物质中寻求治疗疾病的有效靶体。制药公司以传统知识为研究先导，在传统医药的引导下进行新型药品的研发工作。它们将发展中国家的传统医药在数千年的文化积淀和医学理论基础上所凝聚的传统诊疗技术、方法和特有的名称、标识等无偿用于开发新产品，主要表现在以下几个方面。

（1）利用医药传统知识作为研究先导，主要体现在对动植物医药传统知识中治疗功效的描述。根据生物化学家 Norman Farnsworth 统计，世界药品使用的 119 种植物性成分中，74% 起源于传统植物医药知识。[1] 如美国默沙东公司利用我国传统中药风藤提取治疗支气管疾病的药物成分，日本利用我国传统中药"复方六神丸"开发的"救心丸"，美国提取印度楝树油用于防治植物真菌的方法等，均是利用了传统医药知识所披露的医药用途信息进行新药的研究开发并申请专利。

（2）以医药传统知识中的动植物药为原材料，通过对传统部族千百年来留下的丰富的遗传资源信息进行筛选，进一步研发新药。与医药传统知识相关的遗传资源，一般是指与地方人文环境和地理环境有密切关系的动植物品种资源，包括传统社区正在利用或培育的植物品种，以及发现并

---

[1] Graham Dutfield, "TRIPS-Related Aspects of Traditional Knowledge", *Case W. Res. J. Int'L*, Spring, 2001.

了解的微生物或者具备遗传功能单位的各种物质。近年来，发达国家采取各种手段，通过合作研究、出资购买，甚至偷窃的方式，大肆搜集、掠夺和控制发展中国家的遗传资源。如我国著名治疗感冒的良药"观音草"是贵州苗族历代重要的遗传资源之一，就曾遭韩国多家公司掠夺，它们通过采用高科技仪器对该药物进行分析，试图解析出其中有效成分的分子式，然后申请药物专利并占为己有。

（3）利用医药传统知识中的一些符号、标志、名称、图画等进行国际商标抢注。包括一些代表中医药传统文化、治疗理念的符号、标志、名称、图画等，如传统中华老字号药铺同仁堂、李济仁、九芝堂等，中医历史上有名的医家如张仲景、华佗、扁鹊、孙思邈等，特殊的名称标志如华佗独创的五禽戏及图谱等。这些中医药传统知识是中医几千年发展中沉淀的文化精髓，是对民族文化信仰的认同，因此具有一定的文化价值，任何人未经许可不得擅自进行商标注册或注册为企业名称等。

中医药学是具有优势地位、具有代表性、具有我国鲜明传统文化特色的传统知识体系，在我国卫生、经济、科技、文化和生态等方面都有非常重要的地位。对中医药传统知识进行专门权利保护，构建知识产权制度下的私权保护模式，契合我国《中医药法》对于中医药传统知识保护的基本立法精神与目的，有助于实现《国家知识产权战略纲要》中"建立健全传统知识保护制度。扶持传统知识的整理和传承，促进传统知识发展，完善传统医药知识产权管理、保护和利用协调机制"的重要战略意图，实践《中医药发展战略规划纲要（2016-2030年）》的重要目标，践行习近平总书记关于中医药传承发展与保护的重要指示精神。我国作为发展中国家传统医药知识的代表性国家，推动传统医药知识的国际保护，对于实践世界知识产权组织知识产权与遗传资源、传统知识和民间文学艺术政府间委员会（World Intellectual Property Organization, Intergovernmental Committee on Intellectual Property and Genetic Resources, Traditional Knowledge and Folklore，WIPO-IGC）关于传统知识各项保护议题以及完成《生物多样性公约》（Convention on Biological Diversity，CBD）所倡导的获取与利益分享（又称获取与惠益分享）的可持续发展目标具有重大的理论与实践指导意义。

二 新权利、新议题

中医药传统知识涉及范围广，不仅包括传统中药、中药复方所披露的治疗疾病的医药用途信息（又称"医药信息"），还包括传统中医的诊疗治法、中药炮制工艺、传统老字号、经典理论方药等。本书医药信息专用权所保护的客体仅限于中药及中药复方在传统医药典籍中所记载的或民间口头流传的具有稳定性和有效性，用于人体预防、保健以及疾病的诊断和治疗的医药用途信息，进而通过权利内容的设计，达到保护中医药传统知识的目的。

随着社会经济的发展，国家通过宏观调控实现对经济社会资源的介入和分配，政府将所掌控的资源与私人合意形成新型的财产管理模式和利益分配模式，这是一种新的财产权模式，被美国哈佛大学法学院 Reich 教授称为"新财产权"发表于《耶鲁法学杂志》，Reich 教授被认为是首个就"新财产权"进行系统论述的学者。[1]"新财产权"认为财产不仅包括传统的土地、动产、钱财，同时还包括社会福利、公共职位、经营许可等传统"政府馈赠"[2]（government largess），这些"馈赠"一旦变成了个人的"权利"，那么就应受到宪法个人财产权保障条款的保护，对它们的剥夺就受到"正当程序"和"公正补偿"的严格限制。

"新财产权"概念的出现，使得学界逐渐抛弃固有的财产权理论，开始探讨当代财产权的公、私法性质，公法与私法的界线已经不再泾渭分明，而是朝着公法私法化及私法公法化的趋势演变。财产权不再是一种单纯的私权，传统大陆法系关于公法、私法划分的理论基础也产生了根本的动摇。新财产权无疑极大地推动了新型财产权理论的思考和建构，同时也为我们整合财产权理论提供了一种新的视角。

新财产权之目的在于限制政府的权力，保障私人所获得的政府授予的

---

[1] 参见 Reich 教授于 1952~1965 年发表的系列文章：Charles A. Reich, "The New Property", *Yale L. J.*, 1952; "Comment Passport Refusal for Political Reasons: Constitutional Issue and Judicial Review", *Yale L. J.*, 1952; "Reich, Midnight Welfare Searches and the Social Security Act", *Yale L. J.*, 1963; "Reich, Individual Rights and Social Welfare: The Emerging Legal Issues", *Yale L. J*, 1965。

[2] 〔美〕查尔斯·A. 赖希：《新财产权》，翟小波译，《私法》2006 年第 2 期。

权利不被任意剥夺。政府凭借强大的经济基础，将由自己控制的公共资源进行整合、调配，再按一定程序分配给私人所享有。新财产权理论重点关注的是政府与权利持有者之间的关系，而非私有财产与持有者之间的关系。①

新财产权本质上是政府将对公共资源的管理所产生的财产权让渡给个人而实现资源利益分配。对于已进入公共领域，具有较为稳定的经实践证明的显著疗效且已基本完成文献化的中医药典籍、著作等所记载的中医药传统知识，可以实现由国家进行管理成为持有人，然后由国家授予某些组织或个人进行相应的传承和发展活动。通过赋予中医药传统知识特定主体和传承人、持有人经国家主管机关登记授权确认的专属权利，即得主张由中医药传统知识所派生的医药信息专用权。该种权利包含所有权的积极权能如许可使用、收益、研究、开发等，以及消极权能如禁止未经许可的商业性行为等。将原先可以人人自由获取、使用、开发的中医药传统知识纳为法律保护的客体，进而创设新财产权。

从传统财产权到新财产权，我们不仅看到了立法者试图构建有效的资源分配制度，也看到了不同的权利客体在不同的发展时期，基于不同的目的而衍生出不同的财产权理论。

中医药传统知识大部分属于公共资源，政府的公共权力行使可以确保中医药传统知识得以较好地保护和传承。然而，公权力的缺陷是缺少私人产权的制度激励。中医药传统知识属于世界传统知识的重要组成部分，传统知识的边缘化，以及所拥有的传统文化正面临消亡，从1970年后，全球逐渐出现了"族群复兴"现象，世界各国也日益重视保留传统知识，不断努力探索适合自己的传统知识法律保护模式。特殊权利保护模式不断出现于各国立法实践和学者著作中。当传统财产权的理论边界不断被突破，借由新财产权所创立的新型权利保护模式成为一种可能，以中医药传统知识中用于治疗人体疾病或健康保健方面的传统医药信息为法律保护的客体，赋予中医药传统知识所有权人、传承人、持有人享有经法律认可的

---

① John A. Powell, "New Property Disaggregated: A Model to Address Employment Discrimination", *U. S. F. L. Rev.*, 1989（363）.

中医药传统知识医药信息专用权，排除未经授权而擅自利用传统医药信息的商业化行为，此为本书所构建的新型权利类型，亦为中医药传统知识保护所带来的新议题。

中医药传统知识医药信息专用权对于中医药传统知识保护的思路正是出于此目的。中医药传统知识披露的治疗疾病的医药信息与专利制度存在相当程度的契合性，特别是专利的实质构成要件与医药信息特征具有相似之处，因此，中医药传统知识医药信息专用权符合知识产权保护的特性，应纳入知识产权私权保护体系，采用知识产权的保护模式。

对于传统知识和遗传资源的法律保护，学界和实务界做过不少探索，基本可以归纳为两点：一是通过对现有知识产权制度进行变革，以容纳传统知识和遗传资源，或在现有知识产权类型中重新创设一种新的知识产权权利类型；二是独立于知识产权之外而创设一种新型权利，该权利不属于知识产权范畴。其中，采纳第一点主张的学者占据多数，知识产权发展至今数百年，制度已基本成熟，也被广泛认可和采纳，将传统知识和遗传资源纳入现有知识产权制度范围内可以实现制度路径选择的最优化。

中医药传统知识医药信息专用权这一新型权利的创设或许可以为中医药传统知识的知识产权保护提供另类视角，防止"生物海盗"行为的进一步泛滥。这种新型权利模式借鉴专利制度基本框架，我国有学者将这一类似专利权或仅次于专利权的一种知识产权新型权利称为"类专利权"[①]，即一切符合专利制度的基本架构但在某些制度设计上又偏离专利的基本理论的权利设计都可以成立类专利权或亚专利权。

对于中医药传统知识医药信息专用权以类专利权模式进行构建，世界知识产权组织知识产权与遗传资源、传统知识和民间文学艺术政府间委员会及专家学者已有过相似的探讨，但基本停留在理论层面，并未进行清晰完整的制度论证。

IGC 对于"受保护的传统知识"定义即借鉴专利权中对发明产品和

---

① 郑成思先生在其著作《版权法》中就计算机软件的著作权与专利权保护模式探讨中就采用过"类专利"术语。前者是以"类专利"方式保护程序的单行法方案，后者则是把程序保护纳入版权法中的方案，参见郑成思《版权法》，中国人民大学出版社，2009，第 80 页。

方法的保护方式，将受保护的传统知识定义为包含在某种产品中或某种产品在传统知识基础上被开发或取得的，在传统范围以外生产、进口、许诺销售、存储或使用行为，以及该产品的方法和利用传统知识所获得的新方法。① 我国也有学者曾提出相似的建议，严永和教授在《论传统知识的知识产权保护》一书中，提出创设传统中医药知识保护专门制度，使我国传统中医药知识直接获得类似专利权的传统中医药知识保护权。② 崔国斌教授在博士学位论文中也提议在自然物种资源上设置一种类似专利权或植物品种权的权利，授权的条件是对于某种野生资源的发现者，需揭示该物种的特征、用途及相应的性状，发现和揭示是成为该物种资源知识产权人的前提条件，因此，传统社区的原住民作为"发现人"才能获得知识产权。对权利内容的设计包括制止下列未经许可利用遗传资源的行为：（1）生产、种植、销售、进口和出口遗传资源；（2）揭示、分离、提纯、复制和使用遗传资源所包括的基因、DNA 片段等遗传物质；（3）利用遗传资源及遗传物质培育新的物种。③

对于崔国斌教授设置类似专利权制度的方法，有学者持肯定态度，认为具有一定的可行性，但其在权利内容的设计上存在欠缺，并未具体说明该种权利应如何行使。④ 崔国斌教授的博士学位论文的特定主题为遗传资源，而中医药传统知识属于遗传资源的一部分，在主题保护上具有一定程度的相似性。然而，崔国斌教授专注的主题是有形的遗传资源本身，即自然物种资源，该观点挑战的是现有专利制度中对"发现"不予专利保护的理论，而主张建立类似专利权的专门权保护制度。"专利法拒绝对自然物质授予专利权，更深层次的原因也是更现实的考虑应该是避免自然物质的物权同知识产权之间的冲突……如果我们能够有效解决或者避免围绕自然物所产生的这种冲突，那么授予知识产权的做法即不会同知识产权法的

---

① WIPO-IGC，《保护传统知识：条款草案》，WIPO/GRTKF/IC/40/18，https://www.wipo.int/meetings/en/doc_details.jsp? doc_id=439126，最后访问时间：2019 年 10 月 21 日。
② 严永和：《论传统知识的知识产权保护》，法律出版社，2006，第 273 页。
③ 崔国斌：《文化及生物多样性的保护与知识产权》，博士学位论文，北京大学，2002，第 95~97 页。
④ 黄武双：《构建传统医药知识利益保护新制度的建议》，《法学》2006 年第 3 期。

其他基本指导原则发生冲突,是一个可以接受的方案。"① 而本书所关注的主题并不是这种有形的物质资源,而是中医药传统知识蕴含治疗疾病的医药用途信息,是一种无形信息资源,对属于遗传资源的中草药本身而言,是一种知识信息与载体的关系,最终目的在于禁止未经权利人授权,擅自利用医药用途信息进行商业性研究开发的行为,保护客体为传统医药信息。

中医药传统知识医药信息专用权,是指中医药传统知识所有权人或传承人、持有人对于以传统知识所披露的医药用途信息享有专用权,未经许可任何人不得擅自将其蕴含的医药用途信息用于商业用途,包括商业性产品的研究、开发、利用行为。商业性产品包括药品、医疗器械、保健品,甚至可以扩大至食品范畴等,行为包括涉及利用医药信息开发上述产品,以及涉及上述产品的使用、销售、许诺销售、进口等,以及涉及利用医药信息生产该产品的方法和利用传统医药信息研究所获得的新方法。于法律制度设计而言,中医药传统知识医药信息专用权的权利客体、权利主体、权利内容及权利的行使、侵权的救济等制度设计均是我们设立此专项权利必须予以重点探讨的内容。

三 研究目的、意义及范围

"生物海盗"行为的泛滥缘于缺乏有效的法律制度的制约和规范,本质在于未经同意无偿窃取、利用一些发展中国家或地区丰富的遗传资源和传统知识进行商业性开发。一般来说,遗传资源和传统知识在用途特点上具有关联性,特别是与传统知识有关的遗传资源,主要是指传统草药,往往是以传统知识的形式披露的医药信息,法律往往需要兼顾两者特性进行适当的利益平衡。大多数情况下,两者在适用知识产权保护上并不趋于一致。在发达国家看来,给予遗传资源知识产权保护违背"自然物质不授予专利权"的基本原则。欧盟认为,从广义上讲,虽然遗传资源保护的是遗传信息,但遗传信息依赖于特定的遗传物质作为载体而存在,从某种

---

① 崔国斌:《文化及生物多样性的保护与知识产权》,博士学位论文,北京大学,2002,第97页。

程度上来说，其更接近于物权的保护，更多的是对农业社区物种保护的一种补偿机制，与知识产权激励方式并不一致，应该由联合国粮农组织加以解决，而不是通过TRIPS理事会来处理。①

欧盟的观点只能说是为科技主导下的利益驱动寻求借口。科技的快速发展对于知识产权制度的冲击迫使我们应该以更加理性的方式进行回应，传统中草药所蕴含的医药信息是一种智力成果，理应成为知识产权的保护客体。而不少学者认为，知识产权会侵害土著人民的利益，加快传统知识的商品化只会让土著人民产生反感情绪，更糟糕的是，他们要强迫改变自己原有的世界观和价值观以适应西方的法律观念和制度，而这对传统社区的传统知识的发展无疑是灾难性的。② 然而，知识产权经过几百年的发展，已形成较为完备和成熟的制度，且经济全球化下国际社会对知识产权制度的认可，可以快速形成关于传统知识的国际性保护规则，约束发达国家制药企业对发展中国家的"生物海盗"行为。知识产权制度在全球新时代背景下，不断进行理论和制度变革，为传统知识的可知识产权性提供制度空间，对于知识产权的适用也绝不是"削足适履"，而是变革现行知识产权制度以适应传统知识特性，真正实现对于传统知识的全方位保护和可持续发展、利用，以符合全人类发展的需要。

"生物海盗"行为本质是利用传统中草药或中药复方以传统知识形式披露的医药信息，为开发新药物提供路线指引，减少研发搜索成本。于无形财产权角度而言，传统中草药作为中医药传统知识所披露的医药信息的唯一对应载体，具有特定性和唯一性。如麻黄具有宣肺平喘、利水消肿、发汗散寒的功效，该医药信息离不开麻黄这种具体植物，否则就无法实现医药信息所披露的药用功效。因此，研究模式上，中医药传统知识可以借

---

① WTO, "Review of Article 27.3 (b) of the TRIPS Agreement, and the Relationship between the TRIPS Agreement and Convention on Biological Diversity and the Protection of Traditional Knowledge and Folklore", http://www.wto.org/english/tratop_e/trips_e/art27.3 (b) _background_e.htm. Wend B. Wendland, Intellectual Property, Traditional Knowledge and Folklore: WIPO's Exploratory Program, 2002, 最后访问时间：2015年11月24日。

② Noami Roht Arriaza, Seeds and Shamans, "The Appropriateness of Scientific and Technical Knowledge of Indigenous and Local Communities", *Michigan Journal of International Law*, 1997.

专利制度产品载体形式（中草药）达到保护医药信息（技术方案）的目的，而其他传统知识由于载体的不确定性，无法建立产品与技术方案的有效衔接。从此角度来说，借鉴专利权制度的一些基本功能，构建符合我国中医药传统知识保护的新型权利模式对于保护我国传统中草药、中药复方等披露的中医药传统知识医药信息，具有重大现实意义。建立适用于我国中医药传统知识的专门权利保护制度，有利于保护传统中药及复方免于"生物海盗"行为的侵害，进而实现技术共享、惠益分享，增进全社会福祉，实现法之公平、正义目标。

第一章
中医药传统知识基本概念

在法律思维的世界里，概念一直被视为解决法律问题所必需和必不可少的工具，没有限定严格的专门概念，我们便不能清楚和理性地思考法律问题。① 概念可以使我们实现法律逻辑思考的外在语言化，将某些复杂、繁冗拖沓的事实简化成特定的法律用语传达给他人。对于概念的建构，应遵循所描述或规范的对象的基本特征，对于可能涉及不同学科的，由有关学科设定的目的而决定。法律概念在不同的学科中具有不同的内涵，它们之间并不是唯一对应的关系，与我们日常习惯表达用语也存在很大不同。如"动物（das Tier）依日常习惯用语一般指向单细胞动物（Bakterien），但却非法律上所称之动物"②。于人的认识而言，概念不应受限于特定学科的解释而导致认识误区的存在，不同学科所描述的对象即使概念相同或相似也并不能成立系同一事物之判断。

在逻辑学的维度里，概念是命题的基本元素，是思维的最小单位③，概念表述的精准对于理解某个事物起着非常重要的作用。一个术语愈笼统、愈抽象，它所要传达的中心含义则愈模糊不清，在法律情境下，某些术语的使用需要特定的环境，在环境中其中心含义越清楚、明确，所产生的歧义则会越小。这正如学者所言，一个概念的中心含义也许是清楚的和

---

① Max Rheinstein, "Education for Legal Craftsmanship", *Iowa Law Review*, 1945. 转引自〔美〕E. 博登海默《法理学：法律哲学与法律方法》，邓正来译，中国政法大学出版社，2004，第504页。
② 黄茂荣：《法学方法与现代民法》第五版，法律出版社，2007，第60页。
③ 雍琦：《法律逻辑学》，法律出版社，2004，第23页。

明确的,但当我们离开该中心时它就变得模糊不清了,而这正是一个概念的性质所在。①

长期以来,广大发展中国家为了抵制西方发达国家凭借先进的科学技术和优势对生物资源、传统知识实施的掠夺行为,不断地在法律的边界寻求多式样的权利形态保护,创设了许多法律原本不存在的概念,如传统知识、遗传资源、传统资源等。正如上文所述,这些概念的出现并不仰赖于特定的学科而只是呈现所要解决问题独有的意思表示,如遗传资源寻求法律保护的概念并不等同于生物遗传学科下的遗传信息资源,而是为创设特定之权利而存在的。然而这些概念并未清楚地阐明保护对象的基本特征,却使得中心含义模糊不清、边界混沌,为进入法律保护领域制造了障碍。

研究涉足中医药传统知识的领域,无法规避与中医药传统知识相关的各种概念术语,从法律层面来看,中医药传统知识涉及相关法律制度的保护,及制度设计中所遇到的各类法律概念问题,涉及不同概念的建构、梳理及合理性论证,而各种术语本身即有着天然的内在逻辑性及存在合理性。

第一节 中医药传统知识医药信息相关概念界定

一 中医药传统知识的范畴界定

法律研究领域内的中医药相关命题,涉及的中医药相关概念为数甚多,而且没有形成统一的用法,很多都是基于民间口头表达习惯而形成的,如传统中医药、传统中医药知识、中医药传统知识、传统中医、传统中药、民族医药、传统医药、传统中草药、本草等。法律研究领域讲究术语的精准和保护对象的确定,民间口头表达习惯不一致不能成为学术研究中模糊不清的理由。如有的学者将传统医药与传统中医药混为一谈,认为传统医药等同于传统中医药;有些学者认为,中医药包括我们所熟悉的汉医药,也包括其他传统民族医药,如藏医药、蒙医药、维医药、傣医药等。长期以来,人们习惯将"中医药"等同于汉族医药,区别于少数民

---

① 〔美〕E. 博登海默:《法理学:法律哲学与法律方法》,邓正来译,中国政法大学出版社,2004,第505页。

族医药，代表整个中华民族的主流医药。而有学者倡导历史各民族的整合，认为民族文化的融合必然使所有医药体系间相互借鉴和吸收，两者之间已经相互渗透、交融发展。然而即便如此，也不能忽略两者之间的差异，在法律保护上，更不能采用"一刀切"的方式，而应该分开来进行研究。根据《中国大百科全书：中国传统医学》的解释，中医药有广义和狭义之分，广义的中医药是指包括汉医药及少数民族的医药。而狭义的中医药仅指汉医药。① 国内学者一般都是采用狭义概念，如杜瑞芳博士在《传统医药的知识产权保护》中使用的中医药概念即为汉医药，严永和教授在《论传统知识的知识产权保护》一文中也将中医药界定为汉医药进行探讨，我国 2003 年公布并施行的《中医药条例》（已失效）中所使用的概念也是狭义的。因此，对于中医药的概念，学界莫衷一是，直到 2016 年出台《中医药法》将汉医药和所有少数民族的医药统称为中医药，采用的是广义中医药概念，才以成文法的形式统一了中医药的范畴界定。

中医药传统知识融合了民族地方区域性特点和人文精神，是中国古代朴素唯物主义的表现形式之一，是集阴阳、五行、藏象、经络为一体的中医药理论知识体系，在数千年的历史发展中，创造积累了丰富的医学理论与实践经验，包括传统医药理论知识，如药物理论、方剂理论、疾病与诊疗理论等；药用生物资源，如数量众多的传统药材物种资源和基因资源；传统药材加工炮制技术；传统药材栽培和养殖知识；传统医学方剂，如处方和制剂；传统诊疗技术，如望、闻、问、切四诊法，针灸、火罐、按摩、熏蒸等；传统养生保健方法，如推拿、刮痧、药浴、太极、五禽戏等；传统医药特有的标记和符号，如扁鹊、华佗、张仲景等名称，十全大补汤、六神丸等方剂名，同仁堂、李济仁等传统药铺，经络图、铜人等图谱。有学者将中医药传统知识概括为基于传统的文学、艺术或科学著作；表演、发明、科学发现、设计、标志、名字和符号、保密信息及其他所有的基于传统的，由工业、科学和文学艺术领域中的智力活动所产生的改良和创造。②

---

① 《中国大百科全书：中国传统医学》，中国大百科全书出版社，1992，第 1 页。
② 张韬：《论中医药传统知识的概念及范畴》，《世界科学技术》2005 年第 3 期。

二 中医药传统知识之"传统知识"属性

就传统知识这一术语本身而言，可以解释为基于传统文化习俗等所产生的知识体系。然而，由于传统知识对象本身的复杂性，上述解释难以涵盖传统知识所蕴含的内容。因此，国际上对传统知识的概念界定一直处于不断变动之中，最开始出现在一些国际人权组织的有关文件中，如传统或原住民遗产（traditional or indigenous heritage），它包括现代法律视之为人类思想和技艺的创造性产品，如文学、科学知识、音乐、舞蹈、艺术制品等，还包括从历史和自然继承的遗产，如人类遗迹、自然风光、特定部族和与之长期相关联的植物和动物种群等。如传统资源（traditional resource），它包括知识和技术、审美及精神品质、有形和无形的资源等。[①] 从上述定义可以看出，不管是传统或原住民遗产还是传统资源等概念界定，总体包括特定的个人和族群所创造的文化成果及价值，包括文学艺术、技术性知识等，因此，我国有学者将上述概念界定为传统知识的上位概念。

真正将传统知识概念从文学艺术和技术性知识里剥离出来肇始于《生物多样性公约》和世界知识产权组织（WIPO）。就传统知识的范围而言，最初 WIPO 将其分为传统技术性知识和民间文学艺术表达两大类内容，将基于传统之上的文学、艺术或科学著作、表演、发明、科学发现、设计、商标、名称和符号、未透露的信息和所有其他一些在工业、科学、文学艺术领域内，以传统为基础的由智力活动所产生的一切创新和创造，都纳入传统知识的范畴。[②] 20 世纪 90 年代初，《生物多样性公约》首先提出传统知识、创新和实践（traditional knowledge, innovations and practices）这一说法，后经其他国际组织演绎，定义为传统和地方性的技术、知识、诀窍和实践。2004 年 3 月在日内瓦召开的 WIPO-IGC 第六次会议相关文件中，正式将传统知识和民间文学艺术剥离。传统知识涉及农业知识、技术知识、生态知识、医药知识及与生物多样性有关的知识，关乎构成传统知识的诀

[①]〔美〕达里尔·A. 波塞、格雷厄姆·杜特费尔德：《超越知识产权——为原住民和当地社区争取传统资源权利》，许建初等译，云南科技出版社，2003，第 7 页。

[②]〔阿根廷〕卡洛斯·M. 科雷亚：《传统知识与知识产权：与传统知识保护有关的问题与意见》，国家知识产权局条法司译，2001，第 36 页。

窍、技能、经验、做法和学问，并包括体现在某社区或民族的传统生活方式中的知识，或存在于经整理的世代相传的知识体系中的知识，因此有学者将其归属于专利权和生物多样性研究的范畴。民间文学艺术主要基于言语表达、音乐表达、行动表达及有形表达，突出表达形式的创作，因此普遍做法是将其归属于版权研究之范畴。

传统知识属于边缘知识，属于社会非主流发展形态中的知识体系，是一群与自然紧密相连的人即传统部族世世代代积累创造的有自己分类体系的知识体系，是观察、适应当地环境以及资源利用和自我管理的经验体系。[①] 特点在于以传统背景为产生、保存和传播的基础，并作为一种经验积累由传统社区自我管理，在地域上来源于一定的"社区""部落""区域"，传承和发展通常局限于该特定社区和部落、区域，而正是因为这一特点才成为边缘知识，无法与社会主流知识进行融合。上述内容涉及传统知识的思想内容及体现物、附着物如动植物医疗运用等技术方案，以及体现这些技术方案的生物物种资源和传统知识在传承和利用过程中衍生的商业信誉等无形财产利益及体现物，如有关的符号、标志等。

相对于民族医药而言，在应用上，以汉族医药为代表的狭义上的传统中医药具有普遍性，至今一直是与西医并驾齐驱的医学体系，是人们维护生命健康不可忽视的医学资源体系，其并不来自某个特定区域而产生独特的诊疗方法和理论。而民族医药在应用上不具有普遍性，一般只由本地区、本民族人民用于一般的保健、诊疗等；在来源上具有一定的地域性，如江瑶族浴药的发源是基于特殊的地理环境，绵延千里、层峦叠嶂的九万大山孕育了丰富的草医药，而这些草医药的生长与独一无二的地理环境是分不开的。就狭义上的中医药传统知识概念而论，以汉族医药为代表的中医药传统知识似乎并不起源于某个传统社区和部族，也不属于边缘知识，不同于其他民族医药，在地域及主体创造性上具有开放性，在应用上具有普遍性，在文化多样化上属于代表中华民族的主流文化，而不是具有封闭性质的只代表本民族和本民族地域特性的民族医药，其是否属于传统知识

[①] Graham Dutfield, "TRIPS-Related Aspects of Traditional Knowledge", *Case Western Reserve Journal of International Law*, Spring, 2001.

范畴,仍需进一步探讨。

三 中医药传统知识之"传统"界定

传统一词的英文为"tradition",来源于拉丁语 traditio（让渡）,动词的名词形式为"traderd"或"trader",字面意思是传输、传播,还有遗传的意思（transmit）,亦有交出、移出（hand over）或保管（give for safekeeping）的意思。它最初出现在罗马法中,意指合法转让（legal transfers）和继承（inheritance）。[1] 从"传统"字词的起源来看,传统更多地表现为一种传递,一种事物的交接和移转,在法律上表现为一种合法的转让与继承行为。从该字词的解释来看,传统并没有反映与"现代"之间的对应关系,相反,其字面意思向我们暗示着传统最开始并不是作为某种文化或价值、风俗而存在,反而表示的是某种文化或价值、风俗发展、运行的行为方式。这种字词的起源我们无法探究其原因,但我们却可以清晰地看出,传统的现代意义是在字源意义的基础上不断发展而来的,并且继承着文化和历史的变迁。正如安东尼·吉登斯认为的,相比于欧洲过去的200年,包括启蒙运动时期,传统的现代意义如今要进步得多。[2]

传统包含较强的时间因素,一般来说具有一定的历史年限,与"现代"相对应,在英文中有用"prehistoric"（史前的、陈旧的）、"time immemorial"（远古以来、很久以前,法律不能追溯的年代）、"ancient"（古代的、古老的、过时的）等词来描述。[3] 而一般这些词都指向了一个共同的特征,即提示了传统的起源本质,在时间因素上,传统具有提示某个行为、风俗起源的功能。例如,中医传统文化,该传统一定包含并涉及传统文化的起源及历史演进,而对起源的揭示又可以使研究或论述某种传统具有历史时间上的完整性。但是起源的揭示在时间点上却并不是清楚明确的,起源的描述具有不确定性,究竟起源于"史前""古代"还是"很久以前"是

---

[1] Anthony Giddens, "Runaway World: How Globalization is Reshaping Our Lives", http://en.wikipedia.org/wiki/Traditional, 最后访问时间: 2014年7月4日。

[2] Anthony Giddens, "Runaway World: How Globalization is Reshaping Our Lives", http://en.wikipedia.org/wiki/Traditional, 最后访问时间: 2014年7月4日。

[3] Pascal Boyer, *Tradition as Truth and Communication: A Cognitive Description of Traditional Discourse*, Cambridge University Press, 1990, p.7.

无法明确的。由此造成在研究某个传统事物如文化、习俗、行为、信仰时，该事物陷入形而上学的研究困境，存在一种说不清道不明的逻辑怪圈，而这又导致研究对象的不确定性。一般来说，确定研究对象要么对性质进行界定，要么通过列举式或反向列举式进行排除。还有一种方式是划定一定的时间范围，在这个时间范围内的都可纳入，而这种方式一般是结合前两种方式使用。如对传统知识的保护范围、保护对象，较典型的是通过第一种和第二种相结合的方式，界定为基于"传统"之上的文学、艺术或科学著作、表演、发明、科学发现、设计、商标、名称和符号，未透露的信息和其他一些在工业、科学、文学或艺术领域内，以传统为基础的由智力活动产生的一切创新和创造，都属于传统知识的范畴。① 基于传统是对传统知识性质的界定，其后采用的是列举式对传统知识表现的不同方式进行界定。第一种对性质进行界定的方法大都为一些国际公约和国际机构所使用，如将传统知识界定为传统部族在千百年来的生产生活实践中创造出来的知识、技术、诀窍和经验的总和。② 该方式简洁明了但过于笼统，实际操作中不易把握范围，比如如何限定"千百年来"的时间概念，中医药传统知识的起源是从神农尝百草开始还是追溯到原始人类对植物药用价值的不断尝试探索？起源点追溯的不同当然会直接影响到保护对象、范围的确定，因此传统起源时间点的不确定性导致无法明确具体的保护对象和范围。

尽管"传统"在关于时间因素上存在上述诸多困境，却不妨碍我们对这一时间因素的使用，传统反映一定的历史进程，有着强烈的时间要素。

传统的现代意义，并不仅局限于它的字源意义，传递、移转反映的是传统的特性之一，我们无法从传统的传递、移转的字源意义上得出传承的字面意思。而现代意义上的传统则弥补了这一缺陷，才使得传统一词开始

---

① 〔阿根廷〕卡洛斯·M. 科雷亚：《传统知识与知识产权：与传统知识保护有关的问题与意见》，国家知识产权局条法司译，2001，第32页。
② The Secretariat of WIPO, *Revised Version of Traditional Knowledge Policy and Legal Options*, *Intergovernmental Committee on Intellectual Property and Genetic Resources*, *Traditional Knowledge and Folklore*, Sixth Session. 转引自严永和《论传统知识的知识产权保护》，法律出版社，2006，第16页。

在我们研究的各个领域频繁地出现。学界一般认为,"传统"是指蕴含悠久古老的历史、有着一定政治或文化目的,超越一定时间等特性。传统一般被认为是一个群体或社会中具有重大象征意义或反映特殊起源意义的一种代代相传的信仰和行为。[1] 而这种信仰、风俗和行为通常起源于史前,具有一定的神秘性,不为外界所知,最初传统一般是通过口头传递而不是依靠文字记载,如民间文艺、民间传说等都被作为传统或口述传统的一部分。因此,传统由最初的传递、移转等发展为具有现代意义上的传承概念,传即传递、移转,承即指承继、继承,基本包含以下两点。

1. 传承的"传"意在传递、移转,该传递的行为方式为代代相传或世代相传,是一种动态变化的传递过程,强调的是传递、移转主体的代际关系。一般意义上的传递、移转通俗意思是指一个送过来、一个接过去,强调的是一种单纯的动作,主体并不受限,也不具有特殊的意义,世代相传或称代代相传,不仅包含传递、移转这种单纯的动作行为,更多表现的是特定主体(上下两代、师徒)之间交流的一种行为方式或状态。因此,传承的第一要义被认为是习得,即通过传习而获得[2],体现了传承之"传"在于传递、移转,即通过习得将知识移转至下一个承受主体。

2. 传承的另一重点在于"承",即承继,任何传统都不是一成不变的,都是处于不断发展之中,传统是依靠传承而进化的,因此,传承构成"传统"最基本的特点,只有通过口传心授的方式传承,才能使某种传统(包括传统文化、传统知识等)的表现形式得以世代相传,从而使得某种传统可以在历史的长河中不断地淘汰后逐渐形成一种相对稳定的模式和发展规律。正如美国文化学家爱尔乌德在 20 世纪 30 年代所著《文化进化论》一书所述,文化作为现代语言媒介,通过传承而延续,文化对于个人更多的是一种交互影响,影响着人们的学习、生活及思维习惯。文化普遍被认为是精神文明的产物,如语言、文学、艺术、宗教、道德及法律、政治等,但文化有时也被认为包括物质文明,如人们的衣食住行、机器、

---

[1] Thomas A. Green, "Folklore: An Encyclopedia of Beliefs, Customs, Tales, Music, and Art. ABC-CLIO", http://en.wikipedia.org/wiki/Traditional, 最后访问时间: 2014 年 7 月 4 日。
[2] 刘锡诚:《传承与传承人论》,《河南教育学院学报》(哲学社会科学版) 2006 年第 5 期。

工具等，正是因为文化才造就了物质文明。① 从这一点上来讲，传承的第二要义是创新或发明，即在前人所传授的知识或技能的基础上加入自己的聪明才智，有所发明，有所创新，使传承的知识或技艺因创新和发明而有所增益。②

在人类学和生物学领域，传统这个词的精确更注重定义而不是使用。但这种定义，只能作为体现传统在各个学术领域中普遍存在的共性特征，并不能用于解释各个学科领域对传统的单独理解。但不管怎样，通过上文分析，我们可以得出中医药传统知识之"传统"特征包含以下三点。

1. 时间上的更迭性，即中医药传统知识并不是某个具体时代的产物，而是历史上逐步形成并完善起来的，并依赖于一定的文化、宗教信仰等，传承上更具有稳定性。

2. 时间上的长期性，这种长期性是由历史文化特点及中医药传统知识本身的特点所决定的，我们无法追溯具体起源，当然也无法界定最终结束的时间点。有学者可能会以传统中草药形成最终稳定的医药用途信息作为判断终止的时间界线，却忽略了传统中草药也具有发展的一面，如后续新的药用价值用途的发现等，当然后续的开发是否仍然属于中医药传统知识的智力成果范围，尚待商榷。

3. 主体上的承继性，中医药传统知识并不是单个独立主体创作的结果，而是依赖于整个中华民族的共同努力，以世代相传的方式予以传承和发展，并形成稳定的医药用途信息体系。这种承继性更多地突出了主体的集体性特征，同时也表明这种承继性既有"传"延续的一面，又有"承"发展的一面，对于主体设计而言，既是传播者又是创作者。

综上所述，笔者认为，判断中医药传统知识是否属于传统知识的关键点不在于主体和地域性，也不在于是否为边缘知识，而在于起源。传统知识的本质特征在于"基于传统"，是指"知识体系、智力创造和创新活

---

① 〔美〕爱尔乌德：《文化进化论》，钟兆麟译，世界书局，1932，第11页。
② 刘锡诚：《传承与传承人论》，《河南教育学院学报》（哲学社会科学版）2006年第5期。

动、文化表达形式通常都是代代相传的……"① 根据上文对传统知识定义的演进过程分析，可以得知传统知识中"基于传统"是指某种知识体系的创造、创新以及文化表达方式通常是代代相传，为某个特定民族或居住地域所固有，并随着环境改变而不断演进。传统中医药中的"传统"又称为传承和统一前人社会经验的共识，是与"现代医药"相对应的概念。中医药作为中华文明的重要组成部分，有着深厚的文化底蕴和悠久的文化传统，因此，有学者认为传统中医药与中医药并无本质区别，只是定语的修辞而已。也有学者认为，中医药发展的历史源远流长，但它又与现代科学技术实现了融合，因此不仅是传统的，也是现代的。这两种观点看似相左，实质并无本质区别，传统中医药的核心内涵在于"基于传统"，即揭示传统中医的起源和本质特征，而这种传统是华夏民族智慧结晶的产物，并不是停滞不前的。传统是根基，在此基础上后续演进的不断变化过程才是整个传统中医药体系的命脉所在，每一个阶段都是基于传统而进行的创新改进。特别到了近现代，中医药朝着现代化的路径发展，但其基础仍然是"基于传统"的理念。

从某种意义上说，基于一定的部族和传统社区这一特征只能构成传统知识可选择的特征之一，并不是必要条件。2011年2月，我国通过的《非物质文化遗产法》将传统医药纳入非物质文化遗产行列，非物质文化遗产被定义为各族人民世代相传并视为文化遗产组成部分的各种传统文化表现形式，以及与传统文化表现形式相关的实物和场所。很显然，非物质文化遗产的概念侧重点在于突出"世代相传"，而不限于特定的民族和传统社区，外延具有开放性。因此，中医药传统知识从本质上来讲仍然属于传统知识范畴无疑。

四　中医药传统知识医药信息概念界定

传统知识治疗的医药信息这一概念并不是笔者凭空想象出来的，在国际上，有学者早就此领域做过相关研究，英文表述为 Traditional Knowledge

---

① World Intellectual Organization, *Intellectual Property Needs and Expectations of Traditional Knowledge Holders*: *WIPO Report on Fact-Finding Missions on Intellectual Property and Traditional Knowledge* (1988-1999), ARGIS, 2001, p.25.

of Plant-based Therapy（TKPT），即"基于植物治疗的传统知识"。古德教授早在1987年对非洲医学进行研究时就指出这一概念，即不是基于个人经验总结而成的，而是通过口头或书面形式由世代传承用于诊断、预防和维系人与社会之间的（身体、精神）健康平衡的有关知识、技术、制备和使用的物质、措施及做法……① "基于植物治疗的传统知识"即包括我国特有的以植物药形态存在的中草药所蕴含的治疗疾病的医药信息。

传统医药注重治疗经验，包括在使用传统知识治疗疾病过程中涉及的与传统医药知识有关的宗教信仰，因此这种传统的治疗是依赖于特定的植物资源环境，包括与治疗疾病有关的人文宗教环境。

从上述古德教授对"TKPT"的定义我们可以看出，"基于植物治疗的传统知识"的客体不仅包括一种传统治疗知识，更包括与治疗有关的技术、制备方法和使用的物质、措施及做法。不仅包括传递这种植物可以治疗某种疾病的信息，还包括这种植物用于治疗时的加工处理方法、治疗时该植物药的用法和步骤等。如著名的死藤水专利案中，死藤作为一种药用植物并不能直接用来治疗疾病，而需要和其他几种植物混合起来煮制成汤药，而采集和制备死藤是一种复杂的技术工艺，只有部落的萨满或草医才懂得"神奇饮料"死藤水的制作方法。而这不仅涉及死藤作为药物治疗疾病的药用治疗信息，还涉及死藤水的制备方法、加工处理过程及其他几种植物的名称，甚至包括几种药物混合煮制的各自数量配比、煮制过程中火候及时间的相关信息。

中医药传统知识并不单指以生物形态出现的中草药，还包括作为载体的中草药所蕴含的治疗疾病的医药信息，包括传统治疗知识，与治疗有关的技术、制备和使用的物质、措施及做法。生态意义上的传统中药本身属于实体"物"的范畴，而医药信息属于"无形物"，属于智力成果，理应成为知识产权制度予以保护的内容。

本书所指的中医药传统知识医药信息是指以传统中药、中药复方、经典古方、验方、秘方等中医药传统知识于中医药典籍记载或民间口头流传

---

① Charles M. Good, *Ethnomedical Systems in Africa：Patterns of Traditional Medicine in Rural and Urban Kenya*, The Guilford Press, 1987, p.2.

的具有人体预防、保健和疾病的诊断和治疗功效的医药信息，包括功效、主治、性味归经、用法用量、炮制工艺和技术、传统使用方法、技艺等。这一类医药信息来源于以下三种类别。第一类为已经有书面文献记载的医药信息，包括已进入公共领域的且已经文献化的传统医药理论典籍，如《黄帝内经》、《伤寒论》、《金匮要略》、藏医药经典著作《四部医典》、回族医药学典籍《回回药方》等，中药学著作《神农本草经》《本草纲目》，方剂著作《五十二病方》《太平惠民和剂局方》等，以及由个人或家族所持有的未公开的祖传中药、中药复方、验方、秘方等文献资料。第二类为某一民族、传统社区、某一自然人或家族口头相授的医药信息，包括公开的口头相授的医药用途信息和封闭性传统部族、社区未公开的医药用途信息。第三类为在上述两类医药信息基础上所进行的加工、创造并经实践检验具有临床疗效的新的医药信息。

第二节　中医药传统知识相关概念

中医药传统知识具有非常广泛的含义，涉及各种中医药传统文化的表达，例如浩瀚的中医药典籍著作；中医药各类诊疗技法，如望、闻、问、切四诊法，针灸、火罐、按摩、熏蒸等传统知识；中医药特有的名称、符号、图谱，以及太极、五禽戏等以养生保健为目的的各类运动形体操等；与中药有关的遗传资源、药用动植物等生物多样性知识。在某种程度上，中医药传统知识作为系统知识囊括了民间文学艺术表达、生物遗传资源和传统知识三大类别，而这三大类别与非物质文化遗产又具有重叠性，为此，有必要说明并理清它们之间的关系。

从文化多样性的角度出发，保护中医药传统知识的核心价值在于保存中医药传统文化，为当代及后世发展和利用中医药提供创新源泉。中医药传统知识融合了民族地方区域性特点和人文精神，是中国古代朴素唯物主义的表现形式之一，是集阴阳、五行、藏象、经络为一体的中医药理论知识体系，其中所蕴含的传统文化形式多样、内容丰富，特别是经过历代医家的潜心研究，已形成具有中华民族特色的文化体系，包括针灸、推拿、中草药、四诊法、中医养生等。中医药传统文化无疑属于非物质文化遗产保护范畴。联合国教科文组织 2003 年《保护非物质文化遗产公约》将非物质文化遗产定义为"被各社区、群体，有时是个人，视为其文化遗产组成部分的各种社会实践、观念表述、表现形式、知识、技能以及相关的工具、实物、手工艺品和文化场所"，范围不仅包括民间文学艺术等各种文艺创作和形式表达，还包括一些具有载体形式和一定文化价值的实物及各种知识、技能。从该定义可以看出，非物质文化遗产包含了民间文学艺术表达和传统知识。从广义上来说，WIPO 最开始将民间文学艺术纳入传统知识范畴，为了便于实际操作，后期将民间文学艺术从传统知识中剥离出来与狭义的传统知识并列，将与自然环境有关的知识，如药物治疗和动植物知识单独归入狭义的传统知识范畴。由此可见，虽然所使用的术语不同，但实际上《保护非物质文化遗产公约》中定义的非物质文化遗产基本上包含了 WIPO 组织中的传统知识和民间文艺表现形式。① 民间文艺是从表达的视角加以界定，而传统知识则是从技能、技艺或者知识的角度加以界定，民间文艺的内容和传统知识的内容，在很大程度上与非物质文化遗产的内涵相重合。②

与中医药传统知识有关的还有"遗传资源"的概念。中医药传统知识中的道地药材、动植物药材中有相当一部分是与遗传资源密切相关的。在中医学理论基础上建立起来的中药学、方剂学、中药炮制技术等学科中所蕴含的动植物药材中包含丰富的遗传资源信息。根据《生物多样性公约》第 42 条规定，遗传材料是指来自植物、动物、微生物或其他来源的任何含有遗传功能单位的材料，而遗传资源是指具有实际或潜在价值的遗传材料。公约规定的对保护遗传资源最为重要的三大原则——国家主权原则、事先知情同意原则和公平惠益分享原则可以为我们保护与中医药传统知识有关的遗传资源提供立法思路。事实上，随着科学技术的发展，发达国家正是凭借发达的制药技术，通过中医药传统知识中所蕴含的遗传资源信息开发新药，再申请专利，实施"生物海盗"行为。保存、维护和利

---

① 喻玲：《知识产权、集体共有知识产权与非物质文化遗产》，载中国社会科学院知识产权中心主编《非物质文化遗产保护问题研究》，知识产权出版社，2011，第 203 页。
② 李明德、管育鹰：《非物质文化遗产法律保护研究报告》，载中国社会科学院知识产权中心编《非物质文化遗产保护问题研究》，知识产权出版社，2011，第 325 页。

用与中医药有关的遗传资源信息,将其纳入中医药传统知识当中,正是保护中医药传统知识的应有之义。

一 遗传资源

"遗传资源"的权威解释来自目前世界大部分国家所普遍接受的国际公约——《生物多样性公约》。《生物多样性公约》将遗传资源限定为"具有实际或潜在价值"的遗传材料,而这种"遗传材料"包括来自植物的含有遗传功能单位的材料。因此,对于中医药传统知识来说,蕴含丰富医药用途信息的中草药有可能成为"遗传材料"。然而,《生物多样性公约》下的遗传资源概念并未涵盖全部内容,具有遗传功能单位的遗传材料包括从动物、植物或微生物的诸如染色体、基因、细菌和质粒及以上生物的任何部分提取的 DNA,以及形成遗传单位的酶、分子或分子化合物或自然酶的组合,利用遗传资源或衍生物中的遗传信息通过人工合成的物质①,这部分遗传材料并未被纳入《生物多样性公约》的遗传资源范畴。而有些国家的遗传资源定义是包括分子和衍生物的,如安第斯共同体成员国、哥斯达黎加、巴西等。② 植物材料中不含有遗传功能单位的生化提取物(biochemical extract)则因不具有遗传功能而不属于遗传材料范围。③

从上述分析可以看出,遗传资源与中医药传统知识之间存在生态组织结构上的联系,在研究的领域和对象范围上存在一定的重叠和交叉,那么这种重叠和交叉对于我们研究中医药传统知识有着怎样的指引作用,值得我们研究。

(一) 遗传资源概念及法律地位

遗传资源(Genetic Resources)又名基因资源,是指取自人体、动物、植物或微生物等含有遗传功能单位并具有实际或潜在价值的材料。而这种实际或潜在的价值,决定着遗传材料是否可以商业化利用,也是遗传资源

---

① 秦天宝:《遗传资源获取与惠益分享的法律问题研究》,武汉大学出版社,2006,第10页。
② 秦天宝编译《国际与外国遗传资源法选编》,法律出版社,2005,第167页。
③ Glowkal, *A Guide to the Convention on Biological Diversity*, Gland and Cambridge: IUCN Environment Law Centre, 1994, pp. 21-22.

化的一个重要参考标准。

1904年，美国科学家萨顿（Walter Stanborough Sutton）首次揭示出"染色体"这种神秘的遗传单位。1906年，美国生物学家摩根（Thomas Hunt Morgan）在前人关于染色体遗传理论的基础上进行了著名的果蝇染色体研究，创立了新的遗传学说——染色体基因学说之后，说服人们相信基因就在染色体上。① 所有生物，无论是植物、细菌、昆虫、鱼类、鸟类还是人类，他们生命遗传信息的密码都藏在DNA内。而基因（Gene）则是DNA带有遗传信息的一个片段，是决定生物性状的基本单位。但是并非所有的DNA都是由基因组成的，它还包括一些毫无意义不带有任何遗传信息的"垃圾DNA"。因此，作为植物的生物体一定含有遗传信息，属于遗传材料，但是，并不是所有的植物都可以成为遗传资源，只有具有实际或潜在价值的植物才能成为遗传资源。而那些具有药物价值信息的中医药传统知识无疑属于遗传资源的重要组成部分。

《生物多样性公约》出台之前，遗传资源并未作为一种权利受到法律保护，在国际法上，发达国家认为遗传资源是同月球、海床、大洋底等资源一样，不属于任何一个国家所有，而是全人类的共同财产，奉行的是人类共同遗产原则。遗传资源上不存在任何权利，它的获取不受任何限制。人类共同遗产原则的适用大约从15世纪末开始，最终于1993年在联合国粮农组织（Food and Agriculture Organization of the United Nations，FAO）的《粮食和农业植物遗传资源国际条约》②（International Treaty on Plant Genetic Resources for Food and Agriculture，ITRGRFA）中确定下来。该公约所界定的"植物遗传资源"不仅包括正在利用的、新近开发的植物遗传资源，过时的、早先的栽培品种以及野生的、丛生的物种，还包括特殊的遗传材料。显然，人类共同遗产原则的适用满足了发达国家的某些产业无限制地获取产业发展所需原材料的要求。③

---

① Taylor, J. H., *Selected Paper on Moleculer Genetics*, Academic Press, 1956, p.67. 转引自赵功民《遗传的概念》，中国社会科学出版社，1996，第141页。
② Lesser, W., *Sustainable Use of Genetic Resources under the Convention on Biological Diversity: Exploring Access and Benefit Sharing Issues*, CAB International Press, 1998, pp.14-19. 转引自张小勇《遗传资源的获取和惠益分享与知识产权》，知识产权出版社，2007，第32页。
③ 张小勇：《遗传资源的获取和惠益分享与知识产权》，知识产权出版社，2007，第32页。

随着生物技术的飞速发展，植物遗传资源的商业价值不断被开发出来，而遗传资源丰富的发展中国家往往成为发达国家利用先进生物技术窃取商业价值的对象，由此引起广大发展中国家的强烈反对。随着生物技术飞速发展，遗传资源价值不断被发掘，人类共同遗产原则已难以适应新形势，由此催生了关于自然资源永久主权的1803号决议，即《关于自然资源永久主权宣言》，确定了遗传资源永久主权原则。随着遗传资源商业化利用的扩大，遗传资源与可持续发展也成为发展中国家在主权范围内必须予以考虑的问题，而遗传资源分布的不均衡性导致发展中国家与发达国家的利益冲突不断升级，因此，关于遗传资源的主权权利确认及可持续利用问题亟须达成一个国际性协议，《生物多样性公约》应运而生，解决了上述问题。

从上述分析我们可以看出，在国际法上，遗传资源经历了由人类共同遗产原则到永久主权原则的变迁，《生物多样性公约》重申了各国对主权领土范围内的遗传资源拥有主权权利，但是却并未明确承认国家对于这些遗传资源的财产权或所有权。永久主权强调遗传资源的国际法律地位问题，财产权和所有权强调的是遗传资源国内法律地位问题，属于两种不同的概念。[1] 实际上，《生物多样性公约》并未解决遗传资源的所有权问题，既然国家对遗传资源拥有主权，那么解决所有权的问题就应该属于国内立法所考虑的问题。从该意义上来讲，作为遗传资源重要组成部分的中医药传统知识在国内立法层面上对性质、主体权利归属等探索具有充分的法理依据。

（二）遗传资源与传统中草药的关系

《生物多样性公约》是遗传资源获取和惠益分享的最为重要的国际生物资源保护法之一。该公约最开始是作为当代国际环境法律制度的重要组成部分，目的在于防止生物多样性锐减和消失及物种灭绝，是保护和可持续利用生物多样性的一项国际行动纲领。然而，随着生态的相互依赖性逐渐突破国界的限制，国际环境法关注下的生物多样性已经不再单纯是一个

---

[1] Glowka, L., *A Guide to Designing Legal Framework to Determine Access to Genetic Resources*, Gland and Cambridge: IUCN Enviromnental Law Centre, 1998, p. 4.

环境方面的问题，而更多地与贸易、人权、知识产权等问题交织在一起。这种转变也导致一种结果，即由于环境问题逐步与其他领域中的问题交织在一起，已经获得发展的国际环境法关注领域持续扩大化，并且为发展和适用中关涉的主题与人员创造出新的挑战。① 因此，《生物多样性公约》成为发展中国家抵制发达国家"生物海盗"行为及保护本民族遗传资源的重要国际条约，所采取的保护策略也完全代表着一种新的方向与路径，而这充分体现在三大目标的确定上，即保护生物多样性、持续利用生物多样性和公平、公正地惠益分享。由此可见，《生物多样性公约》已经超出最初定位于国际环境法律制度所设定的生物多样性保护和可持续利用的范畴，进一步涉及遗传资源的获取和惠益分享、技术转让以及包括生物技术在内的技术获取等重要议题。

作为国际环境法律制度保护体系中最为重要的《生物多样性公约》，最初立法目的在于维系生态的平衡，最大限度地保护地球上生物资源的多样性，不仅包括生态系统多样性，还包括物种多样性和遗传多样性。传统中草药以植物形态存在，从生物多样性来讲，传统中草药的资源分布、种植、群落对环境的影响等都与生态环境有着直接的联系。然而生物多样性的意义并不在于生态环境本身，而在于生物多样性所体现的价值。对于人类来说，生物多样性具有直接使用价值、间接使用价值和潜在使用价值。单就传统药物而言，发展中国家 80% 的人口依赖以植物或动物形式存在的传统药物，以保证基本的健康，而西方制药中有 40% 的药物来源于在野生药植物中发现的物质。②

毋庸置疑，传统中草药作为植物形态属于生态系统的一部分，与生物多样性有着紧密联系，植物本身作为生物资源可以纳入生物多样性保护的范畴。本书研究的重点并不在于将传统中草药以单纯植物材料这种"实体"形式纳入生物环境保护体系之中，而在于对传统中草药本身医药用途信息的法律保护研究。然而，要彻底划清两者之间的界线却是相当困难

---

① Sands, P., *Principles of International Environmental Law*, Cambridge University Press, 2003, p.4. 转引自张小勇《遗传资源的获取惠益分享与知识产权》，知识产权出版社，2007，第 2 页。
② 闫桂琴：《生命科学导论》，北京师范大学出版社，2020，第 231 页。

的，传统中草药蕴含的医药用途信息是抽象的，客体表现形式具有无形性特征；而医药用途信息的载体即药用植物却是有形的，传统中草药医药用途信息作为无形之物不会发生有形损耗，但作为生态学上的药用植物本身则会因为使用不当而发生减损甚至消亡。正因为传统中草药蕴含着巨大的医药用途信息，才需要生物多样性的保护，而这一点与知识产权保护客体有很大的区别。知识产权保护客体是知识产品，是无体物[①]，知识产品的载体不会发生减损和消亡等情况，甚至有些知识产品不需要依赖载体也能获得利用、传播，如专利技术。因此，要保护传统中草药的医药用途信息就必须保护该载体的植物本身，反之亦然，正如《生物多样性公约》中规定的责任义务第4项：在当地居民和社区的参与下，尊重、保护和维护生物多样性可持续利用的传统知识。

对于体现传统中草药医药用途信息的传统知识而言，传统中草药的载体——植物本身具有特定性、专一性和不可替代性等特点，这也是区别于其他知识产权类型所在。正如上文所述，知识产权保护的是无体物，具有无形性，载体可以是多样的，并没有特殊的限制，如文字作品可以通过纸质材料这一载体体现出来，可以存放在光盘里，也可以存放在电脑硬盘中，并不会因为载体形式的不同而影响作品的内在价值。而传统中草药体现医药用途信息的传统知识属于知识、信息范畴，属于无体物，具有无形性，但该类知识、信息是专属于这种植物载体本身的，离开了这种载体，我们无法复制出这一类知识、信息。有学者认为，利用现代科技分离萃取植物本身的有效成分并开发出新的药物用途，离开了该植物本身，因此不具有专属性。该观点看似很有道理，其实混淆了知识、信息的概念。首先，利用现代科技分离萃取的有效成分仍然属于物权法上所说的"物"，并不是知识、信息；其次，该有效成分的分离萃取来源于该植物本身，并非凭空产生，如果没有这种植物提供萃取的原材料，就无法获得有效成分用于制造新的药物；最后，专利法规定药物可以受到保护，并不是说药物这种"实体"产品可以成为专利法保护的客体，而是指这种药物的制造

---

① 吴汉东：《知识产权基本理论范畴研究——以无体物、无形财产、无形财产权为主要研究对象》，载吴汉东《知识产权多维度解读》，北京大学出版社，2008，第60页。

方法、工艺的技术方案，而这种技术方案就体现为一定的知识、信息。这一点与植物药本身所披露的医药用途信息是一致的。

由上可知，传统中草药的保护与其他知识产权类型存在区别，因此，学界普遍存在一种误区，在不分析传统中草药与其他传统知识、其他知识产品存在区别的前提下，硬要将传统中草药纳入传统知识产权保护范围，从而形成"蹩脚"的理论套用。

传统中草药离不开生态多样性意义上的生态植物特征，所蕴含的医药用途信息直接对应该种植物载体本身，载体具有唯一性，因此，知识产权保护的最终目标就不可能只包括保护体现医药用途信息的知识、信息部分，还包括载体部分，而载体部分则涉及实体"物"。通过对知识产权保护制度的全面考察，将这两者同时纳入保护范围与专利法的保护方式比较相似。专利法在保护技术方案这种无体物之外还直接保护体现该技术方案的载体。当然，这种保护还是存有区别的，专利法保护体现该技术方案的载体，这种载体是新创造之物，是在技术方案基础上创设的新的实体物，不同于传统中草药植物本身，法理上是否有相通之处，我们在后面章节会做详细论证。

二 植物新品种

世界各国法律中，对于植物新品种的保护通常采用两种方式：一种是纳入专利法保护范围，赋予植物新品种专利权；另一种是创设一种新型知识产权权利类型，即植物新品种权。传统中药这种植物药，与植物新品种存在生态学上的同质性，二者对于保护的主题和范围以及权利内容的设定是否具有相通之处，值得我们进一步探索。

（一）植物新品种保护的背景

根据我国《植物新品种保护条例》第 2 条规定，植物新品种（new varieties of plants）是指经过人工培育的或者对所发现的野生植物加以开发，具备新颖性、特异性、一致性和稳定性并有适当命名的植物品种。早期人们在农业生产过程中，通过生产实践、研究不断推广新的农业改良作物，促进农业生产水平的大幅度提高。随着科学技术及农业生产的发展，农业新品种、农业改良作物所需的技术越来越复杂，一个新品种的培育往往需要大量人力、物力、技术、资金等方面的投入，而对农业新品种和农作物技术的改良的投入与后期被无偿利用的风险，使得人们开始警醒对于育种者权利保护的重要性。

国际上为植物育种者提供的法律保护最早可以追溯到1883年制定的《保护工业产权巴黎公约》。该公约第1条第3款将工业范围扩大到与商业有关的农业、采掘业，而植物新品种作为天然产品被划入农业范畴。该公约虽未明确对植物新品种的育种者提供法律保护，却将谷物、水果、花卉等植物类品种列为工业产权，是植物新品种育种者产权规划的雏形。至20世纪50年代，植物新品种的保护开始进入成熟时期，以荷兰和德国为代表，这一时期的植物新品种保护更加完备，更为接近现代意义上的品种权保护，从而真正促进了国际植物新品种保护联盟的成立。

植物新品种保护的国际议题始于1957年在法国召开的第一次植物新品种保护外交大会，该大会由保护知识产权联合国际局（BIRPI）、联合国粮农组织（FAO）、欧洲经济合作组织（OECD）及12个国家的政府参与，最终于1961年通过了《国际植物新品种保护公约》（以下简称UPOV公约）。该公约是最早的国际性植物知识产权保护法案，1978年和1991年两个修改版本的影响最为深远。根据UPOV公约的规定，育种者享有以商业为目的生产、销售其品种的有性或无性繁殖材料的专有权，包括以商业目的繁殖、销售受保护的植物品种，在观赏植物或插花生产中作为繁殖材料用于商业目的时，育种者的权利可扩大到观赏植物或部分以正常销售为目的而非繁殖用的观赏植物。我国于1997年颁布《植物新品种保护条例》，1999年4月23日正式加入UPOV公约（1978年文本）。

（二）植物新品种与专利权

植物新品种权的法律保护客体限于农林业培育过程中所产生的新品种，是保护育种者的一种新型权利类型，包括育种者对新品种享有的经济权利和精神权利。

植物新品种是人们在现有植物材料基础之上利用自然规律通过自己的智慧劳动创造出来的新产品，在这一点上，植物新品种与专利所保护的客体具有共通之处。因此，国际上有部分国家对植物新品种纳入专利法保护范围持肯定态度。然而由于植物新品种栽培繁殖的自然生长规律与专利制度在技术操作上仍然存有差异，专利的新颖性、创造性和实用性无法契合植物新品种的自身特性。专利权的新颖性是指发明创造不属于现有技术或未有同样的发明创造在申请日前申请且公布在申请日后的专利文献中。专利法新颖性标准为"不属于现有技术"，是为了防止重复授权。而植物新品种权强调保护的是该种繁殖材料，而不是育种和繁殖方法。保护目的在于未经育种者同意不得擅自销售或许诺销售该植物新品种材料，保护的是一种商业化的使用。因此，植物新品种所要求的新颖性即在申请前一定时间内未被商业化使用即可。在创造性方面，专利的创造性一般要求与现有技术相比具有非显而易见性，这种非显而易见性体现在相同领域的技术人员不能根据现有技术直接清楚明白地得出发明所要保护的技术方案。而对植物新品种而言，只要求与递交申请日以前的已知植物品种具有明显区别即可。在实用性方面，植物新品种作为人工种植物，更多地偏向于人工栽培，在繁殖栽培过程中存在人为不确定性因素较多，因此，无法做到像专利法所保护的技术方案那样能重复实施并产生相同的技术效果，其只是要求新品种经过反复繁殖后，相关的特征或特性保护不变，反复繁殖追求的是一种稳定性。

植物新品种权与专利保护方式存在的差异也导致了不同国家和地区之间采用不同的法律保护模式，如美国、日本采用专利法和专门法双重保护模式，其他国家和地区则采用建立植物新品种权的专门保护模式。研究植物新品种专利保护模式的利弊有助于我们选择合适的保护模式，专利保护模式的存在也为我们进一步整合国内专利法制度、探讨植物新品种专利保护模式提供了制度设计空间。

（1）美国专利保护模式

美国保护植物新品种采用双重保护模式，体现在《植物专利法》（PPA）和《植物新品种保护法》（PVPA）两部成文法当中。《植物专利法》诞生于1930年，为了适应城市化建设步伐对装饰性庭院植物的需要，该法对专利保护的客体限于以无性繁殖的方式产生的植物新品种，包括培育变株、变种和新发现的种子，除块茎繁殖物或未经培育而发现的植物以外，均可获得《植物专利法》的保护。随着植物育种技术的发展，单纯依靠无性繁殖技术显然不能满足植物育种的需要，于是美国于1970年颁布了

《植物新品种保护法》，并将《植物专利法》合并于美国现行《专利法》第 161~164 条。PVPA 的保护对象扩大到以有性繁殖方法培育的植物新品种，包括野生植物、自然生长的植物和其他植物品种。虽然有性繁殖方法培育的植物新品种可以获得植物新品种权保护，但却并未纳入专利法保护。直到 1980 年美国联邦最高法院在 Diamond, Commissioner of Patents and Trademarks v. Chakrabarty 一案中认定所有具有生命的物质都可以成为专利性客体，才为有性繁殖开了方便之门，而 1985 年的 EX Parte Hibberd 一案则最终确定了将植物专利保护的法定主题扩大到有性繁殖方式产生的植物新品种。

（2）日本植物专利保护模式

日本植物新品种的保护涉及两部法律：《专利法》《农业种子和种苗法》。《专利法》中并没有对专利客体的排除性条款，也没有明确规定植物新品种可以成为专利权的保护客体，只是将涉及植物方面的专利规定在《专利审查指南》中。《专利审查指南》规定，如果法律保护的植物新品种与原生植物相比具有明显区别特征且具有稳定性，可满足专利法中对创造性的规定，依法可以受到专利权的保护，甚至只要是涉及植物相关的发明都可以成为专利保护的客体。可见，日本同美国一样，直接将植物品种纳入专利法的保护体系之中。在植物新品种专门制度保护中，日本可以说是亚洲最早实行植物品种权保护的国家，于 1947 年就公布了《农业种子和种苗法》，后经 1978 年、1998 年及 2003 年三次修改，进一步扩大了植物新品种的保护范围和强化了保护力度。

（3）欧洲植物保护模式

欧洲植物保护模式分为专门法保护模式和专利保护模式两种，但从严格意义上讲，专利保护模式与其他采用专利保护植物品种的国家并不相同，植物品种并不属于专利法所保护的客体，但专利并不排除可以在技术上应用的植物或动物发明。换句话说，欧洲对植物并未采用双重保护模式，而这一点也契合了 UPOV 公约中对于同一植物属或种，成员国只能提供一种保护方式，禁止同时提供专利权和特殊权双重保护的规定。

1961 年国际植物新品种公约保护联盟的成立，促使欧洲大部分国家都选择采用植物新品种权这种专门法律保护模式，继荷兰、德国之后，

1977年前后瑞士、意大利、比利时等国也陆续制定了本国的植物新品种保护法。随着欧共体经济的进一步建立和发展，欧洲各国迫切需要制定一部统一的欧共体植物新品种保护的法律，这促使1994年《欧共体植物新品种保护条例》出台。第二年，欧盟植物品种局（CPVO）随即成立，由此欧共体开始实行统一的"共同体植物品种保护制度"。CPVO与欧盟各成员国的植物新品种保护机构平等共存，授予的品种权效力优先于成员国品种权或专利权。[1]受此影响，欧洲各国逐步采纳欧共体的植物品种保护制度，建立专门的植物新品种保护制度，将植物品种排除在专利客体之外。

在专利保护方面，早在1973年欧共体制定《欧洲专利公约》（The European Patent Convention，EPC）、成立欧洲专利局（EPO）以来，就禁止授予植物品种专利，加之后来CPVO的成立，使得植物品种专门保护效力要优先于专利保护，欧洲各国都纷纷舍弃传统的以专利法保护植物新品种的做法。

关于植物能否获得欧洲专利保护的问题，EPC第53条（b）项规定，不应对植物或动物品种，或者实质上是生物学的生产植物或动物的方法授予欧洲专利，微生物学的方法或由微生物学方法获得的产品除外。该条款直接将植物品种排除在可受专利保护范围之外，但我们可以推出，EPC排除的只是植物品种而并没有排除普通的植物获得授权的可能性。事实上，1983年的Ciba v. Geigy一案确定了繁殖材料可以授予欧洲专利，并在其后通过一系列判例，最终通过1999年Novaris案明确规定除属于品种权保护的植物品种无法授予欧洲专利外，其他所有植物材料包括植物群均可以获得专利保护。根据欧盟生物技术发明的法律保护指令规定，有关植物或动物的发明可受专利保护的前提是此发明的应用在技术上未限于单个植物或动物品种。[2]

（三）植物新品种和传统中草药

由上述可知，之所以区分是植物还是植物新品种，是因为在不同国

---

[1] 周伟伟：《欧盟植物品种局：观赏植物新品种保护申请比例最高》，《中国花卉园艺》2008年第21期。
[2] 姜丹明译，欧洲议会和欧盟理事会1998年7月6日通过的关于《生物技术发明的法律保护指令》（EC/98/44）的第19/98号《共同立场》（98/110/02），载《专利法研究》，知识产权出版社，1998，第339页。

家直接关系到法律保护的不同方式，有些国家或地区对可以进行技术应用的植物发明给予专利保护，而对植物新品种则只采用植物新品种权进行专门法保护。专利保护与植物新品种权保护在制度上存在巨大差异，例如授权的条件、保护的水平等重要方面都不同，直接影响到权利人的利益。然而采用禁止双重保护原则的 EPC 在所谓的何谓植物新品种问题上大费笔墨，至今也没能获得国际社会的完全认同。细细研究，我们发现，植物和植物新品种有某些方面是交叉重叠的，无法从法律上将两者完全分离开来，或许应更多地从生物学意义上对它们进行解读，通过实践不断加以确定。

尽管对于植物新品种的保护方式在国际上并未形成统一的规定，但我们可以清楚地得知，不管是专利保护还是植物新品种权保护，保护的客体都是经过改良育种之后的植物，区别于纯天然原生植物，由此才成立"品种"一说。对于传统中草药而言，更多地趋向于原生态环境下自然生长的植物，而这种原生植物通常被认为属于公共领域，或者说属于特定公共领域的生物资源，要么属于全人类共同遗产，要么属于国家或集体所有，而不可能成为知识产权制度上私人权利的保护客体。从此角度看，传统中药和植物新品种存在的差别是比较明显的。

然而，也有学者提出不同看法，认为随着现代农业培育技术水平的提高，在不破坏和改变传统中药的药性基础上，对原有的传统中草药进行人工化的培育或改良时，传统中草药也有可能符合植物新品种的特征。那么，在这种情况下，传统中草药是否有可能获得植物品种权或专利权的法律保护？

诚然，上述观点具有一定的合理性，但是二者在权利主体、保护目的和范围等方面存在较大不同。设立植物新品种权的目的为保护育种者在植物培育过程中所付出的智力劳动创造，而传统中草药追求的法律保护目的在于保护其本身所蕴含的医药用途信息。前者属于单个的育种者，后者可能属于某个群体、族群或群体中的某个传承人、持有人。因此，植物新品种权契合现代知识产权保护制度的相应特征，而对传统中草药的保护则需要作出不懈的努力和探索，但无疑，植物新品种权与专利制度对于植物新品种的保护，特别是植物新品种权中商业新颖性和稳定性的实质要件，为我们构建符合中医药传统知识特色的新型知识产权权利类型提供了制度借鉴。

第三节 传统医药相关的法律保护国际探索

传统医药的法律保护议题由来已久，在知识体系上，传统医药属于传统知识的一部分，蕴含了大量传统医药学理论；在生态环境上，传统医药中的传统中药属于生物多样性范畴，涉及遗传资源保护问题；在人类历史发展方面，涉及土著人民、传统社区健康权与人权、发展权的关系。因此，到目前为止，国际社会中尚未有正式的单独就传统医药的法律保护问题进行的探讨和研究。正如以上所述，传统医药涉及范围较广，以至于没有一个主题能完全容纳传统医药涉及的所有问题。传统知识属于传统医药的上位概念，在论及传统知识法律保护时包括对传统医药的法律保护。然而，传统医药治疗疾病的医药用途信息及背后所依据的传统医学理论、宗教信仰、风俗习惯和历史文化因素等才属于传统知识，传统知识的载体——传统药物（特别是植物药）本身则属于药物遗传资源，传统医药治疗疾病的药用价值与土著人民的健康及传统医药本身所承载的文化价值则属于土著人民人权与发展权范畴。

鉴于传统医药固有的特性，对于传统医药法律保护的国际探索一般散见于传统知识与生物多样性、遗传资源等国际组织及制定的各项公约，如WIPO、FAO等组织，以及《生物多样性公约》《粮食和农业植物遗传资源国际条约》等。这些国际组织及国际公约对于传统医药的保护大都为间接式，为了增强研究的准确性，以下通过对若干国际传统医药相关的知识产权保护实践的梳理，以期为传统医药新型权利保护模式创建寻求国际法制度支撑。

一 国际相关公约中传统医药"人权-健康权"的考察

（一）1989年《国际劳工组织公约》第169号公约

联合国国际劳工组织是一个旨在促进社会公正和国际公认的人权和劳工权益的联合国专门机构，制定了一系列公约以规范劳动关系和处理劳动问题。

国际劳工组织是第一个对土著人民进行定义的国际组织。"土著和部落人民"（indigenous and tribal peoples）出现于1989年通过的《独立国家土著和部落人民的公约》（即第169号公约），其中部落人民一般是指有自己独特的习俗，在地域上并不局限于某一区域的人民；土著的概念是相对于外来殖民者而言的，一般有稳固的区域性，有自己特有的社会、经济、文化和政治制度。

国际劳工组织中设立了专门的政策办公室，其下设有国际劳工标准部门，该部门主要负责处理土著、部落人民有关权利方面的问题。而作为具有约束力的第169号公约专门规定土著、部落人民的基本权利，其中包括土著和部落人民的土地、就业、社会保障和健康、教育和交流的方式、跨境合作及与政府的关系，以"土著和部落人民享有充分的人权和不受任何阻碍或歧视的基本自由"为宗旨。

该公约详细规定土著人民的语言、文化、社会和教育的权利，并赋予土著人民在就业、信息、土地和自然资源等方面的权利，还规定了在土著人民居住地区开发项目中产生的利益分配。

在公约第五部分"社会保障与医疗卫生"中提到传统治疗知识。公约的目的在于规定政府保证有关民族能享有良好的医疗卫生服务，从而使这些民族的成员获得所能达到的最高标准的身心健康，公约鼓励社区居民按自己的意愿建立医疗卫生服务体系。公约建议土著人民采用自主合作方式并应考虑其经济、地理、社会和文化条件，及传统的预防措施、治疗手段和药物。① 最后，公约再次强调，"医疗卫生服务体系应该与该国其他的社会、经济、文化相适应"②。

尽管该公约并没有明确土著传统治疗的使用规定，但是却隐含了将传统治疗手段和药物与相关的社会和文化条件相联系。从这一点可以看出，传统医药治疗知识作为土著、部落的医疗健康体系的重要部分，对其使用和保护与社会经济、文化、习俗及宗教信仰等是紧密相连的，而这也是我

---

① Article 25 (3).
② Article 25 (4).

(二)《联合国土著人民权利宣言》

如果说联合国国际劳工组织是维护土著人民权利的先行者,那么《联合国土著人民权利宣言》则是迄今为止最为全面的关于土著人民权利的国际条约,它清楚地表明了国际社会对于保护土著人民个人权利和集体权利所付出的努力和决心,特别是对集体人权的强调在国际人权法上达到了前所未有的高度。

《联合国土著人民权利宣言》起草工作始于1985年,最开始是基于改善土著人民的基本人权状况,1993年草案完成,之后提交给"防止对少数人进行歧视的人权保护小组委员会"审核,进入第二年的审议程序。宣言草案第23条规定,土著人民有权利根据实际情况确定开发重点及发展策略,包括发展卫生医疗事业、社会活动和改善居住环境,且尽可能地通过建立自己的机构来实施。该条被视为是土著人民对于传统医药的发展和保护的纲领性条款。而第24条则强调了土著人民对传统医药治疗方法的尊重和保护,土著人民有权发展自己的传统医药和健康医疗实践,包括保护重要的植物、动物及矿物药资源。而在第29条中,第一次提及关于土著人民人权问题涉及的知识产权保护,指出土著人民对文化拥有所有权,并享有控制和保护该种文化的权利和拥有知识产权。土著人民有权采取特殊的方式去控制、保护和发展自己的科技、文化表现形式。①

上述条款反映了传统医药治疗的传统文化属性。鼓励土著人民采取措施保护其传统知识所有权并通过利用知识产权来控制和保护包括生物遗传资源,种子、医药及动植物的传统知识、口头传说、文献、设计及视觉艺术等。②

宣言(草案)对于传统医药的保护和发展起着促进作用,然而,对草案中关于土著人民自决权利和土著人民对传统土地上既存的天然资源的

---

① 宣言草案第三章第166条。
② Chidi Vitus Oguamanam, *International Law, Plant Biodiversity and the Protection of Indigenous Knowledge: An Examination of Intellectual Property Rights in Relation to Traditional Medicine*, The University of British Columbia, April, 2003, p.185.

控制权问题，某些国家持反对态度，导致后期修订进程非常缓慢。2007年9月，经过25年的艰苦谈判，在第61届联合国大会上，《联合国土著人民权利宣言》终于以143票赞成、4票反对、11票弃权的表决结果获得通过。宣言的通过无疑对土著居民基本权利的认可和传统知识的尊重起着重大促进作用，对于推进人类社会的公正和进步具有划时代的意义。

与其他有关土著人民权利的规定相比，《联合国土著人民权利宣言》规定了更为宽泛的权利。其中涉及土著传统知识、文化和传统习俗有发展、使用、传承的权利，及不被强行同化或避免被消亡的权利，及基于这种权利所产生的公正、合理、公平的补偿权，并将基于传统医药产生的权利纳入政治、经济权利中，构成整个土著人民的集体权利与个人权利的统一保护。①

《联合国土著人民权利宣言》作为现行最为完备、效力最高的国际性文件，对于土著人民权利，特别是为传统医药有关的法律保护提供了立法背景和探索依据。确立土著人民对于传统知识文化拥有知识产权，包括保护、发展、使用、传承的权利，并因这种权利产生公平、公正、合理的补偿权，这为建构传统知识的知识产权法律保护制度提供了有力支撑。

(三) 《美洲原住民权利宣言（草案）》

该草案可能是目前对传统治疗知识和实践阐述最多的国际文件。尽管该草案并没有享有国际法条约的地位，但在很大程度上却反映了土著人民享有国际法上相关权利的普遍共识。如草案第三章关于美洲人权委员会，规定将土著人民的人权保护纳入草案中。

草案第12条"健康和幸福"规定土著人民有权利保持、发展和管理他们自己的健康服务体系。② 对于有关传统医药的部分，该草案作出了与《联合国土著人民权利宣言（草案）》相类似的条款规定，不仅授权国家尊重土著传统医学、药物知识，推广卫生健康实践，包括预防和康复实

---

① 林其敏：《土著人民权利的国际保护——兼评〈联合国土著人民权利宣言〉》，《民族学刊》2011年第6期。
② Article XII (4).

践①，同时也大力促进传播。② Article Ⅻ（3）部分更规定了土著人民有权利保护重要的植物、动物及矿物质药。草案遵循《联合国土著人民权利宣言（草案）》的模式，支持土著人民可以采用知识产权制度去保护与遗传资源、种子、药物、植物及动物有关的科学和技术知识。③

《美洲原住民权利宣言（草案）》可以说是践行《联合国土著人民权利宣言（草案）》原则性规定的具体措施。它授予土著人民"完全的所有权，通过知识产权控制和保护他们自己的文化和艺术遗产……""并且可以采用特殊方式确保这些遗产享有合法的地位及有相应的组织去发展、使用、分享、市场化及遗赠，或者通过继承传给下一代"。同时，该草案更进一步规定土著人民有权利采取特别措施去"控制、发展和保护，并对涉及人类遗传资源、种子、医药、动植物知识、设计的构思和程序等有关的科学技术的使用享有完全的补偿权"。④

二 WHO 与 WIPO 制度下的传统医药与知识产权

（一）WHO 对于传统医药的政策导向

土著人民作为传统医药最为重要的传承主体，其权利保护对于维系基本医疗卫生保健事业的发展有着极其重要的意义。由于土著人民的自身特点，以及他们独特的社会、文化和经济状况区别于国家社会中的其他群体，因此在发展自己的医疗卫生保健事业方面享有充分的自决权，这也为土著人民选择适合本部落传统医药的发展提供了制度空间。

除了土著人民拥有丰富的传统医药以外，在其他国家特别是有着灿烂文化历程的文明古国，如印度、埃及、中国等，传统医药同样有着非常强大的生命力，且传统药物都是在传统医学理论指导下发挥基本的药用价值，通常与传统医学一起被纳入国家卫生政策管理范围。因此，传统医药的保护对于这些国家而言，应更多地考虑到国际组织对于传统医药的政策运作。

---

① Article Ⅻ（1）.
② Article Ⅻ（2）.
③ Article ⅩⅩ（2）.
④ Article ⅩⅩ（3）.

一直以来，传统医药都游离于现代医学这一主流医学体系之外而未受到足够的重视，直到20世纪70年代这一局面才有所改善，1972年世界卫生组织（WHO）大会第29.72号决议开始承认传统医药从业者在医疗卫生保健服务中的潜力，标志着WHO将传统医药正式纳入官方政策管理的范围。1977年世界卫生组织大会决议承认WHO成员国可以将开发和利用传统医药作为促进本国的卫生保健系统的措施之一。1978年世界卫生组织大会参考决议承认传统医药在发展中国家卫生保健系统中的重要性，尽管这不是一个正式的决议，但对于发展中国家传统医药资源的使用者，包括传统的接生员和其他在公共健康服务体系中的从业者，给予了极大的支持。①

WHO的政策目标是将现代医学与传统医药一起融合到国家卫生保健体系中，以满足最优的卫生保健需求，旨在帮助第三世界国家去研究、实现和开展合作培训项目及施行包含传统治疗经验的治疗策略。② 在WHO的政策帮助之下，许多发展中国家如加纳、中国、泰国、尼日利亚、印度尼西亚、朝鲜、印度、马达加斯加、马里、老挝、斯里兰卡及越南相继成立了传统医药研究机构。

这种传统医药与现代医学融合的政策导向对传统医药的发展是否真的有用？WHO前总干事哈夫丹·马勒曾乐观地预测：由于传统医药已经被纳入WHO政策项目之中并获得承认，传统医药和现代医学体系的分歧在某种程度上应该有所缓和，而这种结果将导致很多现代医学从业者开始尝试使用传统治疗方法，而随着传统医药从业者的增多及可选择性的医疗体系的出现，传统医药从业者又开始逐步接受和使用现代医疗方法和技术。③

---

① Halfdan Mahler, in a foreword to Robert H. Bannerman, John Burton & Ch'en Wen-Chieh, eds., *Traditional Medicine and Health Care Coverage: A Reader For Health Administrators and Practitioners*, World Health Organization, 1983, p. 7.
② Charles M. Good, *Ethnomedical Systems in Africa: Patterns of Traditional Medicine in Rural and Urban Kenya*, The Guilford Press, 1987, p. 11.
③ Halfdan Mahler, in a foreword to Robert H. Bannerman, John Burton & Ch'en Wen-Chieh, eds., *Traditional Medicine and Health Care Coverage: A Reader For Health Administrators and Practitioners*, World Health Organization, 1983, p. 7.

哈夫丹·马勒的观点给我们对于未来传统医药的发展带来了想象的空间，若如其所言，传统医药的发展将获得与现代医药一样的地位，在医疗卫生保健事业方面可以发挥应有的作用。然而，哈夫丹·马勒的观点在20年后被证明只是一种乐观的臆想而不是现实。WHO 在传统医药上的政策只是代表一种理想的行动方案，很多国家难以做到。世界卫生组织大会的众多决议以及随后 WHO 出台的关于传统中草药安全性和有效性的评估指南，已充分证明 WHO 的传统医药政策存有重大缺陷。1991 年，第 44 届世界卫生大会提出要建立评估草药及针灸指南。宾夕法尼亚大学莫里斯植物园名誉副主任帝莫西教授和前世界卫生组织传统医学项目经理哈桑认为，WHO 指南的目标是通过采用一定的标准对传统草药的安全性和有效性作出质量评价，为国家药品监督管理部门提供参考。[①] WHO 用来描述传统医药，所谓"科学"的方法是基于狭隘的科学标准，目的是继续维护生物医药的正统地位。比如，世界卫生组织在评估指南里强调物质的活性成分，不仅倡导西方科学文化，同时也主张采用西方科学的"萃取"方法。

我们从 WHO 对于传统草药的定义就可见一斑，"为加工完成后，包含活性成分的医药产品，植物的地上花、叶、果实部分或地下根、茎部分，或其他植物原材料，或者是植物的制成品，无论是在天然状态下还是已经加工过的植物"。其中，植物原材料包括植物的汁、树胶、脂肪油或其他自然状态的物质。很显然，这种以现代科技研究植物成分的方式，已经偏离传统医药对草药的定义。[②]

（二）WHO 全球传统医药战略与知识产权

WHO 制定的第一个全球传统医药战略（WHO-Traditional Medicine Strategy，2002~2005）提出以下目标。

1. 通过成员国发展本国传统医药政策，便利其被纳入本国卫生保健

[①] Timothy R. Tomlinson & Olayiwola Akerele, eds., *Their Role in Health and Biodiversity*, University of Pennsylvania Press, 1998, pp. 205-211.

[②] WHO Guidelines For The Assessment of Herbal Medicines, WHO document WHO/TRM 91.4, annex 11；转引自 Chidi Vitus Oguamanam, *International Law, Plant Biodiversity and the Protection of Indigenous Knowledge: An Examination of Intellectual Property Rights in Relation to Traditional Medicine*, The University of British Columbia, April, 2003, p.192。

服务体系中；

2. 发展和提高传统医药的国际标准，对传统医药的治疗方法及使用传统医药制成品提供技术指导；

3. 通过开展临床研究项目，提供传统医药的安全性和有效性，激励特别是针对疟疾和艾滋病的传统医药研究；

4. 提倡合理地使用传统医药，促进基础理论的应用；

5. 通过重新整理并促进传统医药的信息交换，管理传统医药信息。

显然，WHO第一个全球传统医药战略并没有明确将知识产权作为五大目标之一，只在最后一个目标中提及通过重新整理并促进传统医药的信息交换管理传统医药信息。该目标并没有清楚阐述完成方式，但知识产权无疑是一个重要的信息交换工具：通过赋予对某一创造性知识一定期限的市场独占保护，换取创新性成果信息的公开，使更多的公众可以知悉创新内容。尽管如此，WHO仍然将传统医药的知识产权保护问题纳入接下来的国际传统医药保护的论坛讨论中，并清晰地指出知识产权问题在传统医药上仍然是一个悬而未决的问题。[1]

早在WHO出台全球传统医药战略（2002~2005）之前，受传统医药日益增长的利益需求和当地传统知识商品化及巨大的市场潜力的驱使，WHO在它的传统医药报告中就已经提出了传统医药知识的知识产权保护问题。2000年10月1日，联合国贸易发展委员会（UNCTAD）在日内瓦举办了保护传统医药知识经验、创新和实践的专家级会议，该大会被认为是第一个有土著群体参与的跨政府组织的较大型会议，吸引了80多个国家超过250名土著代表，同时也包括政府代表、非政府组织和联合国机构代表、学术界和私人部门代表。[2] 该会议旨在联合其他跨国非政府组织，特别是《生物多样性公约》组织和世界知识产权组织。1个月后，WHO举行了第一个永久性的关于以传统医药为背景的知识产权跨区域性研讨

---

[1] Chidi Vitus Oguamanam, *International Law, Plant Biodiversity and the Protection of Indigenous Knowledge: An Examination of Intellectual Property Rights in Relation to Traditional Medicine*, The University of British Columbia, April, 2003, pp.273-274.

[2] Graham Dutfield, *Intellectual Property Rights, Trade and Biodiversity: Seeds and Plant Varieties*, Earthscan/IUCN Press, 2000, pp.100-102.

会，目的在于借联合国贸易发展委员会专家级会议之际，吸引大会其他成员的关注和参与。此次研讨会无疑是成功的，加强了 WHO、WIPO 及 WTO 等组织之间的联系，将传统知识扩大到与传统知识有关的遗传资源和传统医药，包括由遗传资源和传统医药所产生的衍生物。

WHO 的全球传统医药战略要求各发展中国家积极保护本国与卫生健康有关的传统知识，提出尽可能帮助发展中国家制定保护本国传统医药的政策。建议对传统医药进行清理记录和存档，包括建立传统医药的数字化图书馆，而这一具体建议最后也被 WIPO 纳入传统知识产权政策中。2000 年 7 月，在印度新德里举行的 21 世纪知识产权政策与战略 WIPO 高峰论坛提出利用现代信息技术建立传统知识数字化图书馆（TKDL）。但该建议毁誉参半，引起了较大的争议。反对者认为首先数字化图书馆使得传统知识更容易被他人获取，更难阻止被他人盗用，达不到保护的目的；其次数字化图书馆使得传统知识固化，内容难以适时更新，阻碍进一步创新；再次，并不是所有传统知识都能用某种固定的形式表达出来，大多数传统知识都是口头传授，翻译过程中难免会出现歪曲及失真；最后，数字化传统知识容易使得传统知识从其原有的文化环境中脱离出来，而忽略了传统知识独特的精神和文化内涵。[①]

三 国际传统医药的法律保护路径探寻

由于传统医药知识涉及传统文化、民间文学艺术、遗传资源、生物多样性及知识产权保护等诸多问题，联合国教科文组织（UNESCO）、世界知识产权组织（WIPO）、世界贸易组织（WTO）、联合国环境规划署（UNEP）等国际机构分别从不同角度对传统医药知识的开发和保护进行过诸多探索，力图对传统医药知识进行多方面法律保护。

（一）UNESCO：从文化多样性到非物质文化遗产

文化被认为是人类认识世界、延续文明的工具，因此，繁荣世界文化、维系世界文化的多样性一直是人类共同追求的价值目标。2001 年 11

[①] Chidi Vitus Oguamanam, *International Law, Plant Biodiversity and the Protection of Indigenous Knowledge: An Examination of Intellectual Property Rights in Relation to Traditional Medicine*, The University of British Columbia, April, 2003, p. 275.

月,《世界文化多样性宣言》在联合国教科文组织大会第 31 届会议上通过,宣言指出文化的多元化与人权保障、社会创新培养和传统知识的保护具有重要的意义。2003 年,联合国教科文组织出台《保护非物质文化遗产公约》,该公约将文化作为遗产组成部分纳入非物质文化保护之中,文化包括社会实践、知识、技能、音乐、舞蹈等表现形式及与文化有关的有形实物、手工艺品及文化场所。《保护非物质文化遗产公约》中,非物质文化遗产所涵盖的范围极其宽泛,不仅包括几乎所有的文学艺术表现形式,如语言及表演艺术、传统手工艺品等,还包括社会实践、仪式、节庆活动、习俗等行为方式,以及有关自然界、宇宙的知识,生产、生活实践的认识经验等。其中,代表各社区、族群文化的传统医药知识构成了非物质文化遗产知识、技能、信息的一部分。我国 2011 年通过的《非物质文化遗产法》第 2 条在非物质文化遗产的定义中,直接将传统医药列入非物质文化遗产范围内,以期通过构建公法权力保护模式,保护传统医药知识。

(二) WIPO:作为民间文学艺术的医药传统知识保护

民间文学艺术最初是作为传统知识的一部分被纳入国际保护议题进行探讨的。民间文学艺术来源于 WIPO 官方文件中的 "expression of folklore" 一词。在学界,根据不同的研究角度,存在几种不同的表述,如 "民间文学艺术""民间文学艺术作品""民间文学艺术表达" 等。还有的从文化传承角度予以理解,如日本就将其翻译成 "民间文化传承""民族文化财产" 等术语。"民间文化传承" 在日语中是指 "由某一民族所特有的通过世代相传的风俗习惯、宗教信仰、民间传说及相关的传统技艺和知识"[①],重点在于文化传承、更替继承。医药传统知识作为一种传承文化,在发展过程中的一些传统治疗方法,特有的医药文化标识、名称、符号,一些保健和治疗疾病的形体表达等无疑可以纳入民间文学艺术范畴。国际上,非洲知识产权组织 1977 年通过的《班吉协议》之附件 7 第 46 条将民间文学艺术定义为基于传统部族所创立的所有与传统文化表现形式有关的作品及传统医药及治疗方法,领域涉及文学、艺术、宗教信仰及科学技术等领域,直接将传统医药及相关的知识纳入民间文学艺术范畴。而澳大利亚在论及民间文学

---

① 胡云红:《燕赵民间文化传承的法律保护机制研究》,《河北法学》2012 年第 11 期。

艺术保护时也将传统医药知识纳入，与音乐、舞蹈、美术及风俗等并列于所有相关的文化财富的表现形式。①

（三）UNEP：《生物多样性公约》

1992年缔结的《生物多样性公约》旨在保护生物多样性、持续利用以及公平合理分享由利用遗传资源而产生的惠益。虽然《生物多样性公约》最开始的立法初衷在于环境资源的维系和保护，侧重于生物资源的多样性保护，但是其中对于传统部族的法律地位与遗传资源相关的传统知识的规定却为保护传统部族的传统知识间接提供了国际法依据。传统医药属于传统知识的一部分，同时生态意义上的植物本身又属于生物遗传资源范畴，因此公约中有关遗传资源和传统知识的获取与惠益分享的相关规定可作为我国保护传统医药的国际法依据，并为我们遵行《生物多样性公约》确定的国家主权原则、事先知情同意原则和公平惠益分享原则以保护传统医药的思路提供参考。

（四）其他国家医药传统知识保护概况

国际社会对传统医药知识的法律保护进行过多种模式的探索，保护体系主要从公权和私权保护入手。公权保护主要是从行政法的角度，由国家对传统医药行业进行管理和规制，偏向于国家管理为主。私权保护是以私法保护的方式，主要从民事法律角度阐述传统医药私权保护模式。其中私权保护又可以分为两种模式：一是采用现行的知识产权制度保护传统医药，二是建立一套有别于现有知识产权制度的特殊权利保护模式。如秘鲁2002年《原住民生物资源集体知识保护制度法》，巴拿马2000年《特别知识产权法》，泰国2002年《传统医药知识保护和促进法》，菲律宾1994年《社区智慧权保护法》、1997年《土著人民权利法》、2001年《群体知识产权保护法》等。本书主要探讨的是私权保护模式，以下对几个代表性国家的传统医药知识的保护情况做一梳理。

（1）泰国：惠益分享与发展基金

泰国是较早建立传统知识和遗传资源保护的发展中国家之一，在1999

---

① 〔澳〕卡迈尔·普里：《民间文学艺术表现形式的保存与维护》，高凌翰译，《版权公报》（中文版）1998年第4期。

年《植物品种保护法》中就已对遗传资源的获取、知情同意及惠益分享制度做了详细的规定。当地和外国组织机构开发遗传资源时须获得遗传资源持有者的事先知情同意，如果利用野生植物品种，必须与政府、资源提供者签订一项惠益分享协定，协定中应包含收集目的、各方权利义务、根据利用植物品种所获得的产品的利润分享数量、比率或条件等。在确定后续开发权利归属方面，规定育种者的权利范围可以延伸至受保护品种的实质派生品种。此规定对保护医药植物资源的合理开发与利用具有重要意义。

2002年泰国专门针对传统医药知识制定了《传统医药知识保护和促进法》，通过建立传统医药发展基金模式，加强对传统医药知识的保护，促进医药开发并保障利益公平分享。该基金的目的在于挖掘民间医药，帮助民间个人将自己的处方转化为药品并走向市场，以惠益共享为目的，保障传统医药知识持有者权利，促进泰国传统医药知识的合理应用和开发。泰国对于传统医药知识的保护模式随后相继被印度、秘鲁等国家采用，如秘鲁《原住民生物资源集体知识保护制度法》第九章专门规定了原住民发展基金，确立了传统知识持有人的所有权，并规定了具体明确的获取传统医药知识的"事先知情同意"机制。

（2）印度：归档建立数据库

印度在保护医药传统知识方面也不遗余力。一方面，针对医药植物遗传资源的利用，2000年出台了《生物多样性法》，其中详细规定了遗传资源的获取及后期利益分享，对任何人通过生物遗传资源和信息获得的研究成果申请知识产权，都应当获得相关国家主管机关的事先知情同意，并建立商业化利益下的分享机制，如强制收取分享费或版税。而2004年出台的《生物多样性法细则》对医药传统知识的开发和后期利益分享更是做了详细的规定。

另一方面，为了阻止他人利用已进入公共领域内的传统医药知识研究开发新产品进而申请专利的情况，印度将医药传统知识进行收集归档，以村一级社区为单位逐步建立医药传统知识的归档工作，并通过网络建立医药传统知识数据库。这类数据库可以方便其他国家的专利管理部门进行在先技术的查询，从而可以有效阻止专利的授权，避免"生物海盗"行为。

（3）老挝：建立专门管理机构，促进传统医药知识的产业转化

老挝由于特殊的地理位置，占国土面积47%的热带雨林覆盖面使其拥有丰富的植物遗传资源，而传统医学的发达就依赖于这些丰富的药用植物。同其他发展中国家一样，老挝也在积极探索建立符合自己国情的传统医药保护制度。

1967年，老挝成立了国内首个专门致力于传统医药学研究的传统医学研究中心，简称TMRC。传统医学研究中心将传统医学和传统药用植物纳入研究范畴，通过对传统医学的搜集、整理，将传统医师治疗疾病的常用药物以及民间医师开出的处方记录在案，以备巡查，并根据该处方对国内所有省份的药用植物进行调查，筛选出具有临床治疗特效的植物药，推荐给国内制药公司进行研发生产，实现传统医药的产业转化。传统医学研究中心根据上述搜集整理的传统用药，探索现代的西药制药价值，用于指导现代制药，缩短了制药时间，并以此向国内或国外制药公司提出适当的补偿要求。[①]

为此，传统医学研究中心还通过与国外医药科研机构的合作来开发传统医药知识。比如与其他发展中国家如越南一起参与国际合作生物多样性计划，该项计划是以芝加哥伊利诺伊大学为基地建立的，旨在致力于民族药物的开发研究工作。通过来自北美、西欧的科学家与老挝的科学家和机构合作、协作，使传统医药在商业发展模式下获得合理的利益分享。

（4）菲律宾：确定群体共有制度

菲律宾2001年通过《群体知识产权保护法》，旨在建立一个保护本地和土著文化群体遗传资源发展、保护国家生物多样性的体系。该法案是基于1997年《土著人民权利法》确立的"归还的权利"而建立的，尤其是"归还以违反法律、传统和习惯的方式"所获得的"文化、智慧、宗教和精神财产的权利"。获取土著知识必须按照习惯法获得事先知情同意。如果出现争议，"应使用习惯法和惯例来解决争议"。

---

① Riley, "The Traditional Medicine Research Center（TMRC）: A Potential Tool for Protecting Traditional and Tribal Medicinal Knowledge in Laos", http://www.CS.org/publications/CSQ/244/riley.hem, 最后访问时间：2014年3月20日。

此法案确定了遗传资源的群体共有制度，遗传资源的获取及创新使用不受群体限制。其中，遗传资源的创新使用，凡是涉及文化群体的都被认为是集体的知识产权创作行为，并以土著知识的形式记录下来，并且对因使用土著和当地群体的知识进行创新和实践而得到的利益建立公平分配机制。①

---

① Republic of the Philippines Community Intellectual Rights Protection Act-CIRPA，http：//www.grain.org/brl/Philippines-cirpa-2001-en.cfm，最后访问时间：2014 年 3 月 20 日。

第二章
中医药传统知识医药信息专用权保护正当性

第一节 制度经济学视角下医药信息专用权保护的正当性

一 私有产权保护问题的提出

权利一词由外国法律概念直接音译而来，英文称为"right"，德文称为"Recht"。无论 right 还是 Recht 均蕴含合理正当的意思，均指合理正当而得有所主张，并非"争夺权利"[①]。权利的设定是为了维护社会的既定秩序，通过设定一定条件，赋予某个人对于某件事物拥有合理正当的某种力量以防止被其他人侵害，享受利益的制定设计，协调不同人群之不同利益需求，防止涉及不同利益而发生的冲突。而所谓的权利者，则是指享有特定利益的法律之力，以物权为例，所谓"支配标的物而享受利益"，是物权的特定利益，而"直接支配，具有排他性"则为物权的法律之力，在法律的限制范围之内，可以自由使用、收益、处分其所有物，并排除他人干涉。

诞生于"传统社会"的中医药传统知识，面临与现代文化相冲突、被边缘化的危险，以及被发达国家无偿利用的"生物海盗"行为导致民族利益受损等问题，由此通过某种制度设计给予某种权利的保护，则成为本书面临的重要议题之一。中医药传统知识离不开公权力的保护，然而，现代民主社会的政治、经济结构建立在私有财产制度之上，财产制度如何

---

① 王泽鉴：《民法概要》，北京大学出版社，2009，第 31 页。

设计、财产权范围如何界定，必定影响社会资源的配置与使用，进而影响个人及家庭之生存与发展。公权力对于传统知识的保护更多的是通过国家政策及行政力量，维护和保护既有的传统知识，免于被破坏、流失，是出于一种公益角度考虑，但缺乏全民激励机制，也无法有效地促进进一步发展，更无法阻止他人未经同意的私自开发及利用行为，公益的目的使得政府的监管权力变得非常有限，也使得权力行使的来源欠缺正当性。中医药传统知识的无形性注定公权力的保护不可能像有形公共资产一样，通过行政强制力措施达到监管控制的效果。

将权利与财产相联系起来，是市场化运作的必然结果，也是商品经济发展到一定程度的必然产物。因此，经济学家一直认为财产是解决资源分配和使用问题的一种手段，是一种工具性制度。经济学家偏好私有财产而不是集体所有权的一个基本原因是，他们要限定并保住个体应得的权利，然而，这个权利可以由它的拥有者通过主观评估后与其他权利进行交易。① 权利具有排他性，而财产是一种资源配置手段，通过设立财产权来达到重新分配社会资源的目的。私权利的运作可以实现有限资源的配置，权利的归属可以有效地避免纷争，私权利保护所获得的恒定利益可以实现有效的保护和形成激励机制。作为一个古典法律概念，"财产"或"财产权"长期被视为民法领域研究的重要内容，强调为私权利，应由意思自治主导的私法调整，而尽可能地禁止公权力对其干涉。② 然而，如何将原属于公共领域的资源重新分配划分为由私人所有，实现产权保护，仍然需要寻求法理上的支持。

中医药传统知识作为中华民族智力劳动的产物，大都孕育于相对封闭的"传统社会"③，由于深受孔孟儒家学说及"匡世救人"的文化环境影响，中医药传统知识并未形成某种私人产权的制度，更多的是作为一种公

---

① 〔澳〕彼得·德霍斯:《知识财产法哲学》，周林译，商务印书馆，2008，第137页。
② 〔英〕洛克:《政府论》（下篇），叶启芳、瞿菊农译，商务印书馆，1964，第77页；〔德〕黑格尔:《法哲学原理》，范扬、张企泰译，商务印书馆，1961，第55页；〔美〕施瓦茨:《美国法律史》，王军等译，中国政法大学出版社，1990，第24页。
③ 我国有学者按属地原则将已经完成现代化的部分称为"现代社会"，将与之相对应的没有完成现代化的部分称为"传统社会"，参见严永和《论传统知识的知识产权保护》，法律出版社，2006，第2页。

共资源而被共享使用。尽管在历史发展进程中,涌现了许多中医药名家、世家,也创造了极为丰富的中医药文化和治病救人的方医方药,极大地推动了中医药传统知识的发展,但诸世医家并未将个人著作、技艺以私人产权的方式保护起来,而是以一种独特的"师带徒"的方式将技艺传承下来,形成中医药传统知识特有的传承制度。当然,以家族为单位所创立和延承的验方和家传秘方则以类似私人自助保护的方式实现个人化私有,传及子孙,但并未形成一种可被官方认可的制度及权利。若干世纪以来传统知识的创作与传播是以一种公共资源的形式存在,任何人都可以免费使用。除了极少数以祖传方式保留下来的尚未公开的中医药传统知识以外,大部分中医药传统知识已经进入公共领域。因此,以权利形式重新分配资源,以法律规范保护传统知识则面临"公共资源"缩减、法律如何体现正当性以及如何处理两者之间界限的问题。换言之,将原本属于社会公共资源的中医药传统知识赋予特定主体排他性权利,如何解决这种权利存在的正当性则是我们必须予以解决的问题。

二 制度经济学下的医药信息专用权产权分配的正当性

经济学家告诉我们,如果我们生活在鲁滨孙孤岛的世界里,一个人可以完全拥有身边的所有资源,不会产生与他人共享资源的问题,财产制度就没有存在的必要。[1] 然而,现实世界里一个人不可能完全自由享有身边所有的资源,社会化的人必然产生互斥的主体分享同一资源的问题,因此如何配置有限的资源,便是经济学家研究如何有效地把有限资源或稀缺资源分配至各个彼此互斥的使用者的重要议题。[2]

中医药传统知识医药信息属于传统知识的一部分,价值在于通过传统知识的方式披露医药用途信息。这种医药用途信息是传统部族、社区千百年实践探索的结果,凝聚着传统部族、社区的集体智慧。它并不是单一信息的创造,而是集结着包括传统部族、社区传统文化、宗教色彩及传统医药在内的诸多元素所形成的知识体系。这种医药信息先于现行法律制度存

---

[1] Harold Demsetz, "Toward a Theory of Property Rights", *Econ. Rev.*, 1967 (347).
[2] Bradley R. Schiller, *Essentials of Economics*, 4th ed, MCGRAW-HILL Press, 2002, p.78.

在，可以自由获取、接近、使用甚至改进等，没有产权的保护，没有法律权利归属，属于公共领域。然而，正是这种无所约束的自由获取、使用，导致西方发达国家"生物海盗"行为的日益猖獗，与传统部族、社区作为中医药传统知识的持有者和传承者形成互斥。于当代社会而言，为使中医药传统知识免受西方发达国家"生物海盗"行为侵害，实现法律之公平正义与中医药传统知识的可持续发展利用，必须对其进行立法，予以产权化保护。因此，在有限的中医药传统知识资源里，必须解决权利主体的归属问题，即什么样的权利主体可以支配什么样的权利客体（有限的资源），而知识产权新型权利的创设即是此目的。然而将原本存在于公共领域的中医药传统医药用途信息划归为私有财产权保护标的，是否具有法理正当性，是否会是另一种"圈地运动"？这是我们需要研究的。

（一）公共领域与公开获取的理论误区

人们普遍认为处于公共领域的知识、思想、信息或创新不需要进行产权保护，任何人不得主张对其享有所有权，任何人可以免费获取和使用。如某件发明专利权失效或已到期，或某件作品年代久远，早已过了著作权保护期限，即进入公共领域。

公共领域，英文表述为 public domain，与私人领域相对，是介于国家和社会之间的一个公共空间，公民可以自由参与公共事务而不受干涉。公共领域最早归属于政治学和行政学范畴，由德国著名学者哈贝马斯（Jurgen Habermas）在 1962 年出版的《公共领域的结构转型》一书中提出。其认为公共领域是政府在处理国家和市场关系时，出于社会利益及与私人利益平衡的考虑而从私人领域中分化出来的，只限于国家行使的与公共权力有关的事务。在《市民社会与政治公共领域》一书中，哈贝马斯把公共领域定义为"一种用于交流信息和观点的网络"，在这一空间里，公民可以不受限制地进行如聚会、结社和发表意见等涉及公共利益的事务。资产阶级性质公共领域学说一直深受 16、17 世纪资产阶级革命时期宣扬的私人财产"天赋人权"的自然法理论观点影响，因此，公共领域是私人领域异化分离出来的产物。

公共领域真正进入法律学界是以公私权利为先导的，在物权法领域，人们通常以先占取得对某物的所有权，而后衍生所有权制度下对物的占有、使用、收益、处分权利。在政府、法律出现以后，原先处于公共领域的无主土地、矿藏、水流、山地由法律规定归属国家所有或集体所有，而对于处于公共领域的水资源、空气等任何人不享有所有权，任何人均可以免费获得并使用。然而，通过对处于公共领域的水资源、空气、天然气等进行加工和管理，如对水进行净化处理，对空气进行纯氧过滤等，管理者或加工者可以对处理后的水资源、空气等享有所有权，依法收取费用，如对自来水、天然气的使用收费等。对处于公共领域的物进行加工劳动等可以产生财产权，这是著名的洛克劳动财产权理论。在知识信息领域，对知识信息的再加工、创造利用而产生的新的知识信息可以享有财产权，而对知识信息的管理等附加劳动的行为同样也可以享有财产权。

事实上，不管是处于公共领域的有体物还是无形的知识信息等，其获取使用也并不是不受任何约束，如对水、空气等资源的获取以不得损害公共利益为原则，对过了著作权保护期的作品的获取和使用仍然需要遵循署名保护原则，且这种获取和使用受物理上的限制，比如传播、公开的方式，网络访问的技术限制等。因此，处于公共领域的物、知识或信息并不等同于可以公开获取。2019 年 WIPO-IGC 第四十届会议将公共领域涉及的"公开可用"定义为已经失去了与任何土著社区的显著联系，且由此成为通用或普通知识的客体或传统知识，尽管历史起源可能已为公众所知。① 由此可知，并不是处于公共领域的传统知识都可以免费获取，而只有当这种传统知识失去了赖以生存的文化来源纽带，已无法与任何土著社区建立联系的传统知识才可以被"公开可用"。

国际上，对于"公共领域"涉及的传统知识的角色定位也极具争议，有学者认为曲解"公共领域"的含义将传统医学排除在可受保护范围之外，实质是为盗用提供借口。② 依据洛克的劳动财产权理论，对于知识信息的加工处理以及管理等付出实质性劳动，可以享有相应的财产所有权。

---

① WIPO-IGC，《保护传统知识：条款草案》，WIPO/GRTKF/IC/40/18，https：//www.wipo.int/meetings/en/doc_details.jsp? doc_id=439126，最后访问时间：2019 年 10 月 21 日。
② William Van Caenegem, "The Public Domain: Scienta Nullius", *European Intellectual Property Review*, 2002 (12).

因此，对已进入公共领域的中医药传统知识，国家、集体或其他私人组织在对其进行数据整理、文献编纂、设立保护名录等过程中付出实质性劳动，对其所获得的数据库、文献或其他方式组成的保护成果享有当然的所有权。然而，对已进入公共领域的中医药传统知识本身是否享有相应的所有权或支配权，西方发达国家一直持反对态度。

西方发达国家反对将已进入公共领域的传统知识赋予任何权利，而对遗传资源则采取相应保护措施，包括对知情同意和惠益分享持宽容态度，理由在于传统知识与遗传资源的最大不同在于：遗传资源载体的实体物会因为使用不当有可能导致灭绝，不符合人类可持续发展的最终目标；传统知识作为无形财产，不存在消亡一说。这种观点自然经不起任何推敲，只是为西方发达国家免费获取和使用传统知识寻求的一个"正当性"借口而已。传统知识正因为无形性，不易保存，且大多数属于口头相传，缺乏相应的保护措施，因此处于大范围锐减状态。联合国教科文组织于2003年通过的《保护非物质文化遗产公约》，保护以传统、口头表述、节庆礼仪、手工技能、音乐、舞蹈等为代表的非物质文化遗产，尽管该公约主要以行政手段进行保护，但无疑是对上述观点最有力的反击。因此，对于传统知识的保护符合整个人类发展的共同期望，无序的盗用行为必将损害传统知识的可持续发展，缺乏产权的激励保护作用，使用者也不可能获得良好的持续的对于传统知识的利用。因此，对于进入公共领域的传统知识并不可以任意获取，而是有条件地获取。

《生物多样性公约》以国家主权为原则划定权利行使范围，将原本属于"公共领域"的遗传资源设立获取程序规则及利益分享方式，旨在通过制度设计，保护遗传资源的可持续利用。对于进入公共领域的中医药传统知识，在合理使用范围内，使用者可以自由获取、使用中医药传统知识，但对于商业性的中医药传统知识的开发应设立相应的获取程序与利益分享规则。已进入公共领域的中医药传统知识，应通过国家主权原则，由国家行使相应的管理权，或者国家授权其他机构或组织代为行使管理，设立获取程序的规则及利益分享方式，所获得的利益回报列入中医药传统知识的保护和管理经费，设立相应基金会，以用于中医药传统知识的保护与发展。

（二）公共领域的界限

公共领域并不意味着可以公开获取。将公共领域引入政治中，与私人领域相区分，只要是政府的行为和事务都归于公共领域。但这种理念却无法解决公共领域的界限问题，即公共领域究竟范围如何，有无参照系。如封闭的社区，相对于社区外部而言，社区内部就不是公共领域，因为一般外界很难进入社区内部；相对于社区内部成员而言，社区内部则可以成立公共领域。因此只有界定这种范围，才能有效地确定公共领域与私人领域的界限问题及公共领域是否构成对私人领域的侵犯。

笔者认为可以借鉴发明专利公开原理来解释公共领域的划界问题。专利法中的公开分为国内公开使用和世界范围公开使用，将新颖性分为相对新颖性和绝对新颖性。在出版物公开中，将在内部发行不为外界所知的出版物不列入出版物公开行列；而对于深藏在世界某个角落，如某个图书馆的书架上或杂物堆上的出版物，只要是公开出版的，不以当事人是否能够接触到该出版物为由，只要能够处于为公众获得的状态则一律视为是公开出版物。正如学者所言，从判断新颖性和创造性的角度出发，认定构成现有技术不需要考虑获知有关技术信息的公众的范围和数量，不能认为只有让全国各地甚至世界各地的所有公众能够获知，才算"为公众所知"[①]。

根据上述理论可以推导出，只要传统部族、社区未采用保密的方式或阻碍外界强行进入社区，则可认定为部落、社区也属于公共领域范围。

将公共领域应用于知识产权理论的论述已成为一种普遍用法，一般用于论述知识产权的私权属性。有学者认为，真正将公共领域用于知识产权法律概念中，最早要追溯到1774年英国上议院的 Donaldson v. Beckett 一案，该案判决首次指出著作权保护期限过后，原本受到著作权保护的著作即进入公共领域，不再受到依普通法请求的永久保护。[②] 另有学者主张，关于公共领域对于著作权的安排首次应该出现于法国在《伯尔尼公约》中提出的"法国公共领域"（French domain public）。[③] 美国学者大卫·兰格

[①] 尹新天：《中国专利法详解》，知识产权出版社，2011，第187页。
[②] Tyler T. Ochoa, "Origins and Meanings of the Public Domain", *U. Dayton L. Rev.*, 2002（28）.
[③] Jessica Litman, "The Public Domain", *Emory L. J.*, Fall, 1990.

（David Lange）教授于 1981 年发表了《认识公共领域》（Recognizing the Public Domain）一文，在文中兰格教授主张应该承认知识产权关于公共领域的概念，并试图建立公共领域对于知识产权制度影响的理论基础。①《布莱克法律词典》将公共领域的定义划为三块：一是政府拥有之土地，二是可以自由开放进入及垦殖的政府土地，三是有关知识产权方面。其他不受知识产权保护或知识产权保护期届满的智慧创作已转变成公共领域的一部分，任何人可以免费使用，而无须承担任何责任。因此，有学者将公共领域涉及的内容概括成两部分内容，即实体的土地范围和非实体的知识产权内涵。②

在公共领域一词出现之前，知识产权制度的研究尚不能很好地解决私人领域与公共领域之间的冲突和协调问题，正如哈贝马斯所述，公共领域本就来源于私人领域的让渡，引入公共领域可以更有效地解决知识产权制度中存在的理论盲点，更好地解决私人财产权与公共利益之间的关系。然而哈贝马斯的理论只是为政治服务，与其说该理论来源于资产阶级的"天赋人权"自然法理论学说，不如说其更符合洛克《政府论》中的社会契约理论，公共领域的分化原本是指从私人领域中让渡出部分权利于政府，实现社会资源的配置，以更好地服务私人领域。因此，公共领域概念的出现更多的是一种利益平衡考量，其本身与私人领域并不存在严格的界限。

在知识产权领域，知识信息的创造本质在于对既有成果不断改进、创造、分享，从而加速知识技术的形成，而这依赖于对公共领域知识信息技术的利用。或许可以说，知识产权的形成是对公共领域知识的提炼、利用所产生的结果，从这个角度来说，才存在知识产权与公共领域内公共利益的平衡问题。而事实证明，一方面，知识产权不断对公共领域提出挑战和制造各种"威胁"，如瑞士曾在 1577 年授予发明人 Zobell 永久排他权③；

---

① David Lange, "Recognizing the Public Domain", *Law & Contemp*, 1981（147）.
② 孔建中：《智慧财产权法制的关键革新》，元照出版公司，2007，第 1 页。
③ Fritz Machlup, *An Economic Review of Patent System, Study of the Subcommittee on Patents, Trademarks and Copyrights of the Committee on the Judiciary*, U. S. Senate, Study No. 15. 1958, p. 76.

美国于1920年曾规定商品商标的注册永久有效，商标注册人完全不需要有任何作为即可维持商标注册的效力。另一方面，当知识产权不断侵蚀公共领域时，人们也在不断重申知识产权与公共领域、公共利益之间的平衡，从而维系知识产权赖以存在的制度基础，而不是让其成为圈地划界的利益工具。正如美国联邦最高法院在 Graham v. John Deere Co. of Kansas City 一案中，认为"专利制度的设计，并非为了确保发明人的自然权利，而是带动知识的创新和驱动"①。并且在 Bonito Boats, Inc. v. Thunder Craft Boats, Inc. 一案中，最高法院再次明确表示，维持公共领域的丰富多样与适当保护知识产权之间，应当取得良好的平衡点。②

（三）医药信息专用权的公共领域与私人产权的利益平衡

制度经济学提示资源的有限性与人的欲望的无限性之间的矛盾常常是导致资源无效率化配置的根本原因，如何在资源互斥的情况下取得均衡的分配，从而达到资源优化配置的最大化，是经济学家一直孜孜不倦追求的目标。将一定的资源划归为特定的主体行使，并由该特定主体得以依法使用、收益、处分，方能使得整个社会不会因人的无限欲望对有限的资源过度开采而导致"公地悲剧"（The tragedy of the commons），因此，从法律上来讲，资源的优化配置最为有效的方式即设立财产权制度。

知识产权制度设计中，知识创新成果必然依赖于前人的劳动成果，但总体来说，知识产权所主张的权利客体是创新后的劳动成果，并不是公共领域原有的可以自由供公众免费使用的知识信息技术等素材，就这一点来说，知识产权制度并非将公共领域的东西直接纳入私人领域，而是体现了一定的智力劳动创造因素。当然，在历史的发展过程中，知识产权制度侵蚀公共领域的行为却是以另一种形式在上演，如延长原知识产权保护时间，扩大知识产权原有的客体内容，包括创设新的知识产权权利内容等。

中医药传统知识医药信息具有悠久的历史，是历史文化沉淀的产物，先于产权制度而存在，即在法律保护私有财产之前即客观存在于人类的文

---

① Graham v. John Deere Co. of Kansas City, 383 U.S. 1, 5-6, 1966.
② Bonito Boats, Inc. v. Thunder Craft Boats, Inc., 489 U.S. 141, 151, 1989.

明发展史中。它们的存在和发展是不以产权保护为前提的,这点不同于知识产权,知识产权理论中的激励理论(也称功利主义)、劳动财产权等理论都无法适用于上述主题。中医药传统知识医药信息的这种特性注定其带有公共资源的属性。然而,将原本属于公共领域的资源划归为私有,必然减损其他人接近该资源的机会。制度经济学在主张资源优化配置的过程中,也极力注意到赋予财产权的时候,必须避免公共资源过度财产化,否则可能产生另一种"反公地悲剧"①。将原本属于公众都可自由使用的资源,划定为财产权的客体,虽然可以解决资源优化配置的问题,但如果让多数人对同一资源享有相同的权利,行使权利必须获得其他人同意,甚至出现权利人相互阻止他人行使权利的情形,如此必然导致资源使用的无效率。② 对于中医药传统知识而言,现代法律制度建立之前,中医药传统知识早已存在,因此,赋予中医药传统知识特定的产权保护,并非出于成本效益的考量。

在赋予中医药传统知识医药信息产权保护之前,任何人皆可自由接近、使用中医药传统知识及蕴含的药用价值,并基于此信息可再做新的发明创造,而无须取得传统部族、社区的同意或授权。中医药传统知识医药信息及其有关的传统知识均寄存于公共领域之中,而成为整个社会免费使用的创造素材的供应者。

在历史上,为何要保护财产权是人类社会诸多学者一直致力解决的问题。人们引出各类观点去支撑财产权制度的建立给人类发展所带来的种种好处,以体现正当性。如劳动财产权理论、劳动创造价值理论、天赋人权理论、自然权利理论、效用主义理论、人格理论以及经济学上所主张的资源有效配置的"公地悲剧"理论、帕累托最优等理论。但上述理论在解释知识产权的正当性上都存在一定的缺陷,而对于原本属于公共领域的传统医药信息、传统知识等更无法成立正当性基础。

19世纪末20世纪初,美国法律现实主义(legal realism)不满法律形

---

① James M. Buchanan & Yong J. Yoon, "Symmetric Tragedies: Commons and Anticommons", *Journal of Law & Economics*, 2000 (134).
② Michael A. Heller, "The Tragedy of the Anticommons: Property in the Transition from Marx to Markets", *Harv. L. Rev.*, 1998 (621).

式主义一味强调法学概念的作用，使得法学逐步失去观察社会动态的能力并逐渐成为一种机械性的思考①，而无法摆脱原有的枷锁束缚，提出应以法律客观现实为研究对象，强调行为和政治因素引导司法判决的重要性。抽象的法律规范和原则对于具体案件的影响，他们并不十分重视，而是在具体的诉讼过程中，注重法律程序中发挥作用的行为和这些行为的政治、社会和心理的期待。在此基础上，提出社会计划理论（Social-planning theory），认为财产权制度建立的前提，是为了有助于促成巩固兼具"公平与诱因文化"（just and attractive culture）的社会制度。② 这种"公平与诱因文化"是以建构资本主义个人行为诱因为制度核心的，是追求特定社会或政治目的所建立的制度。尽管社会计划理论强调以个人行为诱因为导向，但摒弃了法律形式主义僵化的思维方式，将追求特定社会或政治目的作为终极目标。传统部族、社区内部文化强调共享式的"道德经济"（moral economy），即集体共有某项资源，追求的是族群内部的和谐和文化的传承，而此种因为"文化落差"所导致的不同价值观念，必然反映在经济活动表现与利益衡量之上。③ 从社会计划理论出发，传统部族、社区出于某种经济目的，在追求文化传承的基础上，赋予传统部族、社区对于某项资源的产权从而实现一定的经济社会目的；对于国家而言，则是为发展和保护传统部族、社区的有限资源而为一定的政治目的。

当然也有学者提出从传统部族的角度来看，将公共领域概念引入本身就存在问题。④ 不管传统知识是处于保密状态，或仅为少部分人所知，或为多个地域人们所了解，就传统部族而言，除传统知识持有人以外，还有传统部族长老对传统知识的使用拥有管理的"永恒"职权。在卢旺达，资历高的长老受委托担任传统知识的监护责任，并以社会特权作为交换。如果他想保持这种身份特权，就必须防止传统知识变成公共财产。⑤ 这种

---

① Gary Minda, *Postmodern Legal Movements*: *Law and Jurisprudence at Century's End*, New York University Press, 1995, p. 212.
② William W. Fisher Ⅲ, "Property and Contract on the Internet", *Chi.-Kent L. Rev.*, 1998 (27).
③ 黄树民：《原住民政策评估研究之我思》，《人类学视界》2009 年第 3 期。
④ 李扬：《传统知识保护的公共领域困境解读》，《电子知识产权》2009 年第 5 期。
⑤ 龙文：《论民间文学艺术的权利归属及其知识产权保护模式》，载郑成思主编《知识产权文丛》第 10 卷，中国方正出版社，2004，第 314 页。

永恒职权不仅因为传统知识被人搁置于所谓的公共领域就会放弃或消失，而且对传统知识使用的控制是以一种非公产资源的管理方式进行的。因此，传统知识对传统部族而言具有非公共属性。从此点观之，传统知识保护可成立时间上的永久性，对于传统医药信息而言，"永恒"职权的存在为中医药传统知识医药信息专用权的保护期限设计提供借鉴。

本书无意就财产权的正当性进行推论，但可以借由上述理论去推导传统医药信息从公共领域进入私人领域被赋予产权制度的一定合理性基础。对于这种合理性，尚有诸多可以讨论的空间。

可以大胆预见的是，赋予传统医药信息特定权利保护模式，不仅会打破现有社会资源的分配现状，也将重新界定人们使用熟悉资源的方式，对于科技的发展，特别是医药技术行业发展的冲击是可想而知的。而对于这种新型权利的出现，内涵、外延如何界定，权利保护及主客体如何确认必然是权利制度设定中首先予以考虑的问题。设定这种新型权利对于传统部族、社区及国家民族的发展以及对世界科技、经济发展的影响如何，是否会限制科技对传统知识的贡献甚至造成阻碍，反而减损社会效益，这依赖于权利制度的科学设计。

从以上论述可以看出，不管是认为公共领域来源于私人领域的分化，还是私有产权的出现本质是国家公共资源实现社会资源分配的另一种手段，公共领域与私有产权之间存在天然的联系。私有产权的设置无非基于利益的平衡所作出的制度妥协，发展中国家对于医药传统知识的可持续发展及保护的诉求与西方发达国家对于传统医药利用的商业性行为之间的利益冲突并非不可调和，观念的改变以及对公平、公正的制度诉求才是本书应该积极寻求的平衡点所在。

第二节　人权视角下医药信息专用权保护的正当性

一　人权理论的法哲学角度窥探

（一）自然法到洛克财产权理论

人权是人之所以为人而应享有的基本权利。历史上，人权的概念及演进反映出不同群体、国家、民族及各集团阶层之间的差异和对立,同时,也是时代环境中人们秉承的法制理念及权利意识变化的反映。

资产阶级大革命时期,为宣扬政治主张创立的"天赋人权"学说直接归结于自然法的演进和更迭。古罗马时期的"自然权利"学说在斯多葛学派的助推下,为人们重新认识世界打开了精神之门,认为人有共同的人性,同上帝一样拥有理性,因此人制定出来的法律是遵行自然法则而为之,是区别于条例与习俗的准则,自然法是来源于上帝的旨意和人类的理性,自然法认为每个人都享有一定的尊严,并且人人生而平等。任何与自然法相违背的法律都是不道德的,从这意义上来说,自然法又兼具正义的体现。

至近代工业革命的兴起,商品经济催生人文主义,促使自然法的发展开始朝着有利于新兴资产阶级宣扬市场自由及平等理念的方向发展。格劳秀斯将自然法引入对新兴资产阶级追崇的自由市场的分析中,论证了个人财产的天赋权利与社会契约之间的辩证关系。后霍布斯将自然法学说进一步发展,将自然学说建立在科学的推理和实证的基础之上,开始摆脱了涂抹在自然法上的浓厚的宗教色彩,使得自然权利学说更进一步向"天赋人权"学说迈进,开始追寻以实现人的自我保护为目的的自然权利理论。

"天赋人权"学说为新兴资产阶级追寻个人自由及权利保障提供政治舆论导向。"人们在自然法的范围内,按照他们认为合适的办法,决定他们的行动和处理他们的财产和人身,而无须得到任何人的许可或听命于任何人的意志。"① 无疑,这种思想对于传统欧洲封建制度是一种极大的冲击,将人彻底地从受奴役的状态下解救出来,人人可以享有平等的自决权。

"天赋人权"学说承认人生而平等、生而自由,人们的生命、安全、自由、平等、财产和追求幸福的权利都是生而有之的,它对于人权的本源探索具有非常重要的意义。不仅阐明了人权产生的内在根据,更进一步明

---

① 〔英〕洛克:《政府论(下篇)》,叶启芳、瞿菊农译,商务印书馆,1964,第5页。

确了人权存在的根本价值。①

自然法学之"天赋人权"学说为洛克进一步阐述财产权劳动理论提供了理论基础，人因"天赋人权"而享有自由提供劳动的机会，并可以自由作用于特定物质以获取收益。洛克的财产权劳动理论正是建立在这一基础理论之上，洛克认为上帝将世界赐予人类共有，每一个人对自己的身体都享有财产权，而每一个人的劳动属于他自己，当一个人把他的劳动掺入属于共有的某物时，他便使该物成为他的财产。② 在洛克看来，劳动是取得财产权的重要依据，是自然权利之使然，而这与天赋人权思想同出一脉，劳动作为个人身体的一部分附加到共有物上增加了共有物的价值，该劳动理应成为共有物后续价值取得财产权的重要依据。

知识产权制度中的知识产品，学界大都认为是人们体力劳动和智力劳动的成果，Intellectual Property 中的 Intellectual、知识产权中的知识、智慧财产权中的智慧，都体现了权利与智力的关系。③ 在学界各种理论中，将知识产权定义为一种智力成果权是被普遍认可的说法。根据洛克理论，知识产品是人的智力劳动成果，而劳动是人的身体的外在延伸，是人格精神的流露，人的天赋自然权里又包含人对自身的所有权，所以人理所当然地应该对他自己智力创作的劳动享有所有权。因此，学界普遍用洛克劳动财产权理论阐述知识产权正当性，然而洛克在论述有形财产正当性时并没有对劳动的程度进行定义，导致在阐述知识产权正当性基础上存在重大瑕疵。如是否只要是智力劳动都可以成立财产权？比如在一张白纸上简单地画几笔与创作一篇有价值的小说是否都可以受到知识产权的保护？但上述问题并不妨碍考察天赋人权对通过劳动获取权益而成立知识产权机制的作

---

① 李步云：《论人权的本原》，《政法论坛》2004 年第 2 期。
② 〔澳〕彼得·德霍斯：《知识财产法哲学》，周林译，商务印书馆，2008，第 54 页。
③ 对知识产权而言，《法律辞典》定义为：自然人或法人对自然人通过智力劳动所创造的符合法定条件的智力成果，依法确认并享有的权利；《大辞海·法学卷》：人们基于自己的智力活动创造的成果和经营活动中的经验、标识等依法享有其利益并排斥他人干涉的民事权利；《辞海》：公民或法人对其智力活动创造的精神财富所享有的权利；《法学大辞典》：法律赋予知识产品所有人对其智力创造成果享有的专有权利；《大百科全书》：知识产权是一种私权，指对特定智力成果所依法享有的专有权利，或者说是以特定智力创造成果为客体的排他权、对世权。世界知识产权组织在其出版物中采用智力成果说，更加强了该理论概念的权威性。

用。事实证明,知识产权是人权的延伸体,更有学者将知识产权本身视为人权。

上述洛克将财产权归为一种自然权可以看作是一种对抗封建专制的手段,而这种自然法所描述的"私人财产权神圣不可侵犯"也逐步渗入后来的人权学说中,包括《世界人权宣言》在内的国际人权文书,并成为西方法律体系中最为重要的财产权利理念。

洛克用劳动财产权理论解释了自然权利状态下知识产权的正当性,这种正当性是基于人权理论下劳动生产和支配成果的自然法理论,"人类在创作了相关作品、发明了相关的技术和采纳了相关的商业标记之后,就自然享有权利"①。因此,我国有学者认为知识产权是一种与生俱来的自然权利,如吴汉东教授认为作为私权的知识产权是一种"天赋之权",是利己主义的权利,即私有财产神圣不可侵犯的权利。因此,知识产权是"天赋"的、"与生俱来"的,它不应由国家特许而产生,是一种"普世之权。"② 虽然知识产权也是通过人的智力劳动实现对某项劳动成果的占有,当然这种占有并不像有形物一样发生有形占有,而需借助于国家法律予以认可,是一种法律上的拟制占有状态,但并不妨碍成立财产权属性。那么这种财产权属性是否属于自然财产权呢?自然权利的产生不依赖于法律的宣告,是一种"天赋人权",但显然,知识产权需要国家法律予以认可。那么从这个理论来讲,知识产权尽管是基于劳动创造的产物,但财产权属性并不是自然权利,而是法律赋予之权利。这种"法律权利"之说与上述"天赋人权"学说并存于西方人权思想发展史中,强调人权并不是生而有之,而是法律赋予的。如边沁即"法律权利"学说的忠实捍卫者,认为"权利产生法律,法律也是基于权利的存在而出现的,因此,权利与法律是同质的,而不是相抗衡的"③。他否认法律与人权的伦理性,认为伦理属于主观的范畴,每个人都有自己的伦理观,对好坏是非难以作

---

① 李明德:《美国知识产权法》,法律出版社,2011,第 8 页。
② 吴汉东:《关于知识产权私权属性的再认识——兼评知识产权公权化理论》,《社会科学》2005 年第 10 期。
③ H. L. A. Hart, "*Introduction*", in Essay on Bentham, *Jurisprudence and Political Theory*, Oxford University Press, 1982, p. 8.

出客观的确切的判断，并批评"天赋人权"论的"自然状态"具有虚构性，"自然法"具有神秘性，因而是不科学的。① 但这种学说并没有得到学界的普遍认可，如果权利是法律的产物，那么在法律诞生之前，权利是以什么样的状态存在呢，还是根本就不存在？

根据这种推导，一方面，知识产权不是自然之权利，那么知识产权不具有普遍人权属性，但是知识产权却是依赖于劳动而创立的，自然应该具有人权属性。导致这种矛盾的症结，有学者认为是误读了洛克的劳动财产权理论，洛克的劳动财产权理论是用于解释有形财产的，并不适用于解释无形财产权。在洛克看来，从共有物到私有物的转变是人的自我本能需求所决定的，人要生存首先必须占有物质并为自己提供必要的衣食住行，而这种生存所仰赖的物质不能公有，在使用上必须绝对地排他，这样才能满足个人的基本生活需求，而这点明显区别于无形财产权的智力产品，智力产品对于人类的生存需求首先不是必需的，其次不具有绝对的排他性，可以同时为不确定多数人同时或连续使用而不被耗尽。②

另一方面，知识产权作为需要国家授予的财产权，自然不能成立自然权利，那么这种财产权并不能成立人权属性。美国学者薛莫（Shermers）认为大多数财产权并不能归入人权范畴，当然如果该种财产权关系到诸如生命、健康之类的基本人权的实现时，则另当别论。财产权是否属于人权范畴，是由财产权性质决定的，即只有那些关系到诸如生命、健康等基本人权的财产权才能归入人权范畴。③

事实上，知识产权在科学技术日新月异的全球化浪潮时代，已经完全突破了原有的保护智力创造者成果、体现对人类智慧的尊重的价值取向的功能和目的，而更多地表现为一种经济性和工具性属性。④ 国际上，发达

---

① 李步云：《论人权的本原》，《政法论坛》2004年第2期。
② 〔美〕威廉·费歇尔：《知识产权的理论》，黄海峰译，载刘春田主编《中国知识产权评论》（第一卷），商务印书馆，2002，第24页。
③ H. G. Schermers, "The International Protection of the Right of Property", in F. Matscher and H. Petzold (eds.), *Protecting Human Rights: The European Dimension*, Carl Heymanns Verlag, 1998, p. 565.
④ 郑万春：《知识产权与人权的关联辨析——对"知识产权属于基本人权"观点的质疑》，《法学家》2007年第5期。

国家主导下的知识产权游戏规则已经变成发展本国经济、执掌全球贸易和执行产业政策的工具,每一次双边贸易谈判,知识产权的"照护"都是重要内容,知识产权实质上已经成为国家发展经济的工具。正如彼得·达沃豪斯(Peter Drahos)所言:"知识产权不是维系人们生存的基本权利,而是实现人们价值目标的工具主义权利,本身不是正当的基础,而是实现正义的工具。"① 而人权是人与生俱来的,与人的尊严、人的内在价值是紧密相连的,最基本的含义在于它们拥有至高无上的道德权利。②

综上分析,知识产权并不等同于人权,但知识产权却具有人权的含义,智力劳动对于知识产权本身的创造性作用无法割裂。知识产权保护体现的则是对人类智慧的尊重,体现了人之所以为人的自由劳动所创造成果的利益回报,是智慧成果的创造者诸如作家、科学家、发明人等保证生活基本需求与激励创新的必要物质条件,是生存权的反映。正如我国学者吴汉东教授诠释知识产权的人权含义时指出,从《美洲人类权利和义务宣言》到《世界人权宣言》,主要国际人权公约都赋予了知识产权的人权意义。并将这种权利分成两个方面,一是创作者因自己的创作行为所付出的智力劳动所获得的权利,二是社会公众传播和分享使用这种智力创作成果所带来利益的权利。这两方面共同构成国际社会所承认的基本人权,缺一不可,因为首先要有对创作者的保护,才会有对智力成果利益的合理分享,而这也体现了知识产权制度的均衡思想,也是现代知识产权法的完整内容体现。③

(二) 功利主义对知识产权人权正当性的重新解读

知识产权的私权化嬗变使得知识产权需要从理论和制度上建立起同其他私有财产权制度一样的法理正当性基础。④ 就知识产权内部而言,体现的是权利的保护与限制问题,而在整个社会权利体系中,更多地反映的是

---

① Peter Drahos, *A Philosophy of Intellectual Property*, Dartmouth Press, 1996, p.193.
② 国际人权法教程项目组编写《国际人权法教程》(第一卷),中国政法大学出版社,2002,第8页。
③ 吴汉东:《知识产权的私权与人权属性——以〈知识产权协议〉与〈世界人权公约〉为对象》,《法学研究》2003年第3期。
④ 孔祥俊:《WTO知识产权协定及其国内适用》,法律出版社,2002,第72页。

私权与人权的冲突及协调问题。① 因此，知识产权不可能等同于人权，知识产权权利体系设计中有体现人权的一面，同时也存在冲突的一面，用人权观点去评判知识产权的正当性有失偏颇，因为知识产权的制度功能不可能周延人权的范畴。新时代经济条件下，我们努力的方向是如何平衡知识产权与人权的关系，发现并解决违反人权及与人权相冲突的问题，变革现有知识产权制度，使其符合国际人权标准。

在知识产权法哲学领域，自然权利理论、功利主义理论及马克思的劳动价值理论曾经一度被用来证明知识产权正当性基础。其中自然权利理论首推洛克的劳动财产权理论，以"天赋人权"为价值取向，以自然法为基石，论述了劳动在知识产权创造过程中的作用及应该享有的权利。自然权利理论源于古罗马斯多葛学派的自然法思想，在中世纪的欧洲由封建社会向资本主义社会过渡的历史时期，洛克、卢梭、康德等人对于自然权利理论的发展为私有财产权的正当性提供了强有力的辩护，而后人也据此用来论证知识产权作为私权的正当性基础。认为知识产权重点在于对智力成果的"创新"保护，而这种"创新"却是在前人基础上进行的，即属于原有公共资源的一种创新，这种创新所体现出来的新的价值是区别于原属于公共资源的成果，因此，知识产权创造者当然享有对于这种"创新"所衍生的新价值的财产权。而这一点也是洛克著名的劳动财产权理论的重要论述所在。② 然而，这种理论的缺陷也是明显的，其中最为明显的缺陷在于洛克并未对劳动的性质和程度给予合理的解释，以至于学者将知识产权领域中的仿冒、假冒及盗版行为与创新活动混淆。而"天赋人权"的自然权利理论也无法解释知识产权需要经过国家公权力的介入，专利权等诸多知识产权需要经过国家有关机关的申请审查和登记公告等行政确权程序。有学者为此辩护，认为公民取得的这一权利并不是国家授予的，国家只是宣告或者证明了发明人的自然权利。③ 如果只是一种宣告，那么为什么专利制度中要设计专利审查制度呢？如果是自然权利使然，那么应该和著作权一样自创作完成之日即自动获得国家法律的保护，或像有形物体一

---

① 吴汉东：《知识产权 VS. 人权：冲突、交叉与协调》，台湾《法令月刊》2003 年第 8 期。
② 朱谢群：《知识产权的法理基础》，《知识产权（双月刊）》2004 年第 5 期。
③ 汤宗舜：《专利法教程》，法律出版社，2003，第 29 页。

样自动取得产权。可见,"天赋人权"的自然权利理论只是用于支撑以发明人利益为核心的价值取向,但却不能解释专利行政确权等诸多问题,包括不能说明什么样的劳动创造程度才可以成为受著作权保护的作品,专利权为什么有保护期限,为什么需要设立审查制度;为什么需要采用先发明或先申请制度,等等。

很显然,自然权利理论在解释知识产权正当性方面存在片面性,随着资产阶级革命的胜利,自然权利理论必然会被主导经济自由主义的功利主义理论所取代。

功利主义理论与自然权利理论的差别在于,功利主义所主张的是该发明是否为了造福于人类(大多数人),而自然权利所注重的是劳动产生的成果归谁所有,即究竟谁有权获得劳动成果。① 功利主义对于解释知识产权,特别是专利权与人权的关系具有重要的意义。

功利主义发轫于欧洲资产阶级革命之后。19世纪初,英国率先完成工业革命,基于资本主义自由思潮及自由资本主义的发展,私人财产权的正当性已然稳固,"天赋人权"的自然权利理论已经不再适应资本主义经济社会的发展需要,资产阶级迫切需要寻求新的理论支持,以杰里米·边沁和约翰·斯图尔特·穆勒等为代表的功利主义哲学应运而生,他们为资本主义追逐的自由放任、自由竞争和自由贸易及私权扩张提供辩护,主张追求"最大多数人的幸福",并指出这种"最大多数人的幸福"就是最大限度地提升社会生活水平。资产阶级自诩以"主人翁"的身份,通过自由竞争、自由贸易逐利的行为为整个资本主义社会经济进步与发展谋求"最大多数人的幸福"。因此,从此角度来说,一项法律制度是否正当是以能否增进社会整体福利为标准的,而增进社会整体福利也是立法、司法及执法活动中予以追求的最终目标所在,如违背该标准,则是不正当的。②

专利理论中的激励论被视为功利主义伦理观的表现,常用于证明专利制度的正当性基础。功利主义对专利立法目的的表述一般包括两个部分:

---

① 〔美〕罗伯特·P. 墨杰斯、彼特·S. 迈乃尔、马克·A. 莱姆利、托马斯·M. 乔德:《新技术时代的知识产权法》,齐筠等译,中国政法大学出版社,2003,第16页。
② 胡波:《专利法的伦理基础》,博士学位论文,西南政法大学,2009,第85页。

直接目的是促进科学技术进步和创新,间接目的是增进社会福利。促进科学技术进步并非最终目标,只是中间手段,最终目的是增进社会福利。专利法通过授予发明人对于智力成果的独占权利,以期收回前期投资及保证后续利益,以激励更多的发明问世,从而最大程度上增进社会福利。无疑,从增进社会整体福利这一点来说,功利主义满足了人权的基本需求。然而,对于功利主义来说,增进社会福利只考虑总量的增长,并不计较个别利益的得失,更不会考虑总量如何分配的问题。功利主义只强调社会福利总量的增长所导致的后果是,"在原则上就没有理由否认用一些人的较大得益补偿另一些人的较少损失,或更严重些,可以为了使较多人分享较大利益而剥夺少数人的自由"①。甚至有学者指出,功利主义的逻辑是容忍作恶的,只要益处大于害处,认为对善的促进并不能使恶变得合理,只有限制更大的恶才是合理的。②

事实上,对于功利主义的哲学阐述并不是这样的,边沁对功利主义的主张并没有否认对个人利益的忽视,认为社会所具有的利益不能独立于或对抗于个人的利益,社会利益只意味着"组成社会的各个成员的利益之总和"③。因此,功利主义并没有否定要牺牲个人利益,其通常依据当事人所体现的利益是增加还是减少来判断一项行为是否符合功利主义幸福原则。

尽管边沁所处的历史环境处于追逐经济自由主义的狂热年代,但在崇尚经济自由主义时,却能及时洞察政府对于增进经济、社会福利的巨大作用。认为政府在某些方面应当采取适当的措施来提高人民的福祉,如提供创新驱动力,通过法律引导个人追求财富、创造财富,并增加此种机会以增进社会的幸福,从而实现保证公民的生计、财富、平等和安全。④

无疑,功利主义所指导的法律体现了一定的人权思想,法律可以使得人人对自己辛苦创造的劳动获得利益回报保障,激励人们创造更多的财

---

① 〔美〕罗尔斯:《正义论》,何怀宏等译,中国社会科学出版社,1988,第26页。
② 〔德〕库尔特·拜尔茨:《基因伦理学》,马怀琪译,华夏出版社,2001,第281页。
③ 〔美〕E. 博登海默:《法理学、法律哲学与法律方法》,邓正来译,中国政法大学出版社,2004,第109页。
④ 〔美〕E. 博登海默:《法理学、法律哲学与法律方法》,邓正来译,中国政法大学出版社,2004,第111页。

富，解决人们的生计（温饱）问题，尽管最终目的在于增进整个社会的福利，因为对于个人的创新激励势必带动整个社会的创新驱动，从而在总量上增进福利。

然而，这种片面追求社会总体福利最大化的功利主义也给专利制度造成一定程度的负面影响，在涉及人权公共健康权利时，专利制度被产业利益所左右，无疑成为与公共健康权相违背的一项制度。《与贸易有关的知识产权协议》（TRIPS）极大地提高了传统知识产权制度的保护标准，世界贸易组织"一揽子"许可协议使得发展中国家被迫接受不符合本国经济发展现状的知识产权高保护标准，药品专利制度借助于 TRIPS 协议的全球化扩张使得发展中国家和不发达国家基于公共健康问题产生生存权、健康权及发展权等基本人权冲突。联合国人权委员会清醒地认识到，TRIPS 协议与国际人权法之间存有明显的冲突，提醒各国政府在制定经济政策时，应首先让位于人权，并要求 WTO 等国际组织在评估相关知识产权协议时全面考虑国际人权条约规定的义务。① 为此，2001 年 11 月 WTO 第四届部长级会议通过的《TRIPS 与公共健康多哈宣言》，提出当发展中国家和不发达国家在遭遇公共健康危机时，可以通过建立药品强制许可制度来缓解药品专利制度对公共健康危机所带来的威胁与冲突，基本解决了专利制度功利主义带来的负面影响。

二 医药信息专用权的人权正当性探析

（一）医药信息专用权的人权问题

法一直被看成统治阶级意志的体现，法律基本理论一直重视强调法的阶级性。然而，经济全球化促使国际立法的利益趋同，阶级性似乎已经逐步走下历史舞台，新时代法的精神实质应是全球社会文明的一种体现，体现为一定的人文伦理属性。法律意识形态中，对于某种处于边缘化、濒危性的事物的习惯做法是采取法律的干预保护态度以延续发展。这种法律的干预通常有两种方式。一种是通过立法督促政府对于该事物的行政干预保

---

① 〔美〕奥得丽·R. 查普德：《将知识产权视为人权——与第15条第1款第3项有关的义务》，刘跃伟译，《版权公报》2001年第3期。

护，通过《非物质文化遗产法》规制政府在非物质文化遗产保护中的角色；通过《中药品种保护条例》保护传统中药。另一种即通过立法赋予私人或集体产权，以产权激励使其免于消亡，避免"公地悲剧"的发生。

对于传统知识、遗传资源和民间文学艺术等的保护，各国及学者所主张的保护方式差异明显，并未形成统一的立法模式和观点。具有非物质文化遗产属性的部分传统知识和民间文学艺术被纳入政府行政保护范畴；遗传资源的有形生物材料通常被视为自然资源，倾向于国家的行政保护，《生物多样性公约》规定的国家主权原则为国家范围内提供行政保护提供了国际立法依据。而学界较多地将遗传资源保护纳入私权，特别是知识产权保护模式，原因在于遗传资源和传统知识所蕴含的巨大经济利益已经日益凸显，而私权化是攫取这种利益的最为有效和合法的方式。① 而这一点也正是传统知识、民间文学艺术等力求获得知识产权保护的原因所在。

知识信息本身就使用而言并不会发生有形损耗，知识形态的发展规律提示公开性的传播反而有利于知识的普及和发展，学者认为对知识赋予产权是在人为制造稀缺性。对于传统知识赋予知识产权，包括专利权，是否会对传统知识的传播和发展起阻碍作用？如果不会，那么赋予知识产权的正当性何在？

国内对于主张利用现有知识产权制度保护传统知识、传统医药观点的学者基本上会从人权角度论证存在的合理性，一般从健康权、发展权和自决权三个方面进行论述，认为传统医药对于保障传统社区居民的身体健康起到了不可估量的作用，符合人权健康权要求。传统医药因缺乏现行知识产权制度的可知识产权性往往被划入所谓的"公共领域"，一方面发达国家依托传统知识利用先进的技术创造出新的产品，另一方面发达国家利用经济优势建立起来的知识产权制度人为限制传统部族、社区使用新产品，进一步阻碍传统部族、社区的后续开发使用权。加强对传统知识的保护，有利于积极防范上述行为的进一步泛滥，从而实现传统部族、社区的发展权、自决权，推动经济、社会生活的健康发展，而这些权利是《公民权

---

① 孙昊亮：《多维视野下遗传资源的法律保护分析》，《西北大学学报》（哲学社会科学版）2010年第5期。

利和政治权利国际公约》明确规定的国际人权内容。①

传统医药信息作为传统知识的重要组成部分，对人类卫生健康体系有着重大贡献，其以简便、低廉的方式维护传统部族、社区的健康乃至生命，本身就是一种人权的体现。但作为边缘性知识，如果没有法律的干预和关怀，很有可能走向消亡。因此，对传统医药信息赋予产权保护，是对人权的维护还是损害？对传统医药信息赋予知识产权，特别是成立新型的知识产权类型——医药信息专用权，是否符合人权法的精神？如果不符合，会对哪些利益造成损害？如果符合，正当性基础体现在哪？

（二）医药信息专用权的人权保护的适格

在人权的发展过程中，集体人权的出现契合了传统知识权利主体人权的保护标准。现代人权观念的一个重要变化，便是由过去的个人人权发展成"以种族、民族为构成内容的集体人权"②。在集体人权中，民族自决权作为其中最为核心的部分出现最早，并为大多数人所接受。自决权最早出现在1952年联合国大会《关于人民和民族自决权的决议》中，包括政治上的自我决定权和自由发展经济、文化、管理社会的权利，是一个民族和人民享有一切权利的基础。1955年的《万隆宣言》也再次重申自决权是充分享受一切人权的先决条件。中医药传统知识医药信息属于传统知识的一部分，因此有学者认为传统医药的发展、延续属于传统部族、社区文化多样性发展的权利，而文化权利和自由如同发展权一样，既属于个人的人权，也属于集体的人权。③

对于知识信息而言，赋予产权保护反而会制造一种人为的稀缺性，公众无法自由获取所需要的知识信息，反而会抑制知识信息的进一步发展。因此，世界上绝大多数国家并不会对已经处于公共领域的知识信息赋予知识产权。然而，功利主义认为知识信息的进一步创造需要他人的劳动付出，如果法律不对这种付出给予产权保护，那么就不能激励更多的智慧劳

---

① 参见李扬、李念秋、熊莹《人权与正义论：保护传统知识合理性的自然法哲学分析》，《重庆科技学院学报》（社会科学版）2009年第2期；卫欢《传统知识法律保护的正当性——以传统知识为例》，《太原理工大学学报》（社会科学版）2010年第3期。
② 徐显明：《人权主体之争引出的几个理论问题》，《中国法学》1992年第5期。
③ 吴汉东：《文化多样性的主权、人权与私权分析》，《法学研究》2007年第6期。

动成果的产出，以至于损害整个社会的创新驱动。

传统医药信息所表现出来的治疗某种特殊疾病的效用是在传统部族、社区世代经验积累的基础上所形成的医药传统知识，有着深厚的宗教文化底蕴和人文历史背景。一方面，传统中药药用价值的披露为医药科技的发展提供了大量信息，这也是"生物海盗"泛滥的原因所在。传统中药药用价值的披露为药品研发者提供了研制新药的信息启示，根据这些信息，药品研发者有针对性地开发出许多新药品。据统计，在全世界涉及植物性成分的药品中，74%起源于传统医药知识。[①] 另一方面，受限于科技发展水平，发展中国家难以和发达国家进行平等对话。当广大发展中国家仍然以这种传统知识披露的方式使用传统草药治疗疾病时，发达国家却利用先进的制药技术进行有效物质萃取，再利用专利制度获得产权保护，获得高额垄断利润，而不需要为医药信息支付任何报酬，这极大地损害了传统部族、社区及整个社会的公共利益，使传统医药知识陷入一种无序、滥用状态而面临消亡。从这一角度来说，传统医药信息的非产权化保护并不能体现公平正义原则，是对人权的违背。

传统部族、社区作为传统医药信息的传承者，是传统医药信息的当然权利主体。于自然权利理论而言，传统部族、社区对由自己劳动获得的传统医药信息拥有财产权，对由数代辛苦探索、努力实践改进得来的传统中草药治疗疾病的医药用途信息及治疗方法、制药方式等创新成果拥有不可辩驳的产权。于功利主义而言，产权保护有利于弥补非正义的利益分配格局，通过对产权的合理设计，建立公平的利益分配格局。赋予传统部族、社区的私权利主体地位，使得传统医药知识产权确定化，阻止发达国家利用先进技术窃取传统中草药有效成分并申请专利的行为。

而这种产权确权行为，并不在于阻止他人开发，而在于通过产权确认及一系列的产权许可转让、共同开发等具体制度的设计，产权人和后续开发者都可以公平、公正地分享由传统中草药开发所带来的惠益，进一步促进人们对于传统中草药的保护、传承和发展，从而增进整个社会的福利。

---

① Graham Dutfield, "TRIPS-Related Aspects of Traditional Knowledge", *Case Western Reserve Journal of International Law*, 2001 (33).

医药信息专用权与专利权最大的不同之处在于，医药信息专用权不是授予权利人制造或者使用受保护的发明的执照，也不是授予他们开发特许技术的许可证，而是一种保证技术开发后的公平、公正、合理的利益分享权。

对于因赋予医药用途信息产权保护反而会制造人为的稀缺性、会阻碍中医药传统知识的传播等问题，笔者认为完全可以通过制度设计解决。如通过允许他人以传统方式使用中医药传统知识，包括用于临床治疗、诊断疾病和以预防保健为目的的使用以及公益性宣传等。设立合理使用制度与建立知识产权私权保护制度并不矛盾，私权保护最终目的在于赋予权利人的排他性行为，实现公平公正的利益分享，而这一点无疑契合人权的基本精神。

第三节　文化多样性视角下医药信息专用权保护的正当性

一　主要传统医药文化多样性考察

（一）尤那尼传统医药知识

尤那尼（Unani）传统医学，又称希腊-阿拉伯传统医学，发源于阿拉伯文明，普遍盛行于印度-巴基斯坦半岛及其他部分伊斯兰国家。[①] 尤那尼医学处方实际上使用的都是草药，尽管在药典中也有动物、矿物和海洋动植物等。尤那尼医学获得印度和巴基斯坦政府的承认，两国就传统植物的治疗价值展开了广泛的合作。尤那尼医学的传统医药知识治疗理论与深厚的宗教信仰理念是分不开的。

（二）印度阿育吠陀的植物医学

阿育吠陀是从梵文 Ayurveda 翻译而来的，别名叫印度草药按摩医学，又名"生命吠陀医学"，"Ayur"指的是生命，而"veda"指的是知识或者智慧，两者结合在一起，意思是"生命的科学"，或是生命、长寿的知识。[②] 阿育吠陀医学是世界文明中最为古老的医药体系之一，主要遍布于

[①] P. N. V. Kurup, "Medical Astrology" in *Traditional Medicine and Health Care Coverage*, World Health Organization, 1983, p. 64.

[②] 百度百科，阿育吠陀简介，http://www.baike.com/wiki/Ayurveda? hf = youdaocitiao&pf = youdaocitiao，最后访问时间：2014 年 9 月 14 日。

南亚国家如孟加拉国、印度、巴基斯坦、尼泊尔和斯里兰卡。阿育吠陀医学特殊的治疗理念在现代内科医学、外科学、儿科学、毒理学、优生学及老年病学方面都获得承认。这种医学治疗理念根深于达数千年之久的印度教和占星术,注重宗教启示和直觉。古代《吠陀经》不仅强调了吠陀医学中的整体概念,同时也肯定了植物的宗教意义。

在占星术的指引下,阿育吠陀医学可以选择合适的草药用于治疗疾病。而这种特殊的草药必须遵守占星术里星体与疾病相反的规则。[1] 阿育吠陀医学不仅体现了传统医药知识在治疗疾病中的重大作用,同时也将传统治疗、宗教和整体的宇宙观联系在一起。

(三) 美洲土著的植物传统治疗方法

在美国北部的土著人民中存在普遍的传统治疗方法,其中植物治疗十分突出。土著人民的药物需求几乎完全依赖于这些传统医药知识[2],传统医药知识本质是一种精神和文化的反映。在自然界所有复杂现象关系的背后,植物被他们认为是神圣的,是真正的生物体,是人类分享宗教交流的生态载体。

美洲原住民,或称印第安人,已将传统医药知识的治疗提升到一个神圣的地位,在某种意义上类似于非西方文化的哲学思想。例如,美国原住民学者玛丽·巴蒂斯特和詹姆斯·亨德森研究后得出,以欧洲为中心的植物药研究者,很可能知道某种草药的名称和使用方法,但是假如不知道庆典的仪式、庆典的圣歌和祈祷,并不能达到相同的药效。[3] 美洲原住民医药传统知识的治疗方法涉及复杂的文化、宗教和神灵精神,并在此基础上最大限度地发挥传统医药知识的药用价值。

纳瓦霍人(Navaho,美国最大的印第安人部落)的传统治疗方法在美洲原住民中享有盛誉,特别是对传统医药知识的使用。纳瓦霍人所使用的治疗方式是一种文化精神的表达,在治疗过程中对治疗用具的摆放都要

---

[1] P. N. V. Kurup, "Medical Astrology" in *Traditional Medicine and Health Care Coverage*, World Health Organization, 1983, p. 59.

[2] Richard Lucas, *Nature's Medicines: The Folklore, Romance, and Value of Herbal Remedies*, Parke Publishing Inc., 1966, p. 132.

[3] Marie Battiste & James S. Y. Henderson, *Protecting Indigenous Knowledge and Heritage: A Global Challenge*, Purich Publishers, 2000, p. 43.

严格遵循信仰习惯，例如，纳瓦霍人传统医师在治疗前会花数小时精心准备庆典和一些具有信仰意义的传统符号。通过圣歌、祈祷和朗诵，将病人置于一个特殊的场景中，通过这些仪式使病人处于一种放松状态，之后，医师才开始治疗。①

描述植物药治疗过程的复杂的宗教庆典仪式是美洲原住民传统医药知识的主要表现形式，传统医药知识作为象征性的宗教仪式的元素至关重要。《美国药典》（The United States Pharmacopeia，USP）记载的药物大部分来自美国本土的传统医药，其中有大约170种传统医药知识，这些植物药普遍分布于墨西哥北部，应用于一种"理性治疗法"（rational therapy）。②在沃格尔（Virgin Vogel）的研究中，有超过50种植物药被西印度群岛、墨西哥、中美洲和南美洲的原住民使用。传统医药知识普遍应用于现代麻醉药、兴奋剂、止血药、导泻通便药、新生儿药、抗生素、退热药、杀虫药、催吐药和避孕药。

例如，古柯叶子包含可卡因生物碱，烟草和佩奥特掌都是麻醉药和兴奋剂的重要药物成分，鼠李皮（cascara sagrada）和鬼臼果（may apple）的根具有导泻药的重要药物成分，玉米黑粉和棉花的树皮可以用于新生儿药的制作，金鸡纳树树皮、奎宁生物碱和山茱萸树皮可用于治疗疟疾和退烧，土荆芥、浅赤根（pinkroot）可以制成杀虫药，催吐剂来源于吐根，包括树皮部分和吐根生物碱，美洲原住民用紫草做成口服避孕药，而这些都是现代药物的来源。实际上，除了印第安人的贡献，《美国药典》中的大部分药用植物还来源于其他文化对传统医药知识的披露。③

（四）拉美国家的传统体液治疗

体液治疗（Humoral therapy），又名体液医学，起源于希腊，为中美洲和南美洲原住民的智慧成果，是今天拉美印第安人传统治疗实践的理论基础。该理论认为，维系人身体健康的最重要方面在于人身体、生理和心

---

① William Morgan, "Navaho Treatment of Sickness: Diagnosticians", in David Landy, *Culture Disease and Healing: Studies in Medical Anthropology*, Macmillan Publishing Company, 1977, p. 165.
② Virgin Vogel, *American Indian Medicine*, University of Oklahoma Press, 1970, p. 121.
③ George P. Murdock, *Theories of Illness: A World Survey*, University of Pittsburgh Press, 1980, p. 5.

理的平衡，这种平衡是一种动态的平衡。如果失去这种平衡，就容易生病，当一个人的动态平衡被打破，身体机能就会紊乱，表现在动态上即从冷到热的急速过渡，而食物和植物药的冷热属性能调和这种不平衡，从而达到治疗的目的。[1]

在过去的半个世纪，人类学家已经认识到体液医学的重要性，特别是在拉丁美洲国家，被认为是最普遍的民间医学体系。

(五) 非洲治疗体系

非洲传统医学有着极其深厚的文化及信仰体系，被形容是"非洲文化筛选下来的精华"（a distillation of African culture）。在非洲，人们信仰上帝，信仰祖宗神灵和其他一些超自然现象。疾病被认为是身体、精神和心理层面的紊乱所导致的，例如，呕吐被认为是触犯某种禁忌，这种禁忌包含在某种宗教里，而植物和动物是传统治疗的工具，并被广泛应用于宗教仪式中，因此他们认为屠宰动物可以平息祖宗神灵的怒气，平衡社会的不协调及恢复健康。

综上考察，传统医药知识所匹配的传统医学理论都有着极为深厚的文化传统，这些文化传统包括宗教信仰、社会习俗、基于自然认识的哲学理论、占星术、巫术等，任何一种传统医药知识的医药用途信息都不是凭空想象出来的，而是建立在一定的文化体系之上，属于人类文明意识范畴，是人类经过长期实践探索而形成的较为稳定的知识体系。因此，基于人类文明发展的需要，不能忽视由传统医药知识所构成的内在文化因素，保护传统医药知识即发展文化，保护文化多样性是延续人类文明的内在要求。

二 中医药传统知识医药信息文化传承正当性

(一) 传统知识"脆弱文化表现形式"保护的内在要求

英国的雷蒙德·威廉斯将文化比作是某一特定的生活方式，是一个民

---

[1] Carmel Goldwater, "'Traditional Medicine in Latin America' in Traditional Medicine and Health Care Coverage", in Halfdan Mahler, Robert H. Bannerman, John Burton & Chen Wen-Chieh, eds., *Traditional Medicine and Health Care Coverage: A Reader for Health Administrators and Practitioners*, World Health Organization, 1983, p. 43.

族、一个群体占支配地位的,具有很强继承性的思维和行为方式。① 美国人类学家鲁斯·本尼迪克也认为,文化是通过某个民族的活动而表现出来的一种思维和行为模式,一种使该民族区别于其他民族的模式。② 知识无疑是人们思维和行为方式的技术基础和技术前提。而文化比知识具有更为广博的含义,它是人类在自身历史经验中创造的包罗万象的复合体,除了知识,还包括信仰、艺术、道德、法律、风俗和人作为社会成员能获得的其他任何能力。③

传统知识被定义为"人们在历史的变迁中与自然界长期交互所形成的知识、技术、经验的总结,包含着对于文化、语言和自然系统、可利用的资源及对自然世界观的认识所形成的复杂的诠释"④。从某种意义上来说,传统知识并不单纯只是一种知识,更多的是一种思维和行为方式的世代传递,是人们经验的集合体,是维系传统部族赖以生存、发展的精神、道德的价值体系,属于弗莱认为的文化结构中的高级层次。⑤ 因此,传统知识更多地体现为一种文化,而不单纯是一个文化的基础组成,至少可以说是文化的一种高级境界。

传统知识是传统部族在漫长历史过程中,在一个封闭、孤立、与外界极少交流的自然和社会环境中创造的精神成果。一种文化类型越是历史悠久,越是在独立封闭的环境中发展起来的,民族特色越鲜明,从文化基因的角度来看,其价值也就越大。⑥ 在传统部族中,作为传统知识披露的某些传统医药知识,对传统社区具有宗教价值和信仰意义,具有文化身份的表征功能。这些传统医疗知识承担着传统部族图腾的功能。如亚马孙河流

---

① 〔英〕约翰·斯道雷:《文化理论与通俗文化导论》(第2版),杨竹山等译,南京大学出版社,2001,第2~3页。
② 〔法〕维克多·埃尔:《文化概念》,康新文、晓文译,上海人民出版社,1988,第5页。
③ 〔美〕拉德克利夫-布朗:《社会人类学方法》,夏建中译,华夏出版社,2002,第67页。
④ International Council for Science/Conseil International pour la Science (March 2002). "Science and Traditional Knowledge: Report from the ICSU Study Group on Science and Traditional Knowledge", Retrieved 2012. 转引自维基百科, http://en.wikipedia.org/wiki/Traditional_knowledge,最后访问时间:2014年8月20日。
⑤ 弗莱将文化结构分为基础层次、中间层次和高级层次,基础层次是衣食住行等,政治、经济、宗教、社会制度等属于中间层次,表现民族创造力的文学艺术形式属于高级层次。参见方汉文《比较文化学》,广西师范大学出版社,2003,第33~34页。
⑥ 严永和:《论传统知识的知识产权保护》,法律出版社,2006,第58页。

域被盖丘亚族称誉为"精神的葡萄酒"的"死藤水",即作为盖丘亚族的宗教图腾而存在;亚马孙河流域印第安人的"金鸡纳树树皮"用于治疗疟疾和其他发热病症,由于神奇的治疗效果,印第安人将这种树视为神灵,赋予其图腾意义。而这种传统医药知识的治疗效果所带来的文化价值维系着传统部族的精神信仰,是传统部族赖以生存和发展的精神动力,同时,对图腾文化的崇拜也强化和稳固了传统医药知识在传统部族中的作用和地位。

传统知识作为一种文化要素,是文化多样性的有机组成部分,而文化多样性是实现文化可持续发展的基本条件。目前,包括传统部族文化在内的文化多样性资源正在大规模地、快速地消失,要维护传统知识的生存状态,需要实现和巩固文化多样性的发展,促进国际社会对传统知识文化的尊重和保护。2005 年通过的《保护和促进文化表现形式多样性公约》(以下简称《文化多样性公约》)第 2 条第 2 款规定,各国拥有在境内采取保护和促进文化表现形式多样性措施和政策的主权。《生物多样性公约》为生态遗传意义上的植物药奠定生物遗传资源多样性的国家主权原则,基于传统医药知识所蕴含的传统知识部分,各国有权基于《文化多样性公约》主权原则对境内各民族、种族、社区及部落的文化发展提供多样性发展空间。主权原则为传统文化的保护和发展提供了权力保障,从公权力上为国家层面维护传统文化多样性、拒绝"文化海盗行为"(注:文化海盗行为与生物海盗行为相对应,是指发达国家无偿利用发展中国家的传统文化,开发新产品以获得知识产权保护,并将其返销到发展中国家而获取高额利润的做法)提供制度设计空间。

一般而言,文化主权原则是指一个国家的文化主权神圣不可侵犯,一个国家的文化传统和文化发展选择必须得到尊重,包括国家的文化立法权、文化管理权、文化制度和意识形态选择权、文化传播和文化交流的独立自主权等。①

值得注意的是,《文化多样性公约》提及了"脆弱文化表现形式"一词,并规定缔约国对该种脆弱文化应予以确认和采取适当保护措施。所谓

---

① 胡惠林:《文化产业学》,高等教育出版社,2006,第 149 页。

"脆弱文化表现形式"是指"文化表现形式属于面临消亡危险，受到严重威胁，或是需要紧急保护的特殊情况"①。而对"面临消亡危险，受到严重威胁"的情况如何界定，学界也颇有争议。笔者认为，一些传统部族、社区世代流传的传统知识文化体系，特别是某些文化形式并未文献化且欠缺系统完整的传承人制度，在主流文化日益挤压的空间里面临消亡危险的传统文化当属"脆弱文化表现形式"。无疑，来源于传统部族的传统知识大部分符合上述特性。

在全球经济一体化及科技的推动下，传统文化主导的价值体系也日益转向为经济优势主导下的话语垄断及文化霸权，而由此所产生的文化产业也形成对发展中国家传统文化的冲击，挤压发展中国家传统文化的发展空间。文化产业的全球化和文化霸权的形成，对发展中国家的传统文化形成冲击，主要表现为，发达国家以经济优势支配文化产业，在国际上阻止发展中国家对传统知识的法律保护，以达到无偿使用发展中国家传统知识的"文化海盗行为"，并从现代科技知识角度将发展中国家的传统知识定义为"另类性"，特别是歧视传统药物的"非科学性"，忽略传统知识实践经验的科学性，认为只有运用可量化的方法获得的知识才算是知识②，将依靠传统实践获得药用价值的传统药物，排除在专利保护的范围之外。

(二) 医药信息文化传承保护的内在需求

由于传统知识的特性，传统知识长期游离于知识产权保护之外，特别是专利权。如知识信息世代相传不具有新颖性，集体创造无法契合专利的私有保护特征，传统知识的使用不具有工业应用性等。即便上述理由都可克服，采取适合本地土著人民的知识产权保护的建议仍然要以西方科学或者西方科学所采用的概念表达，而在这种设置下，传统知识及利益更有可能遭到进一步破坏。

正如前面所介绍的传统药物，尤其是传统医药知识及治疗方法是一种社会文化和宗教经验，与传统社区哲学和秉承的世界观是分不开的。土著人民并不了解是哪种具体物质在发挥治疗疾病的作用，某种疾病与传统药

---

① 吴汉东：《文化多样性的主权、人权与私权分析》，《法学研究》2007年第6期。
② 〔德〕卡尔·拉伦茨：《法学方法论》，陈爱娥译，商务印书馆，2003，第116页。

物建立联系，是依赖于传统社区经长期实践经验所构建的宗教信仰。不仅包括传统药物，庆典、歌曲、祷告和复杂的仪式等都被认为是传统治疗中的重要组成部分。① 传统药物所倡导的传统治疗方法在很长一段时间更侧重依赖于社会心理学的方法，借助于医术和药物的融合，共同发挥治疗疾病的作用。在西方的现代医药文化中，医术和药物是不同的，植物的药用价值往往是通过技术萃取及药理分析得出来的，最终目的是通过分离、合成和纯化活性物质，制成药物并商业化上市销售。而医术是临床实践，是对人体构造、组织细胞运行及病菌对身体的侵害破坏等系统的科学理论阐述。药物可以认定为是实验室科学运作的产物，而医术则是临床实践不断探索的结果。

以中医药传统知识为例，中医药传统知识独有的文化特征和人文价值，体现为中医药特色的社会环境、思维方式和哲学思想②，以及中医药所蕴含的"以人为本、效法自然、和谐平衡、济世活人"③ 为核心的传统文化思想体系、中医"治未病"的理论体系以及中医药基础理论体系。中医药学的精神内核强调传统文化与哲学的融合，强调中医药思维方法对传统诊疗技艺的整体指导，因此，中医药传统知识披露的医药用途信息并不仅仅在于传承疾病的诊疗技术、措施，更多在于引导中医药文化思维及社会文化。中医药传统知识包含以气血、阴阳五行所形成的朴素的哲学唯物辩证法思想，在发展历程中，呈现各个时代不同的社会思潮和文化价值。传统中药所蕴含的医药用途信息应当披露其中的文化因素，一是出于保存传统文化的需要，实现传统文化的可持续发展；二是赋予中医药传统知识特殊的文化意义，防止他人未经同意的商业性不当使用行为。包括该中医药传统知识的功效、主治、用法及炮制、处理中草药原材料到直接用药的方法、步骤及流程等，对应现代医学可能相似的疾病名称或现代医学

---

① Chidi Vitus Oguamanam, *International Law, Plant Biodiversity and the Protection of Indigenous Knowledge: An Examination of Intellectual Property Rights in Relation to Traditional Medicine*, The University of British Columbia, April, 2003, p. 316.
② 黄学武、高海利：《在中医教学中加强中医药文化教育的必要性探讨》，《时珍国医国药》2009 年第 5 期。
③ 孙光荣：《关于中医药文化建设基本问题的思考》，载《中华中医药学会中医药文化分会第十二届全国中医药文化学术研讨会论文集》，2009，第 125 页。

术语表述的主治、功效等信息。

综上所述，中医药传统知识所蕴含的医药用途信息，包括复杂的人文社会因素，而这些因素是中华民族在与疾病斗争过程中积累的宝贵财富，是中华民族优秀文化的组成部分，是文化传承的内在需要，对中医药传统知识医药信息赋予产权保护是人类文化多样性发展的必然要求。

第三章
医药信息专用权实质审查标准的建立
——以专利实质要件为例

第一节 医药信息专用权属性对知识产权
制度的回应与突破

一 知识产权新时代下的变革与启示

科技革命的兴起和技术的变革是现行知识产权制度得以诞生和延续的起因,工业革命后的西方发达国家对创新技术的需求和渴望,促使作为保护创新的知识产权制度正式登上历史舞台。然而,孕育知识产权制度的背后是现代科技的兴盛与迭起,对于处于或还将长期处于农业经济时代的广大发展中国家来说,以西方国家为标准建立知识产权制度必将是一场新式"掠夺"。应该认识到知识产权从来就不是保护知识创新的唯一工具和手段,随着全球一体化进程的深化,知识产权制度已经成为发达国家主导全球技术革命、实现本国经济利益最为有力的政策和法律工具。TRIPS 协议作为加入 WTO 的一揽子协议已经昭告天下,要想参加全球一体化贸易必须遵行发达国家所制定的知识产权游戏规则。TRIPS 协议让广大发展中国家失去了维系和建立符合本国经济发展水平的知识产权制度的可能。现实困境是,发展中国家丰富的遗传资源、传统知识和传统民间文学艺术等无法获得知识产权制度的青睐。

随着科技的不断进步，西方发达国家基于本国利益对知识产权理论进行不断变革与突破，也为发展中国家积极探索遗传资源、传统知识和传统民间文学艺术等主题适用知识产权保护提供契机。在三大传统知识产权法之中，著作权的理论变革无疑是最大的，尤其是网络科技的迅速发展，极大地加快了著作权的拓展。专利制度也随着科学技术的变革不断突破原有理论界限，制药萃取技术和生物基因技术带来的技术变革不断扩张原有专利权客体范畴，专利保护的范围不断打破人类原有的思维，技术在某些国家已经不是专利重点保护的对象，而工业化应用也不是专利实用性亘古不变的定律。事实上，发轫于西方资本主义国家的知识产权制度从一开始即利益政策扩张的工具，从知识产权近 300 年的发展历史可以看出，知识产权的每一次客体的扩张、体制的变革都是西方发达国家为适应本国经济发展需要而做的变动。全球化体系下的知识产权制度应当更兼具公平，更多的关注全球资源的可持续发展与利用，最终成为全人类知识创新的重要法律保护工具。

将传统部族、社区的传统知识，特别是其中的遗传资源、传统医药中的传统植物药，通过现代技术萃取有效物质成分并申请专利的行为被认为是现代西方发达国家对发展中国家的"生物海盗"行为，受到发展中国家的一致声讨和反对。对遗传资源和传统植物药有效物质成分的提取依赖于传统知识的指引，利用的是传统知识所披露的医药用途信息。这种未经许可的无偿利用传统知识医药用途信息行为，现行知识产权制度特别是专利法缺少应有的回应。

知识产权领域中，法律试图在保护发明创造者个人利益、促进发明技术的投资和利益分享及推动技术的进步之间寻求一种利益的平衡。[1] 赋予发明者以发明创造专利权这种排他性独占权，使专利权人占领市场，从而得到丰厚的回报，才能激发起人们从事发明创造的热情，调动人们发明创造的积极性，使技术创新活动走向良性循环。专利法特殊保护模式就是对技术方法公开"对价"的衡平机制。[2] 因此，专利制度的最终目的并不是

---

[1] David Bainbridge, *Intellectual Law*, fourth edition, Financial Times Pitman Publishing, 1999, p.12.
[2] 徐瑄：《专利权垄断性的法哲学分析》，《中国法学》2002 年第 4 期。

单纯保障发明人的利益，而是建立一种与技术方法公开"对价"的衡平机制，是在传播知识和造福社会之间寻求合理妥协，此种目的为我们创设某种类似专利权的制度提供理论指引。

中医药传统知识医药信息的私权保护与专利制度的"对价"衡平机制具有相似性。法律通过赋予中医药传统知识医药信息的传承人、持有人对所维系、保存的中医药传统知识在被他人商业性利用过程中所产生的利益享有利益分享的权利，从而激发传承人、持有人更好地传承和维护中医药传统知识，使得更多的中医药传统知识可以被利用、分享，从而促进技术创新与增进社会福祉。通过对现行专利制度进行探索，寻求医药信息特征中适用专利制度保护的可能性，对现行知识产权制度进行适当变革，尤其是对专利权进行理论重构，以探索和论证中医药传统知识医药信息的可知识产权属性，建立中医药传统知识的知识产权保护制度。

二　医药信息专利权保护路径的探索与借鉴

"生物海盗"行为的本质在于未经权利人同意擅自无偿利用其资源，包括遗传资源、传统知识所披露的有效治疗信息、医药用途信息进行商业性开发行为。中医药传统知识寻求的法律保护，目的并不是单纯的保护传统知识权利所有人、传承人、持有人等，而在于对中医药传统知识所披露的有效治疗信息、医药用途信息的后续开发利用的利益分享，以充分体现尊重所有人、传承人或持有人，体现对传统知识智慧创作和传承维护的一种应有的尊重，是对知识公开"对价"的一种衡平考量，最终体现法之公平正义之基本要求。从此角度观之，专利制度无疑最为契合中医药传统知识医药用途信息的保护目的，值得借鉴。

中医药传统知识用于治疗疾病的医药用途信息的载体——传统中药，特别是植物药不同于现代植物药，药用价值功能的发挥并不是采用西方发达国家通过现代技术萃取有效物质成分申请专利的方式，而是立足于"基于传统"的传统知识特性。对于专利制度而言，是否能够容纳这种"基于传统"的特性，或者"基于传统"的特性而对专利制度进行变革，需要进一步探索。在专利制度理论中，无论对专利制度进行何种变革或修正都需要在专利制度基本理论范围内进行。中医药传统知识的保护客体，即医药用途信息不同于现代植物药的有效成分，尽管现代植物药有效成分也被认为属于"发现"范畴，突破了专利制度的传统思维，但仍然遵行人们对于具体物质提取时所付出的智力劳动成果的保护的基本原理，而这种具体物质可以直接衍生出新的发明创造。中医药传统知识医药用途信息由于无法确定具体物质而导致保护范围的不确定性，于专利制度而言，通过产品保护技术的思想沦为"镜中花、水中月"，专利制度因此似乎并不能有效保护中医药传统知识。

然而，任何一种法律制度的适用都不是一成不变的，是随着时代的发展而不断变化的，法律的基本精神应该是在维系基本理论下的与时俱进，方能克服法律的滞后性及体现法理背后的精神内涵。这种变革和改进不能采取急功近利、削足适履的做法，而应以该制度的基本框架为蓝本，重新构建一套类似的法律制度。在我国，类似的新型知识产权保护模式的建立大抵都是采用这种方式，如集成电路布图设计最开始是采用著作权法的保护模式，但考虑到无法阻止他人未经同意擅自使用布图设计于商业用途，无法实现产业性利用，因此后来结合著作权法和专利法的保护模式，融合了两部法律特点，创立了集成电路布图设计权，一方面使得集成电路布图设计权与著作权相比更具有工业实用性（这是一般著作权作品所不具有的）；另一方面"独创性"又区别于一般专利产品的"创造性"，而且允许反向工程，而这点是专利采用技术公开最为重要的特点所在。大部分国家的植物新品种是不可以授予专利权的，但是植物新品种融合了专利权的基本特征，如技术性、产业可利用性，又有自身特点，如要求植物新品种达到新颖性、特异性、稳定性与一致性，可以说植物新品种权是在专利权的基础上进行适当变革的新类型知识产权。

综上，专利制度对于中医药传统知识医药信息专用权构建无疑具有重大的借鉴意义，传统医药信息是否受到知识产权制度的青睐，可以通过专利制度的实质性要件，即新颖性、创造性和实用性的考察来探索医药信息作为知识产权客体的适格性，并借鉴专利实质性要件，构建符合医药信息专用权的实质审查要件。

第二节 新颖性：专利新颖性与医药信息商业新颖性

一 新颖性的国际标准考察

一件发明要获得专利权，首先必须是新的，即不能是在先技术或者已经为公众所知晓，这是由专利制度的性质所决定的。专利法的目的在于促进产业发展，若发明创造与已知技术相比并不存在明显差异而仍授予其专利权，则不但无益于产业创新水平的提升，反而会阻碍产业的发展。如果对于已知技术给予专利，则将对产业自由使用已知技术产生不必要的限制。

TRIPS协议仅仅以新（newness）作为可专利性的基本标准，并没有采用统一的或普遍性的新颖性标准（novelty standard），亦没有对新颖性的问题作出详细的规定。简而言之，不属于技术现状之发明即具有新颖性。各国对专利新颖性的审查标准不一，但基本上都采用了这一说法，即新颖性应不属于现有技术或为公众所知晓——两者意思大致相同。一般如果属于现有技术则已为公众所知晓，如我国《专利法》对现有技术的定义即发明或实用新型专利申请或者专利要求保护的技术方案在申请日之前已经为公众所知。

美国的新颖性定义及审查标准一直处于不断变化之中。根据U.S.C35.§101条之规定，授予的专利权主题必须是具有新颖且实用的方法、机器、产品及合成物，或者上述的改进。关于新颖性的规定，采用本国使用和世界出版公开标准，或者在专利申请之日前达1年以上在本国公开使用或出售。可知美国法对新颖性公开的规定采用的是国内公开使用、出售，国际公开出版，属于典型的混合新颖性标准。[1] 美国这种混合新颖性标准为大肆侵占发展中国家公开使用的传统知识、申请专利提供温床。作

---

[1] 现有技术的新颖性标准包括绝对新颖性标准、相对新颖性标准、混合新颖性标准。绝对新颖性标准即发明创造是否在出版物上发表过，是否公知、公用均以全球范围为限；相对新颖性标准的地域范围以本国为限；混合新颖性标准则是出版物公开发表的地域以全球范围为限，而使用、销售等其他形式的公开只限国内。

为世界上科技最为发达的国家，美国采用混合新颖性标准为世人所不能理解和接受，然而有观点认为其根源在于采用的先发明制度。根据先发明制度理论，发明人的发明须全部或基本完成才会申请并公开发明，而在这过程中，迟延申请并不会影响发明创造的新颖性，对于他人在发明之后、申请之前进行的公开并不会影响授权，因此较宽松的新颖性标准是与先发明制度相对应而产生的。① 这种观点固然可以解释发明过程中技术的公开对新颖性的影响，但并不能解释国外公开使用与先发明制度之间的对应关系。美国采用混合新颖性标准或许与"凡太阳底下的任何人造之物"都可以成为法定的专利保护客体的观点有关。事实上，先发明制度为美国专利申请及世界贸易往来带来较大障碍，这也促使美国于 2013 年正式修改专利法案，将先发明制改成先申请制，混合新颖性标准也改为绝对新颖性标准。

日本在 1999 年修法之前，采用的是混合新颖性标准，原《专利法》第 29 条第 1 款规定，将公众获知和公开使用限于日本国内，将出版物限于日本本国和其他地方。1999 年日本通过修法，将公众获知和公开使用扩大到其他任何国家，并增加了通过互联网公开使专利申请案丧失新颖性的规定，由混合新颖性变为绝对新颖性标准。②

《欧洲专利公约》并未直接规定新颖性标准，却将不属于现有技术的发明认定为是新发明，对现有技术的认定包括在欧洲专利申请以前，依书面或口头叙述的方式，依使用或任何其他方式使公众能够获得的东西。但同时，《欧洲专利局审查指南》也指出，在考虑新颖性时，对现有技术的考察不受地理位置、文献资料的语言及出版年代的限制。《欧洲专利公约》实质上采用的也是绝对新颖性标准。

德国专利法中，在优先权日前如果使用或以其他方式披露的所有相关技术信息被认为构成现有技术，则不具有新颖性。法国对新颖性的定义也是采用现有技术排除方法，规定现有技术须是申请日之前为公众所知悉的任何事实，包括公开使用、出版公开及口头宣传等情况。③

---

① 李萍：《论专利的新颖性》，硕士学位论文，西南政法大学，2005，第 4 页。
② 《日本专利法》，杜颖、易继明译，法律出版社，2001，第 18 页。
③ 《法国知识产权法典》，黄晖译、郑成思审校，商务印书馆，1999，第 83 页。

事实上我国新颖性标准也是经历了一个由混合新颖性标准到绝对新颖性标准的过程。2008年的《专利法》修改，规定只要内容在申请日之前为国内外公众所知，就足以构成现有技术，将在国外以非出版物方式公开的技术纳入现有技术的范畴，从而提高新颖性的标准。

现有技术又称在先技术，是各国专利法和专利审查指南中评判专利新颖性最为常用的术语，已经成为一个用来衡量发明创造是否具有新颖性的客观参照物。① 如《欧洲专利公约》规定，一项发明如果不构成现有技术的一部分（not form a part of the state of the art），则具备新颖性；韩国、印度、俄罗斯则采用"一项发明如果未被现有技术所预期"（not anticipated by the prior art），则具备新颖性，not anticipated的用法更指明了现有技术对发明的指引和启示作用；瑞士、秘鲁等国采用"一项发明如果未被现有技术所包含"（not included in the state of the art），则具备新颖性，与《欧洲专利公约》术语如出一辙，与我国《专利法》采用的表述方法也基本一致。②

二 从专利新颖性到医药信息新颖性的适应性变革

中医药传统知识医药信息属于传统知识的一部分，是相对于现代知识的另一类知识体系，这种医药信息是传统部族、社区代代相传，不断实践发展而来的，传统性是区别于现代知识体系的根本特征。所谓的"传统"，仅仅意味着该知识的获得与使用方式属于特定民族或地区文化传统的一部分，是历经了数代以家庭为单位的不断尝试所建立起来的具有稳定的信仰体系、准则和实践，并通过口授而世代相传下来，具有传统群体的文化特质，反映特定群体的传统生活方式。③

这种基于"传统"的特性使得学界常陷入一种误区，既然打上传统的烙印，而且历经数代传承、发展，那么所创知识不可能是"新"的，

---

① 郑成思：《知识产权法》，法律出版社，1997，第247页。
② 2008年修法之前的我国《专利法》，虽未直接使用现有技术一词，将新颖性直接表述为在申请日以前没有同样的发明或实用新型在国内外出版物上公开发表过、在国内公开使用过或者以其他方式为公众所知，但该表述却仍然隐含了现有技术的含义。
③ 古祖雪：《论传统知识的可知识产权性》，《厦门大学学报》（哲学社会科学版）2006年第2期。

属于常为信奉的"古法"知识,更不可能符合专利法上的"新颖性"标准。

对于此观点,有学者持反对态度,认为传统知识虽然源于过去,但是却是处于不断的发展、超越和创新中,从这个意义上来说,传统知识也是当代知识。① 传统知识代代相传的过程并不是一成不变的,对于大多数中草药而言,经历数代的不断尝试,对药性的把握随着实践的次数增加而不断加深,促使传统医药信息在治疗理论上更加趋于稳定,治疗效果更好,因此,传统医药信息也在不断改变和丰富着自己的内容。诸如中国的中医药传统知识、印度的阿育吠陀医学及日本、韩国的传统医疗体系都是建立在古代医学体系之上的,这些体系随着时代的发展而不断获得突破和革新。中国大量的传统药方的改良以及新用途的发掘,就证实了这一点。②

上述观点和解释对于中医药传统知识医药信息的"传统"本质特征给予了较好的回应,传统并不是一成不变,并不是墨守成规,"传统"一词反映了中医药传统知识医药信息"基于传统"的起源背景,突出的是代代相传,为某个特定民族或居住地域所固有,并随着环境改变而不断演进。借助这种观点和解释可以说明中医药传统知识医药信息符合知识产权法中对于知识创新客体的界定,但是此角度却无法解释中医药传统知识医药信息专利"新颖性"标准,因为新颖性的标准在于不构成现有技术或不为公众所知,而中医药传统知识医药信息这一智力成果是否具有"创新性",直接决定着中医药传统知识医药信息能否纳入知识产权保护客体的范畴,两者衡量标准并不一样。

专利法上的"新颖性"要求所保护的对象必须是前所未有的、未曾出现过的、不为公众所知悉的。那么中医药传统知识医药信息是否符合这种"新颖性"标准,有待深入研究。

(一)现有技术的对接及存在的问题

如上文所述,现有技术是现行世界各国专利法用来评判"新颖性"

---

① WIPO, The Protection of Traditional Knowledge, Including Expressions of Folklore, https://www.wipo.int/meetings/ar/doc_details.jsp?doc_id=14042,最后访问时间:2015年1月23日。

② Graham Dutfiuld, *Intellectual Property Right, Trade and Biodiversity: Seeds and Plant Varieties*, Earth Scan Publications Ltd, 2002, p.95.

最为常用的术语，评价中医药传统知识医药信息的"新颖性"离不开对现有技术的解读。学者在研究传统知识与现有技术的关系时，思考的角度往往是力求论证传统知识属于现有技术，如经常采用"公开的传统知识是否构成专利法上的在先技术，是否能用在先技术规则排除他人就传统知识在有关国家获得专利权，从而使传统知识获得某种最低程度的保护"，以求排除发达国家无偿利用发展中国家的传统知识去申请专利。甚至有学者主张对传统知识进行整理、记录，并建立传统知识数据库，成为现有技术，阻止发达国家利用传统知识申请专利，这种观点被反对的学者认为是"自掘坟墓"，即一方面无法阻止发达国家对我国传统知识的"专利性"掠夺（如西方国家对于植物提取物的专利获取），另一方面又使得发展中国家无法就传统知识申请专利，对于传统知识、传统资源丰富的发展中国家来说是极其危险而有害的。

现有技术是指在申请日前已经为公众所知的技术，这种知识在专利申请之前或在优先权日之前即可整体地从公共领域获得。[1] 落入现有技术内的一切发明创造都不得获得专利授权。评价一项发明创造是不是现有技术，通常会从三个方面判断，即时间、地域和公开程度。而各国对此的判断基准也不同，由此导致不同国家对专利新颖性的要求不同。一般来说，现有技术应涵盖申请日之前（不包括申请日当日）所有能为公众所知（available to the public）的信息，并不限于世界上任何地点、任何语言或任何形式，例如书籍、电子、网络、口头、任何展示或使用等。[2]

在界定新颖性的时间点上，各国基本上接受了以"申请日"为时间界点，除了仍然采用先发明制度的少数几个国家外，申请日以前公开的技术内容都属于现有技术。而于地域来说，依据国内公开和世界范围的公开为标准分为相对新颖性、混合新颖性和绝对新颖性，前文已有论述，此处不再予以展开。

为公众所知一般包括任何形式的公开使用、销售或出版物公开，各国

---

[1] WIPO/GRTKF/IC/2/6.
[2] 蔡瑟珍：《专利发明实体审查基准（一）》，台湾地区"经济部"智慧财产局出版、台湾大学科际整合法律学研究所编印，2006，第105页。

公开的方式基本一致，但并未设定一个标准，只要达到足以为公众所知的公开程度即推定为该技术为公众所知，属于现有技术。

美国在2013年修法之前，一直采用的是混合新颖性标准，因此国外公开使用并不能构成不具有新颖性的理由，而只有公开出版才会影响新颖性。在司法实践中，美国法院对于大部分在先技术，特别是用口头或者非出版的方式公开一般不会被认为构成专利法上的在先技术而阻碍专利获得授权。这种规定进一步刺激了美国跨国制药公司窃取发展中国家传统医药知识的行为。在Gayler v. Wilder一案中，联邦最高法院认为美国对国外知识采取的是"视而不见"（blind eye），因为这些知识并没有以任何出版物形式被披露，因此是被认为可以自由窃取。[①] 书面出版形式的重心在于不仅取消了大多数传统知识的表现形式，最重要的是，它使得这些信息可以被无偿使用而不用付出任何代价。但传统知识繁盛的根源基于口头文化，这种知识很少公开，更别说印刷出版了。而在另一个国家申请的打字机发明专利，如果未以书面形式出版，在美国可以再次申请相同的打字机发明专利。也就是说，相同主题的专利可能先后在不同的国家获得授权，仅仅是因为在先申请专利的国家并未以书面形式出版。

因此，中医药传统知识医药信息一直面临美国专利法现有技术认定标准的侵害。2013年美国《专利法》的修改取消了本国范围外口头公开或其他使用公开不构成影响新颖性的规定，从某种意义上来说，在一定程度上杜绝了美国利用混合新颖性标准侵害发展中国家传统知识利益的行为，但公开使用行为与出版物公开在专利审查方面并不具有便捷性，因此，如果没有合适的产权保护机制，基于利益的驱使，这种盗用行为仍然会持续下去。

从专利视角来看，中医药传统知识医药信息为公众所知的公开形式包括口头公开、使用公开和书面公开等。由于现在绝大多数国家采用的都是

[①] TKUP, Patents and Plants: Re-Thinking the Role of International Law in Relation to the Appropriation of Traditional Knowledge of The Uses of Plants, S. J. D. Thesis, Dalhousie University, 2001（unpublished）, p. 300. 转引自 Chidi Vitus Oguamanam, *International Law, Plant Biodiversity and the Protection of Indigenous Knowledge: An Examination of Intellectual Property Rights in Relation to Traditional Medicine*, The University of British Columbia, April, 2003, p. 312。

绝对新颖性标准，以下对这种公开形式的讨论也是在全世界范围内对公开的程度和模式的探讨。

（二）中医药传统知识医药信息"为公众所知"的理论误区

1. 出版物公开

日本特许法采用"刊行物"，美国法则用 publication，均系指一切出版物。我国台湾地区则采用"刊物"一词，三者相比较仍然存有差异。我国台湾地区"刊物"所表达的语境似乎过于狭隘，因为刊物与刊行物或出版物含义上还是存在不同，刊物原指杂志之类出版物，而刊行物应指一切公开出版发行之印刷物，以公开散布为目的所复制的资讯传达媒体。有学者认为，我国台湾地区"刊物"用法似有仿效日本之故，应与"刊行物"同义，均指一切出版物①，通常以印刷或其他机械的方法发行，但即使使用手抄、打字、复印纸书写等，亦应包括在内。② 然而随着科学技术的发展及社会资讯传播方式的多样化，各种媒体的使用也极为普遍，传统旧法所规定的刊行物也已突破传统意义上的活字印刷物。这一点似乎也得到国际公认，如美国判例并不全以出版物形式出现，专利申请采用电子申请或记录在移动存储器上，亦属出版物。我国出版物公开一般是指以书面方式披露技术信息，但出版物并不限于印刷的，也包括打字、手写，用光、电、磁、照相等方式复制的，载体不限于纸张，也包括各种其他类型的信息载体，如缩微胶片、影片、磁带、光盘、照相底片等。③

出版物突破原有传统印刷复制方式，将其扩大到一切可予以记录并传播的媒介，包括缩微胶片、影片、磁带、光盘、照相底片和网络。出版物形式的突破极大地提高了发明创造新颖性的审查标准，同时也成倍提高了对新颖性审查的难度和授权后权利的不确定性。传统印刷出版物的公开发行影响新颖性的成立是以全球范围为界，出版物不论在国内出版还是在国外出版，不论公开日期在近期还是在久远的古代，也不论采用的语言是中文还是其他国家的任何语言文字，只要公开发表，使公众能够获知，就足以构成现有技术。对于审查员来说，尚难以穷尽所有出版物资料来审查新

---

① 杨崇森：《专利法理论与应用》，三民书局，2006，第94页。
② 〔日〕中山弘信：《工业所有权法（上）》，五南图书出版公司，1987，第125页。
③ 尹新天：《中国专利法详解（缩编版）》，知识产权出版社，2012，第182页。

颖性，更何况新型传播媒介的介入所带来的一系列问题为审查增添不可预知的难度，由此带来以下4个问题。（1）如缩微胶片、影片、磁带、光盘、照相底片等披露的信息是否完备、真实？（2）公开的途径是否足以使他人达到可以获知的程度和状态？（3）特别是随着网络技术的迅猛发展，网络公开的技术信息是否可以视为现有技术？（4）现有技术的认定标准包括哪些？

第一个问题，缩微胶片、影片、磁带、光盘、照相底片等披露的信息是否完备、真实？根据专利法相关理论，认定哪一种被披露的知识信息可以成为现有技术，取决于两个条件，一是知识信息能够为公众所获知，二是公众能够从披露的知识信息里得知实质性技术知识的内容。从第二点得知实质性技术知识的内容应是指同领域的普通技术人员不用发挥创造性劳动就能根据所披露的知识信息直接知晓该发明内容并制造出来。日本旧法原定为"记载须至容易实施之程度"，即有关发明之记载，须达到该领域从业者不必特别思考就能实现该发明的程度。[①] 即只要记载发明构成要件，不需连发明的目的与作用效果一并记载。而《欧洲专利局审查指南》对此却提出了应当"充分披露"（enabling disclouse）的要求，认为判断是否构成现有技术，应该以所披露的信息是否足够使得所属技术领域的技术人员实现技术启示。

那么一些仅具有提示作用却并未详细说明具体实质内容的知识信息是否构成现有技术？这种提示是否可以理解为是某种技术启示？如果是的话，这种技术启示是否会影响现有技术的成立？某一类中医药传统知识如果只是单纯揭示医药用途信息，即某种中药或中药复方具有治疗某种疾病的用途，而没有更多其他信息，如采集的时间、地点、使用记录、如何加工处理才能发挥其治疗效果，有何副作用等，是否代表该种中医药传统知识医药信息已公布了实质内容，属于现有技术？

有学者认为中医药传统知识医药信息的药物用途的发现是传统部族、社区在千百年来世代反复尝试、实践而来，是建立在传统部族、社区的宗教人文环境之上，有一定的理论根基作支撑。而且中医药传统知识医药信

---

① 〔日〕吉藤幸朔：《特许法概说》第六版，有斐阁，1982，第83页。

息治疗效果的发挥有赖于独特的处理方法，包括使用的时间、施药的环境等因素，它们共同构成中医药传统知识医药用途信息。

有学者并不赞成上述观点，认为单纯地揭示医药用途信息应该属于实质内容的公开，属于现有技术。对于中医药传统知识医药信息而言，一方面，重要价值就在于对治疗用途的发现，对于传统部族、社区来说，将某种植物用于治疗某种疾病才是最终目的。另一方面，正是这种药用价值的揭示为进一步研究开发和提取有效物质成分提供了研究方向和技术启示。如果将药用效果作用和治疗目的一并记载，似乎超出了现有技术对"便于实施"之程度。如果认为单纯的只是揭示中医药传统知识医药信息不构成现有技术，那么发达国家跨国制药集团更可以肆无忌惮地利用中医药传统知识医药信息对中药或中药复方进行萃取，提取有效成分，以申请专利。对此，尹新天教授做了呼应，认为《欧洲专利局审查指南》的"充分披露"规则在实际中并没有必要，相当于提出了发明和实用新型专利申请说明书应当充分公开的要求……就单独一项现有技术而言，有的内容十分翔实，有的内容十分宽泛，这都不影响构成现有技术……现有技术是否披露了足够的技术信息的问题在判断新颖性、创造性时自然会予以考虑，不必在判断是否构成现有技术时予以考虑。①

上述两种观点，本书无意作出过多评论，因为我们无法得知发达国家在窃取发展中国家的中医药传统知识医药信息时是否进行过全面综合的研究，包括中医药传统知识医药信息的药用效果、治疗目的、使用及加工处理方法，甚至背后的宗教信仰、人文因素，还是只是单纯地从传统部族、社区获取中医药传统知识医药信息的治疗用途。

第二个问题，公开的途径是否足以使他人达到可以获知的程度和状态？对于传统出版印刷物而言，排除私人或秘密的文件或者属于某个组织内部流通的文件，存放于公共场合如图书馆等视为可以获知。当然这种可以获知仅仅只是一种"可能"，并不一定构成一种事实，法律采用推定方式强调公众想要知道就能知道的状态，而不是公众已经实际获得的状态。② 究

---

① 尹新天：《中国专利法详解（缩编版）》，知识产权出版社，2012，第189页。
② 尹新天：《中国专利法详解（缩编版）》，知识产权出版社，2012，第185页。

竟以什么标准来衡量公众可以获知的状态？笔者认为传统出版印刷物一般以发行方式界定公开的状态，对于缩微胶片、影片、磁带、光盘、照相底片的获取应该以公开传播、销售为界，始能证明被传播的技术信息处于公众可以获得的状态，而排除一切私人之间用于学习研究的目的。传播方式及媒介的不同，可能也会导致出版物的方式的突破与使用之间的重叠。

第三、四个问题，网络技术公开是否构成现有技术，如何认定等问题无疑使不少国家感到棘手和困惑。2000年WIPO对于该问题进行调查，结果显示大多数国家赞成网络技术的公开构成现有技术，对于如何认定确实如人们所担心的一样，例如如何确保通过网络传播的有关信息内容的确定性、如何确认公开日期等。[①] 而对于是否达到可以使公众获知的状态，有学者认为，应以公众能否得知网页及位置而取得该资讯，以及散布方式是否与公开发行的刊物相同而能为公众得知作出判断，至于进入该网站是否需要付费或输入密码，则并不影响结果。因此，只要网站没有特别限制使用者，公众通过申请手续即能进入该网站，且该网站能链接到任何其他网站，或该网站已在任何一个搜索引擎上注册，或固定资源位置已出现在大众媒体上，应认定所揭露之资讯能为公众所获知。[②] 但这种观点无疑带有太大的主观意愿，实际操作中较难实现，而且网站需要付费或输入密码实为一种限制，并不是一种公开的状态。至于如何确认公开日期，该学者认为原则上公开于网络上之资讯必须载有公开的时间点，始得引证作为先前技术，若未载明公开时间点，但引证文件需另行检附公开或维护该资讯的网站出具的证明，证明时间点，始得作为引证之用。对于网络电子信息易篡改等缺陷，主张引证之资讯应注意网站的可信度，如最好是公开的官方网站，若对资讯内容有质疑时应当取得该网站出具的证明，否则不得主张作为现有技术的证据。[③]

---

① 尹新天：《中国专利法详解（缩编版）》，知识产权出版社，2012，第182页。
② 蔡瑟珍：《发明专利实体审查基准（一）》，台湾地区"经济部"智慧财产局出版、台湾大学科际整合法律学研究所编印，2006，第115页。
③ 蔡瑟珍：《发明专利实体审查基准（一）》，台湾地区"经济部"智慧财产局出版、台湾大学科际整合法律学研究所编印，2006，第115页。

2. 使用公开

使用公开是成立现有技术的又一条件因素，然而这种使用必须能够达到揭露技术内容、使该技术能够处于为公众所知的状态，并不以公众实际上已经使用或已真正得知该技术的内容为必要。对于那些必须通过拆解或反向工程方能揭示内部隐蔽结构的发明创造，仅仅对外界展示使用的状态并不构成现有技术，除非在公开销售、提供产品的情况下，方可构成现有技术的公开使用，因为购买者购买之后有权通过拆分、破坏研究其内部具体构造。欧洲专利局的立场也是基于此点理由，认为如果某一产品被置于公众视野中，同行业的技术人员如果单纯从外部即能获知内部的所有技术特征则被认为是为公众所知，如果需要通过拆卸或破坏才能知道内部技术特征，则不被认为是为公众所知。

使用公开的状态——为公众所知的"公众"如何理解，是否以人数多寡确定、评判标准如何，仍然存在争议。日本学者认为所谓公开使用乃公然实施，即公然得知之状态，亦即处在可被不特定多数人知悉的状态下实施之意。故少数人虽知悉，但在不能期待保密场合乃公知，反之，虽多数人知悉，但彼等如系居于应将发明保密之关系之人，例如被仰赖出资之人、共同研究人员、经营者、家属等时，则非公知。①

由上可知，为公众所知的状态并不在于人数多寡，而在于是否针对不特定人而言。对于某个团体、部族、社区来说，针对的是特定的人，具有传播的相对性，在某种意义上来说具有封闭性。然而，针对特定的人之间的传播公开，保密性固然可以成立不为公众所知的状态，但如果特定人之间如某个团体、社区或部族之间因为共同的宗教信仰、人文环境、地缘关系而结成较为固定封闭的组织，在这种组织内部相互传播公开和使用但没有签署或口头约定等任何其他形式的共同保密协议，是否仍可被认为不构成为公众所知之状态？

对于中医药传统知识医药信息而言，公开方式以口头公开和使用为最常见的形式，中医药传统知识医药信息独特的治疗用途和方法知识通常以

---

① 〔日〕中川善之助、兼子一：《特许·商标·著作权（实务法律大系10）》，第41页。转引自蔡瑟珍《发明专利实体审查基准（一）》，台湾地区"经济部"智慧财产局出版、台湾大学科际整合法律学研究所编印，2006，第118页。

以下几种方式呈现。(1) 对于某类中医药传统知识医药信息，人们对其治疗用途和方法都非常熟悉并知道如何具体使用，这种中医药传统知识医药信息是为公众所知的；(2) 对于某类中医药传统知识医药信息，某一民族、社区或持有人知道治疗用途，即知道这种中医药传统知识医药信息可以治疗什么疾病，但是不知道如何使用或者对使用的方法略知一二，操作起来不娴熟，只有少部分人知道具体的使用方法并能熟练操作；(3) 对于某类中医药传统知识医药信息，大部分人都不知道具体用途和使用方法，只有少部分持有人或传承人知悉该药用途及使用方法。由于第三种方式一般涉及公开的较少，往往通过家传秘方形式予以保密，不在本节所讨论范围之内。

对于第一种方式，中医药传统知识医药信息医药用途和使用方法都为本部族、社区所掌握，以及与此相关的所有传统医学理论、人文宗教、历史文化因素等在该部族、社区内部属于一种公共知识，人人皆知，人人皆可使用。对于第二种方式，中医药传统知识医药信息的医药用途为本部族、社区所公知，但使用方法只为少数人所掌握，如"佐苔"作为藏药中的一种重要成分，具有提高免疫力、健体强身功效，但"佐苔"的制作过程非常严格，需要举行专门的藏传佛教仪式，制作过程复杂而漫长，而这种制作方法也只限于符合一定身份的人知悉。[①] 那么，这种制作方法自然不属于中医药传统知识医药信息的公开使用。对于第一种方式，从中医药传统知识医药信息的采集、加工、处理到直接用于人体治疗疾病的过程，都可以说是一种使用，这种公开使用自然包括制备方法，因为制备方法也是中医药传统知识医药信息治疗疾病的使用。但不管是第一种方式还是第二种方式，中医药传统知识医药信息的医药用途都为本部族、社区所公知。

三 医药信息商业新颖性标准的适用

专利法意义上的发明分为产品发明和方法发明，中医药传统知识医药

[①] 百度百科，藏药，https://bkso.baidu.com/item/%E8%97%8F%E8%8D%AF，最后访问时间：2019年10月22日。

信息的载体——传统中草药作为生态意义上的普通植物，以有形形体存在于自然界，为社会所公知的范畴自无疑问。中医药传统知识治疗疾病的信息可以认定为专利法意义上的医药用途，对于第一医药用途发明①，虽然采用了"用途"两字，却实为一种对新型"产品"的保护，目的在于治疗某种疾病。虽然是利用物质的新性能生产制备相应疾病的药物，但仍然符合医药应用的性质，在某种程度上仍然会被质疑是一种疾病的诊断和治疗方法。

对于中医药传统知识医药信息而言，将人们所知道的某种中医药传统知识医药信息用于治疗某种疾病的全过程视为成立专利法意义上的使用最为适格，不管中医药传统知识医药信息的医药用途发明是以产品形式保护还是方法保护，也无须考虑方法发明有无将生产方法公开，因公众无法知悉其生产过程而不成立公开使用的问题。

对于这种某一部族、社区内部使用中医药传统知识医药信息的方式是否构成专利法意义上的公开，部族、社区是否当然成为专利法上的"公"的范围和界限，值得研究。有学者认为，孕育并产生传统知识的传统社区与发达国家创造现代知识的大型实验室是相似的。② 任何实验室的科研成果都是在前人智慧劳动的基础上获得的，即利用了公共知识完成的发明创造。而传统社区由于封闭性，其他部族或社区的传统医师并不了解或掌握该社区的中医药传统知识医药信息价值和治疗功效，因此仅仅在某一部族或社区内为部族所知，该种传统知识应被认为具有新颖性。

这种观点在其他国家法律中也可以找到类似的支撑依据。日本有判例认为在家里见到制作与持有的并非公知。③ 中医药传统知识医药信息所在的传统社区是基于共同的宗教信仰、生活习惯和人文社会环境组成的封闭性社区，在某种意义上来说属于一种广义上家庭的范畴，因此成立非公知状态。至于社区各成员之间是否需要有口头或书面签署的保密协议内容，自可依社会观念、风俗习惯、宗教信仰因素等认定，此种情形称为默示的

---

① 第一医药用途，是指将过去从未被用于治疗疾病的某种已知物质或组合物用于治疗某种疾病。
② 严永和：《论传统知识的知识产权保护》，法律出版社，2006，第227页。
③ 杨崇森：《专利法理论与应用》，三民书局，2006，第94页。

保密义务，所以，即使社区以外的人知晓了该中医药传统知识医药用途信息，也应该以用途来源获知途径违反保密协议排除构成现有技术。

中医药传统知识医药信息的本土性及封闭性是导致边缘化的一个重要原因，这一点也契合专利法上新颖性的要求。传统知识历经几代的集体创作，是建立在前人的知识基础之上的发展、创新，通常当一个"创新"或者"发明"出现在这种传统环境下，也不会引起人们多大的注意。[1]

中医药传统知识医药信息"新颖性"方面还涉及传统中草药有效药用成分的提取是否符合现行专利法新颖性标准。然而，传统中草药有效成分的提取符合新颖性是否适用于中医药传统知识医药信息呢？

新颖性的检验取决于在这之前是否可获得具体的活性物质或者使用过纯物质形式。假如这种物质是以一种纯自然形式获得的，它就不具有新颖性；如果这种纯化形式不是自然获取的，在这之前也是未知的，在人工纯化和分离的过程中产生一种迄今为止人类不曾知道的活性物质，是可授予专利权的。

传统部族、社区通常是使用整株的"传统中草药"原植物这种自然物质来治疗某种疾病，重点在于识别特殊的植物药而不是确切的活性物质。但是，在使用传统中草药的过程中，医药用途信息是通过传统知识的形式披露，发挥药效的往往与西医方式提取的有效物质是同一成分。根据现在各国专利法的规定，即使这种植物药是已知的，但是从这种植物药中分离和萃取的物质可以获得专利权。既然两者在本质上具有同一性，分离出来的物质因为该物质未被传统部族所揭示而具有新颖性，那么从技术上来讲，这种传统知识语境下的未知治疗物质自然也具有新颖性。认为一定要明确具体的物质，达到西方社会形式主义所认可的知识水平才具有新颖性、才能获得专利保护的观点是不成立的。[2]

传统知识的特点与适用西方知识产权保护模式形成冲突，西方知识产

---

[1] Noami Roht-Arriaza, "The Appropriateness of Scientific and Technical Knowledge of Indigenous and Local Communities", *Michigan Journal of International Law*, 1996（17）.

[2] Diamond v. Charkrabaty, 447 U.S. 303, 309（1980）. 转引自 Sheldon W. Halpern, Craig A. Nard, Kenneth L. Port, *Fundamentals of United States Intellectual Property Law: Copyright, Patent and Trademark*, Kluwer Law International, 1999, p.227.

权是建立在个人研究基础上，发明创造一般是出于发明者灵感的迸发，具有较强的时间性因素。而传统知识不可能是个人创造行为，也不可能是某一时刻灵感所至短时间产生的。

对于大多数发明创造来说，从开发完成到受保护都有一定的期限，然而，传统知识却是一种古老的并且是历经数代发展而来的，我们无法清楚地划定它是从什么时候开始，又是什么时候结束的。如果无法在时间维度上作一个可供判断的界点，那么这一事物就无所谓"新""旧"，因为新颖性有相对的时间界点作为参考系，如专利的新颖性以专利申请之日，有优先权的以优先权日为界点。在这一点上，中医药传统知识医药信息无法契合专利法上的新颖性。但这也给我提供了另一种思路：法律赋予某种事物一定期限的独占权，一定是基于该权利的客体是"新"出现的，是"新"的东西，而东西不可能永远是新的，那么对权利的保护也不可能是永远的保护。相反，对于一些不是新的东西，法律赋予权利的期限反而是无限制的，比如所有权、物权、人身权等。专利制度提供的新颖性标准为医药信息新颖性标准的适用设置了一个"陷阱"，我们努力在探索中医药传统知识医药信息新颖性标准以适合专利法要求，在设置保护期限时却陷入两难境地，要不接受专利法所规定的发明保护的20年期限，要不退出专利法保护模式。然而，我们清楚地知道中医药传统知识医药信息所赋予的技术并不是单纯的某项技术创新，而是蕴含着丰富的人文环境因素，而这种因素才是中医药传统知识医药信息赖以存在的根基。专利权的期限性也使我们反省，知识产权制度中对于智慧创作的保护也并不都是设置保护期限的，如商业秘密、商标等，特别是商标法的商标保护期限续展制度可以为我们设置专用权的保护期限提供参考。

经过上述对专利的特性分析，不管采用的是专利法上相对新颖性还是绝对新颖性标准，抑或采用"封闭性社区"的观点承认不为公众所知、具有一定的新颖性，都会存在一定的缺陷。因为作为"传统"，无法确定具体的起止时间，故有学者提出应采用类似《植物新品种保护公约》中的新颖性规定，将"首次公开"（first disclosure）转变为"商业新颖性"①

---

① 杨明：《传统知识的法律保护：模式选择与制度设计》，《法商研究》2006年第1期。

(commercial novelty)，即将首次商业使用作为判断新颖性的标准。

于中医药传统知识医药信息而言，如果涉及该中医药传统知识所披露的医药用途信息未被他人用于商业开发和利用，即可成立新颖性。而首次商业使用的界定直接决定传统医药信息受保护的范围，于本研究视角，应限于利用传统医药信息进行产品研究开发及产品上市销售、进口行为，关于商业性使用，详见第六章医药信息专用权权利内容部分。

综上，通过专利新颖性的分析，探索中医药传统知识医药信息的各种公开以及公开程度如何影响医药信息成为"现有技术"，我们有理由相信，中医药传统知识医药信息的"商业新颖性"可以契合知识产权的特性，"商业新颖性"可以成为中医药传统知识医药信息专用权所借鉴的审查标准。

第三节 创造性：专利创造性与医药信息用途独特性

一 创造性的专利法解读

非显而易见性（non-obvious）、创造性或称进步性的出现晚于新颖性和实用性。在专利建立初期，各国授予专利权只需要满足新颖性要求即可，即该发明创造只要是新的、之前未存在过。但是随着科技的进步、产业的发展，社会不断涌现一些具有较高创造性价值的发明创造，而市场上其他人只要稍加改进即可区别于已存在之发明创造，导致一段时间内这种投机取巧的"搭便车"行为深受诟病。为了鼓励和促进创新，与现有技术区别开来，后加入创造性要素。

非显而易见性、创造性、进步性三者为同一意思，只是各国专利法术语表述不同而已，都是指以申请之发明整体而论，如与先前技术之差异，于该发明相关领域之通常技术者而言，显而易见之容易发明时，则认为欠缺进步性，仍不准专利。[①] 即如果申请的发明专利在技术上与现在的普通技术相比是不需要发挥创造性劳动即可得到的，不具有创造性。无疑，创造性要素的出现，大大提高了专利的准入门槛，激励了创新，但

---

① 杨崇森：《专利法理论与应用》，三民书局，2008，第103页。

该要素在实际应用中却较为复杂,颇有争议,并没有通行的国际标准可以采纳。

美国最先将创造性纳入专利法中。1952年美国趁《专利法》修改之际增加了有关创造性的条款,用非显而易见性来表征发明的创造性要求。而《欧洲专利公约》也做了类似的规定,将非显而易见性作为判断发明区别于现有技术的特征,作为发明具有创造性的考察标准。① 然而"非显而易见性"带有很大的主观性色彩,显而易见与非显而易见之间有多大程度差异或者说两者之间有无明确的界限,两者之间是否又存有模糊不清之处?这些问题直接影响着对发明创造性的评判。

美国法院对非显而易见性的判断并不是孤立的只从字面意思着手,判断的重点依据在于申请的发明与先前技术之间的差异。产品专利发明方面,其与先前技术相比较在物理构造上是否有差异,这种差异是简单的零部件替换(对技术效果没有影响)还是在某个部件构造上有着影响技术效果的部件添加、改进或改造。在方法发明方面,该方法与先前技术在操作步骤、技术流程上有什么不同,是否添加了新的功能。

英国在创造性方面采用的是进步性概念(inventive step),法国、日本、中国大陆及台湾地区,以及1970年的《专利合作条约》(The Patent Cooperation Treaty,PCT)均采用这一术语。这一概念同样具有较强的主观性,各国也附加其他条件加以判断。如我国台湾地区"专利法修正案"中就指出进步性判断的三个重点:一是依申请前已公开的技术知识;二是对象范围限定为该发明所属技术领域者;三是评判标准为该发明所属技术领域中具有通常知识的人的能力。在进步性判断上,台湾地区之前的实用新型专利要求具有"增进功效",但是在发明专利中反而未见到类似词语,令人费解。为弥补此缺陷,台湾地区1992年修正"专利法"时效仿日本,以在实用新型中采用"显能轻易完成",在发明中"能轻易完成"来判断进步性。

日本对于进步性要素的审查通常表现在以下几个方面。一是集合发

---

① 《欧洲专利公约》第56条规定,如果一项发明相对于现有技术而言,对所属领域的技术人员来说是非显而易见的,则该发明具备创造性。

明，这种集合发明并不是单纯的若干元素的组合，只有产生单纯组合效果所不能达到的效果时，才能被认定为具有进步性。比如中药复方就是个很好的例子，单味中药只能在功能主治范围内发挥药效，而若干味中药通过配伍则具有较强的治疗疾病的功效，功能远远超过单味中药的功能效果。二是公知技术的转用、替换，素材变更或设计变更。因这种公知技术的转用、替换是普通技术领域人员可以预见到的，一般来说难以成立专利法中的进步性。三是用途发明，为变更或限定公知技术的用途所构成的发明，如用途新颖、效果显著，且这种用途是普通技术人员无法轻而易举发现的，则认为有进步性。对公知技术的用途进行变更或限定，实质是一种对现有技术偏见的克服，具有创造性。四是选择发明（selection invention），指从现有技术公开的宽范围中，有目的的选出未提到的窄范围，若公知发明的文献未具体公示，则为选择发明。选择发明选择公知发明所不能预测的显著效果时，可认为有进步性。如由 a、b、c 三种物质混合而成的镇痛剂的发明中，选择未予公开的 a、b、c 的特定混合比例，如能显示公知发明所无法预测的显著镇痛效果时，为选择发明。① 五是化学物质发明，某化学物质构造与公知技术的化学物质相较有显著差异，则可认为有进步性，或者某类化学物质与公知技术的化学物质有相似的构造，但是有不能预测的性质或效果达到显著优良的程度时，可认为有进步性。

我国《专利法》关于创造性条件的表述与其他国家不同，对发明和实用新型分别规定了两种不同的要求，其中要求发明须具有突出的实质性特点和显著的进步，实用新型须具有实质性特点和进步。从字面意思可以看出，与实用新型相比，发明对创造性的要求更高，与我国台湾地区的"能轻易完成"与"显能轻易完成"之间用意是相似的。这里实质性特点不是指在现有技术的基础上，通过简单分析、推理或者试验就可以得出的，而是必须经过创造性的思维活动才能得出。然而如何区分什么程度或状态下是简单的分析、推理或者试验？有无操作标准？对发明而言，"突出的"和"显著的"如何界定以区别于实用新型？

显然对上述疑问需要有个合理解释或标准可供参考执行，否则该条文

---

① 杨崇森：《专利法理论与应用》，三民书局，2008，第 103 页。

会被认为具有太强主观性而不具有实际操作意义。通过上文分析可以看出，大部分国家对于创造性条件采用的都是以是否显而易见为标准，一般从两方面入手，一是与现有技术的区别，二是是否产生意想不到的效果。从各国的分析可以看出，并没有要求两方面同时具备才能满足创造性条件要求。如果发明专利申请的技术与现有技术有重大不同，包括结构、布局设计、外观造型等，不是一两个细节之处的简单替换，对于现有技术而言即使没有产生意想不到的效果，也可成立具备创造性条件。反之，如果该申请发明的专利能够产生意想不到的效果，即使与现有技术之间只是微小的细节的差别，也会被认为是具备创造性，如一种新的化学药品，化学结构与已知物质的化学结构可能仅是个别地方的区别，但如果该种化学药品治疗某种疾病的效果十分显著，是人们不曾预想到的，则会被认为具备创造性。在这一点上，方法用途专利就更明显了，一个已知的化学物质如果发现新的用途，相对于现有技术的已知化学物质来说没有实质性变化，但因为有了新的用途，产生人们意想不到的技术效果，则当然可以授予专利权。

那么，实质性特点和进步是否也只需要达到其中某一条件即可？从字面意思来看，采用的是"和"的用法，即需要同时兼顾两者方可成立创造性条件。事实是否真是如此，仍需对实质性特点和进步做进一步分析。

为了使创造性的标准尽可能客观易于操作，实践中大多数国家都采用"三步骤"判断模式。步骤一确定最接近的现有技术，也就是现有技术中与要求保护的发明或实用新型最为相关的一项现有技术。这种现有技术应该是同一领域里与发明专利申请权利要求书中记载的技术特征相同或相似特征最多的一个。步骤二确定要求保护的发明或实用新型的区别特征，并由此确定该发明或实用新型实际解决的技术问题。即与现有技术的区别所在，这种区别到底应该达到哪种程度？后面一句定语直接给出答案，即该发明或实用新型实际解决的技术问题与现有技术要解决的技术问题不同，从此点可理解为一种意想不到的技术效果。在步骤三中可以直接推导出答案——在最接近的现有技术以及其他相关技术的基础上，判断该要解决的技术问题对于所属领域的技术人员是否显而易见。而这种显而易见是以现有技术中是否存在某种解决本领域技术问题的技术启示为标准，如果存在这种启示，则该发明属于显而易见的，不具有突出的实质性特点。如果要解决的技术问题对于所属技术人员来说是非显而易见的，则毫无疑问，属于达到了意想不到的技术效果。

据此可知，实质性特点和进步实际上是融合在三步骤判断法之中的，在实践中，无须去考虑两者是否同时具备还是单独使用。应当对实质性特点和进步进行综合判断，此"长"可以彼"消"，没有规定两者应该分别达到何种标准。①

二　医药信息对专利创造性的适应与变革

创造性要求所保护的专利体现为一定智力的创造活动，而这种发明对本领域的技术人员来说是明显进步的。根据该理论，一件发明对本领域的普通技术人员来说是显而易见的，或者保护的主题没有采用太多的实验方法，那么这项申请将不会被授权。比如金属这种自然物质通常是不受专利法所保护的，而用于照明灯泡中的金属钨属于一种金属元素，需要从钨矿中提取出来再制作，提炼的复杂程度要求反复的实验性操作以及人的智力投入。依上述理论，金属钨是自然界客观存在的，但是对它的提炼也是通过反复的实验性操作，投入了人的智力劳动，专利法却为什么将其排除在保护范围之外？为什么植物体内固有的某特殊物质经过提纯之后就可以获得专利法的保护？这两者之间有什么不同？这些问题需要对专利的技术性特征进行探讨。

（一）中医药传统知识医药信息的技术性问题

中医药传统知识医药信息一直被发达国家摒弃于现行知识产权法框架之外，但它们却利用发达的科学技术对中医药传统知识医药信息所披露的中草药进行提取、纯化，通过不断扩大现行专利法保护的客体范围，将提取的有效物质纳入专利保护范围，而对中医药传统知识医药信息的所属国家、地区和传统部族、社区未有任何的利益分享。发展中国家力图将中医药传统医药信息（包括传统知识）纳入现行知识产权框架体系内，以求快速实现国际性的全球保护，却不断遭到发达国家利用

---

① 尹新天：《中国专利法详解（缩编版）》，知识产权出版社，2012，第196页。

知识产权固有理论体系进行抵制,发展中国家转而寻求与知识产权相类似的特殊权利保护模式,却陷入与发达国家争取国际话语权的长期抗争之中。发展中国家急于寻求包括传统知识、遗传资源、民间文学艺术等主题的国际保护,发达国家却虚与委蛇。突破现有的制度障碍,又可以在基本原则范围内求得生存之地是我们构建中医药传统知识医药信息保护的重要任务所在。要达到这一步,中医药传统知识医药信息是否涉及技术性问题的研究就显得尤为重要。尽管随着科学技术的不断发展,专利法不断突破传统权利保护客体的限制,对一些不涉及技术性的主题也赋予专利法保护,但仍然不可否认,技术性、技术方案仍然是专利法最为重要的特征之一。对于中医药传统知识医药信息而言,是否存在这种技术性,值得深入研究。

在科学领域内,技术一词具有抽象性,我们无法给出一个准确的定义。达到技术需要什么样的标准,中医药传统知识医药信息治疗疾病的传统知识信息属不属于现代科学意义上的技术,诸多问题仍需我们进行探索。

技术一词来自希腊语τέχνη,techne,意指一种技艺、技能和精明的手(art, skill, cunning of hand)[1],是一种人类使用工具的集合,包括机械工艺技术,改装、布控及操作程序等方法学。技术极大地影响着人类以及其他动植物物种的控制和适应自然环境的能力。技术一词一般应用的领域包括施工技术、医疗技术和信息技术等。人类使用技术始于将自然资源转化为简单的工具。如史前人类如何控制火以获取食物来源,轮子的发明帮助人类走得更远。近代技术的发展,包括印刷机、电话和互联网,打破了人们交流的物理障碍,使得人类可以在全球范围内自由交流。

技术一词在过去200年里已经发生了巨大的变化,在20世纪之前,技术一词在英语中并不多见,通常被用来描述实用工艺及研究。[2] 在第二次

---

[1] Liddell, Henry George and Robert Scott, *A Greek-English Lexicon* (*Abridged Edition*), Oxford University Press, 1980, p. 232.
[2] George Crabb, Universal Technological Dictionary, or Familiar Explanation of the Terms Used in All Arts and Sciences, Containing Definitions Drawn From the Original Writers (London: Baldwin, Cradock and Joy, 1823),转引自维基百科,technology, http://en.wikipedia.org/wiki/Technology#cite_ref-Liddell_1980_1-0,最后访问时间:2014年9月28日。

工业革命时，技术一词开始"声名鹊起"，并为人们所广泛使用。20世纪初，美国的社会学家凡勃伦开始将德文Technik翻译成Technology，在德国和其他欧洲国家，Technik和Technology存在语言上的区别，而在英文中则不存在，通常都翻译成"技术"。到了20世纪30年代，"技术"开始不仅应用在工艺上的研究，而且开始代指"工艺"本身。①

1937年，美国社会学家贝恩将技术形容为"包括所有工具、机器、用具、武器、住房、服装、通信和运输设备和我们生产和使用的技能"②。贝恩对技术的定义与之前相比，在内容和应用上发生了重大的转变，所覆盖的范围也正是体现了工业革命时代以来社会科技发展的各个方面。时至今日，该定义也普遍被学界接受，尤其是社会科学界。

韦氏大词典对技术作了如下解释："技术是知识的实际应用，尤其是在'特定区域'实践应用知识的能力。"厄休拉·富兰克林在1989年《现实世界的技术》讲座中给了另一个定义，她认为技术是一种实践，是一种做事情的方式。③ 这种定义通常被用来表示一个特定的技术领域，或涉及高科技产品或者是消费性电子产品，而不是专指某项技术。韦氏大词典对技术的解释趋于抽象化，但强调了技术属于某个特定领域的特征，并强调技术的功能是在实践中将不断探索出来的知识转化为实践应用。厄休拉·富兰克林肯定这种技能的实践应用。由此可见，将知识转化为实践应用是技术的基本特性之一。

随着科技进步和全球市场的形成，对技术的定义已经不再局限于一种抽象的理解，更多的则趋向具体化。美国国家科学基金会将技术扩大解释为一种实体，包括物质的和非物质的，是为了实现某种价值而共同应用脑力和体力的结果。④

技术的含义具有绝对的抽象性特征，本质上属于一种无形的知识体系

---

① Eric Schatzberg, "Technik Comes to America: Changing Meanings of Technology Before 1930", *Technology and Culture*, 2006.
② Read Bain, "Technology and State Government", *American Sociological Review*, 1937 (2).
③ Ursula Franklin, *Real World of Technology*, House of Anansi Press, 1989, p. 43.
④ National Science Foundation, *Industry, Technology and the Global Marketplace: International Patenting Trends in Two New Technology Areas*, Science and Engineering Indicators, 2002, p. 213.

范畴，工具、机器只是技术得以物质化体现的一种方式。然而正是工具、机器的出现才解决了技术抽象性不易让人理解的难题，不管技术最开始是工艺、技能还是流程、方法，它都必须借助于一定的物质化形态。在古代，人们无法理解处理某种事物背后的自然规律和科学原理，人们使用的技术是最原始的，完全依靠人的手工劳作，没有现代化机器、工具辅助。进入知识经济时代，人们懂得利用自然规律及科学原理去创造某种工具机器去使用技术，因此技术开始和科学相结合，从此罩上了科学的神秘面纱。

有学者认为，可复制再现性是专利法也是现代知识产权法最为重要的特征之一，而产业化也是专利法上"三性"中实用性的体现，专利法所保护的主题必须符合现代工业化生产的可复制再现的条件，而无疑一切通过手工劳作实现的技术当然不能成为专利法意义上所说的技术。这种结论看似正确，其实细细分析，其混淆了技术与可授予专利权的条件之间的关系。可授予专利权的条件是指申请的发明专利符合"三性"及是专利法所保护的主题，而技术是发明本身应有的特性，两者属于不同的概念。

从各国专利法也可以看出，对技术的描述并没有区分是机器化实现的技术还是人类手工劳作实现的技术，所谓的技术，是指为了达到一定目的而采用的具体手段，符合利用"自然规律的技术"均可构成专利法意义上的"技术"。

中医药传统知识医药信息蕴含着丰富的药用价值，具有治疗某种疾病和医疗卫生保健方面独特的功效，这种药用价值和功效有些有书面的记载，有些只通过世代口耳相传保留下来。它们并没有采用现代西方科学的方法，如将药品变成药丸可以直接服用，或经过实验对人体进行某种检测，而只是采用传统部族、社区的传统方法，将这些知识信息以传统知识的方式呈现，但并不妨碍这些知识信息作为技术而存在。因为这些传统的治疗方法和医药用途信息并不单纯是一种知识，还涉及对药物的具体操作和处理植物药进行服用的过程，是一种利用自然规律的技术，理应属于"技术"范畴。

(二) 中医药传统知识医药信息的"技术领域"问题

同样,在植物成分提取的专利保护方面,通过对某种药用植物进行纯化处理,提取有效物质并申请专利。土著人民尽管无法用西方的科学语言来解释和分析植物的纯化处理过程,但并不妨碍土著人民用该种药用植物治疗某种疾病,并获得相同的治疗效果。在目的和最后所要追求的结果上两者并不存在多大区别,然而土著人民却无法取得"所属领域的普通技术人员"的资格。[①] 有学者认为,既然土著人民掌握着传统医药信息的药用价值知识,对提取的物质也应该是显而易见的,因为提取的物质最后所发挥的药用功效与自然状态下的植物所发挥的治疗功效是一样的。[②] 根据非显而易见性的理论,从植物中提纯后的药物就不应该获得专利法的保护。对此,也有学者提出不同的意见,认为土著人民一开始并不知道这种所谓的活性物质(active substance),他们对传统医药信息治疗效用的使用并非仅单纯地依赖于植物或化合物而是实践。在1958年默克公司与奥林马西森公司一案中,原告首次披露了维生素 B_{12} 的药用价值及自然非纯化的形式,20年后,被告根据原告披露的信息分离出活性物质并被授权专利,而原告并没有因披露该信息获得任何好处和利益。法院认为原告在披露维生素 B_{12} 的药用价值时,并不知道该具体活性物质。后法院判决被告应该向披露该药用价值的原告表示感谢,但没有赋予原告享有被告分离的活性物质的权利。[③]

如何确定土著人民从业者(indigenous practitioners)属于"本领域技术人员"(skilled in the art),首先需要解决的问题是如何定义"本领域技术人员"?传统社区的草药医生是否等同于西方实验室里培养出来的药学家或化学家?

美国对"本领域的技术人员"采用的是一种虚构的人的概念,这种虚构的人知悉世界上现有技术,只是没有对现有技术进行组合加工等创造

[①] Chidi Vitus Oguamanam, *International Law, Plant Biodiversity and the Protection of Indigenous Knowledge: An Examination of Intellectual Property Rights in Relation to Traditional Medicine*, The University of British Columbia, April, 2003, pp. 307-308.

[②] Lester Yano, "Protection of Ethnobiological Knowledge of Indigenous Peoples", *UCLA Law Review*, 1993(41).

[③] Merck & Co. v. Olin Mathieson Chem. Corp., 253F. 2d 156 (4th cir. 1958: 160).

行为的能力。而我国《专利审查指南》第二部分第四章对"所属领域的技术人员"的解释为,假定他知晓申请日或优先权日前发明所属技术领域所有的普通技术知识,能够获知该领域中所有现有技术,并且具有应用该日期之前常规实验手段的能力,但他不具有创造能力。如果所要解决的技术问题能够促使本领域的技术人员在他的技术领域寻找技术手段,他也应具有从其他技术领域获知该申请日或者优先权日之前的相关现有技术、普通技术知识和常规实验手段的能力。

我国对本领域的技术人员的规定模式与美国基本相同,都是假设一种人,这种人熟知本领域所有技术,但是没有创造能力,但我国对这种虚构的人又增设了一种情形,即赋予这种虚构的人与从其他领域获知解决技术问题的技术人员相同的技术能力。这无疑是对本领域的技术人员的进一步限制。美国法认为从其他技术领域获知相关技术不是本领域技术人员的职责范围,这一类人不属于本领域的技术人员,不能用于评判专利的新颖性和创造性。

那么,如何确定中医药传统知识医药信息"所属领域的技术人员"?是传统部族、社区人民传统医药从业者(indigenous practitioners),还是传统部族、社区全体人民?是这些传统医药的传承人、继承人或持有人,还是整个现代医学制药技术领域的技术人员?

笔者认为,传统医药信息要想获得专利法的保护,对"本领域的技术人员"就不宜规定过于苛刻的条件,宜采用美国专利法对"本领域的技术人员"的观点。对传统医药信息治疗某种疾病和卫生保健方面的药用知识信息,大部分由当地的传统部族和社区掌握,因为传统医药信息的封闭性和复杂的人文宗教因素,不同地方的传统医药信息基于不同传统部族的人文宗教信仰和对自然界探索认识方式的不同,在我国尤其多见于少数民族医学,呈现在治疗某种疾病和卫生保健方面的药用知识信息也有所不同。同一种植物药可能具有若干种药物用途,所属的传统部族不一定了解所有用途,可能只是知悉其中某一种药物用途,这也是现代专利法存在第二医药用途方法专利发明的原因所在。

现代意义的专利法上"本领域的技术人员"成立的基础在于所属领域是基于共同的科学领域,更具体一点的即同一学科领域,如生物制药领域、化学制药领域、电子信息领域等。从这一角度来说，似乎很难将中医药传统知识医药信息归于哪一学科领域，因为上面所说的学科领域都是建立在西方现代科学的学科分类基础上，是机器、实验下的产物，而中医药传统知识医药信息的认识过程是本传统部族、社区千百年来不断实践检验的结果，并不是西方药物实验科学的产物，在学科领域内不属于现代制药技术领域，包括生物制药领域、化学制药领域等。

尽管如此，我们却仍然需要将中医药传统知识医药信息纳入一定的领域之内，因为正如上文所分析的那样，中医药传统知识医药信息具有技术性特征，属于特定的技术领域，而确定什么样的"人"具有中医药传统知识医药信息"所属领域的技术人员"资格，则更多的应该考察中医药传统知识医药信息的来源及特征。

传统医药用途信息不同于其他西医药物，在地域上具有较强的封闭性，不为外人所知，知悉该种传统医药信息的药物用途的，只能是本传统部族、社区或者与其具有相同或相似的社会人文宗教环境的其他传统部族。如江瑶族浴药，传统医学理论认为人的身体健康是与天地万物环境相互影响的，如果天地变化超出了人的适应能力，或者人自身系统无法适应天地变化，人就会生病。① 瑶医药理论强调天、地、人三元统一体，强调天地对人健康的影响，因此，当地瑶族喜欢用药泡浴，江瑶族浴药也正是运用这一理论产生的具有瑶族特色的医药传统知识。

江瑶族浴药传统知识最开始只为瑶族人所熟知，随着时代的发展，也逐步为外界所知悉，但人们并不知道其如何发挥治疗作用。江瑶族浴药传统知识的传承方式一般是祖传，即父传子、子传孙，且多为单传，有的则传媳不传女。②

如其他中医药传统知识医药信息一样，本领域的技术人员应该是指这些具有共同或相似的宗教传统文化习俗的传统部族、社区的传统医药

---

① 民国时期编撰的《从江县志概况》说江瑶族"因处深箐，又好清洁……"此处所说的"处深箐"即指江瑶族居住在九万大山的深山区，"好清洁"即指江瑶族的浴药传统与习惯。
② 贵州省地方志编纂委员会：《贵州省志·民族志》（下册），贵州民族出版社，2002，第773页。

知识的传承人或持有人。这些传承人、持有人对本部族、社区的传统医药知识有全面的了解，当然这种了解是指已经在部族、社区公开的传统医药知识，相较于其他传统部族人来说，有着对传统医药知识的持续关注及理解和应用能力，是本领域的技术人员的适格主体。而对已经公开且处于公共领域的中医药传统知识，如文献记载的中医药传统知识，所属领域的技术人员应是指所有执业中医师，以及长期从事中医药临床研究的人员。

三 医药信息医药用途独特性标准的适用

对于发明来讲，学界一般分为开拓性发明、组合发明、选择发明、转用发明、已知产品的新用途发明和要素变更发明等。而已知产品的新用途发明是最有可能契合中医药传统知识医药信息的专利保护主题，也是最有可能实现对中医药传统知识医药信息的传统知识的保护的，以防止"生物海盗"行为的泛滥。

已知产品的新用途发明，是指对已知产品用于新用途的发明，这种新用途区别于原有的已知用途所带来的技术效果。新用途发明，是指发现了该产品具有新的性质用途，通过利用并产生了意想不到的效果，而这种发现并不是显而易见的，被认为具有创造性。[①] 我们应该清楚地知道，对于产品专利而言，创造性只关乎该产品所形成的技术方案与以往公知的技术相比是否具有非显而易见性；对于方法，特别是用途专利而言，创造性只关乎该用途与以往公知技术相比是不是显而易见的，若能产生无法预期的功效，应认定该发明非能轻易完成，具有进步性。[②] 如将某杀虫剂用作除草剂，产生无法预期的效果。

传统医药信息所蕴含的治疗疾病的药物用途是传统部族、社区以传统知识的形式予以披露的，在这种药物用途被发现以前，传统医药信息只是以普通的植物载体形式存在于自然界中，已知的用途可能只是用于观赏、固定植被等。而如果不借助于现代科学仪器，我们也无法从植物本身的结

[①] 《专利审查指南》第二部分第四章4.5。
[②] 蔡瑟珍：《发明专利实体审查基准（一）》，台湾"经济部"智慧财产局出版、台湾大学科际整合法律学研究所编印，2007，第138页。

构来认识该药物用途，同时，这种药物用途也产生了意想不到的治疗效果，从这一角度来说，中医药传统知识医药信息的药物用途相对于一种普通的植物来说，是无法预期的，具有非显而易见性。

从专利审查角度规定来看，日本和美国提供了另一种评价创造性的方法。在评价商业方法专利时，美国和日本主张如果借以实施的技术手段不具有创造性，但经济方面具有独特性，也可以通过创造性的审查。可见，商业方法专利的创造性不在于专利中所使用的技术的创造性，而在于专利所内含的商业方法的独特性。① 这种评价体系被世界其他大部分国家质疑，认为其与专利法基本理论相违背，出发点不是基于严谨的法律分析，而是本国国家利益，国家利益和经济扩张才是扩大商业方法专利的深层原因。②

我们无须追究这种经济利益动因，但美国和日本的商业方法专利的经济创造性评价指标可以提供另一种视角和导向参考。

综上所述，构建符合中医药传统知识医药信息的创造性审查标准，涉及对专利"技术"的理解、非显而易见性的解读及本领域技术人员的划分等因素，各国对于专利创造性的审查标准也不尽相同，标准也随着科技的不断进步而变化。这些传统的治疗方法中的中医药传统知识医药信息并不单纯是一种知识，还涉及对药物的具体操作和处理植物药服用的过程，符合专利所要求的"技术"要求。在对创造性的技术判断中，美国和日本主张的经济方面的独特性作为创造性审查的方法值得借鉴。对于中医药传统知识医药信息而言，其在预防、保健、诊断和治疗方面是否具有独特效果直接决定了是否能实现商业化利用。而这种独特性可以成立"医药用途的独特性"，即区别于现有药品，包括国家药典中记载的药物，可成立医药信息专用权之"医药用途的独特性"审查标准。本领域的技术人员应当限定于熟悉具有共同或相似的宗教传统文化习俗的传统部族、社区的传统医药知识的传承人、持有人或执业者。

---

① 朱理：《欧洲专利局对商业方法专利的态度》，《网络法律评论》2002年第2期。
② 张平：《论商业方法的可专利性》，《网络法律评论》2002年第2期。

第四节 实用性：专利实用性与医药信息
稳定性和有效性

一 从"产业化利用"到专利"有用性"分析

判断一件发明创造是否可以获得专利权，通常看该发明创造是否具有实用性（usefulness/utility），即产业可利用性或有用性，也有翻译成工业化应用（industrial application），如 TRIPS 协议相关规定。各国对实用性的判断标准并不一致，但基本上都采用产业可利用性/工业化应用标准。

在 TRIPS 协议中，对实用性采用英文 industrial application，具体表述为一切技术领域中的任何发明创造，无论是产品发明还是方法发明，只要具有新颖性、创造性并可付诸工业应用，均有可能获得专利。

具有现代意义的两部早期专利法——1447 年的威尼斯《专利法》和 1623 年的英国《垄断法》发轫于欧洲工业革命时期，当时工业化的运作逐步取代了传统手工业，极大地提高了生产力，解放了劳动者的双手。为了鼓励发明创造，促进技术革新，顺应工业化大生产的需要，专利制度赋予发明创造者的发明应用于工业化生产（当时的工业仅指机械制造业）。尽管后来随着科学技术的发展及第二、三次产业革命的浪潮到来，工业化生产已经完全由原来的单纯机械制造业扩大到包括电力、化学、农业、渔业、畜牧业、医药、交通等领域。产业的扩张在一定时期内并没有改变发明创造工业化生产和可复制性的特点，一些国际条约如《保护工业产权巴黎公约》《专利合作条约》也采纳工业化应用性的说法，但仅指发明创造能够在工业上被制造或使用，并未强调有用性。

TRIPS 协议沿袭这一用法，但却在备注项里加入一条 are capable of industrial application，译为产业上利用或工业上应用的可能性，与 usefulness/utility 有用性或实用性为同义语，通常是指某项发明可以通过某种方式复制成一个或多个原型，并且可以实现批量化生产。

usefulness/utility 一般翻译为"有用性"或"实用性"，是美国等国家对于发明创造实用性的表述,与欧洲国家相反,美国不再要求发明创造能够被工业制造或使用,而重点强调发明创造的有用性。TRIPS 协议一方面采用工业化应用术语,另一方面又特别注明有用性与工业化应用意思等同,也暗示着 TRIPS 协议为协调专利实用性的不同判断标准而作出妥协。

科技革命带来产业化的扩张,促成了专利实用性朝着工业化应用与有用性标准迈进,生物基因技术和一些方法发明创造无法挤入工业化应用的门槛,产业利益的驱动使以美国为首的发达国家敢于突破传统的专利工业应用性标准,进而变革专利实用性标准。这无疑也为我们重新认识"实用性"标准对于如何应对不断发展的科学技术作出制度反思。

专利权理论基础是发明人以公开技术发明创造内容换取国家给予一定期限的市场独占权为对价。从功利主义角度来讲,专利权的产生是市场化运作的结果,如果发明的内容不能实施,不能产生经济效率,专利申请人便失去了申请专利的动力,因为对于专利申请人来讲,申请专利远不是获得一纸证书,更多的是换取一定期限的市场独占权,以期产生经济利益回报。对于社会来说,公开的技术发明不能实施,不能市场化,也失去了保护独占权的意义。

可再现性与工业化应用性两个概念其实来源于知识产权固有的市场机制,换句话说,这种发明是配合工业的机械化及相适配的生产流水线要求量身定做的。[①] 知识产权保护的是发明专利的市场利益,而这种市场利益是由资本主义工业化大生产所决定的,不再是农业经济时代小商品经济的简单手工劳动的生产方式,因此可再现性与工业批量性生产的工业化市场机制才是知识产权固有的本质特征。因此,这种实用性或有用性是完全由市场来决定的。

那么由此推导,专利的实用性完全可以由市场来检验,市场可以淘汰

---

① TKUP, Patents and Plants: Re-Thinking the Role of International Law in Relation to the Appropriation of Traditional Knowledge of The Uses of Plants, S. J. D. Thesis, Dalhousie University, 2001, p.320, Unpublished. 转引自 Chidi Vitus Oguamanam, *International Law, Plant Biodiversity and the Protection of Indigenous Knowledge: An Examination of Intellectual Property Rights in Relation to Traditional Medicine*, The University of British Columbia, April, 2003, p.310。

不具有实用性的专利。这一做法在20世纪20年代中期被美国所接受，但是这一做法存有明显缺陷，也不具有普遍操作性。特别是当涉及人用药品时，因关乎人体生命健康权的维系，药品必须经过药品监督机构的安全有效性检验才能上市，而这要履行严格的药品审查制度，我们无法在等药品全部上市之后，看市场运作情况再决定其是否具有实用性，这无疑将药品专利的审查与药品安全有效性的评估等同起来，丧失了专利制度应有的激励功能。另实用性由市场检验的观点也无法适用一些可以获得专利保护但由于法律规定不能上市销售的发明专利，如国防发明专利。

实用性作为可获得专利权的条件之一，立法最初的本意在于该发明方案能够实现，或有实现的可能，用途达到可以制造或使用的程度。表述为具有产业上可利用的价值，或有供产业上可利用之可能等，而究竟程度如何，即专利法对实用性采用何种标准，才能达到"制造或使用"的程度，需要我们进行深入的探讨。

我国《专利审查指南》规定，能够制造或使用是指发明或者实用新型的技术方案具有在产业中被制造或使用的可能性。满足实用性要求的技术方案不能违背自然规律并且具有再现性。此处的产业并不以工业为限，包括农业、林业、水产业、畜牧业、交通运输业以及文化体育、生活用品和医疗器械等行业。[①]

《专利审查指南》为达到能够"制造或使用"提供了一个目标，但仍然很模糊，"具有在产业中被制造或使用"如何理解，《专利法》《专利审查指南》都没有给出一个清晰明确的答案。

通常，能被制造或使用指的是在产业上实施具有技术特征之手段，即能够制造所发明之物或能够使用所发明之方法，而这种具有产业利用性的发明并非仅指制造产物或使用方法而已，只要该发明能够被加以实际利用，而有被制造或使用的可能性，即符合产业利用性，并不要求该发明已经被制造或使用。当然对一些在理论上可行的发明，若实际上显然不能被制造或使用的，亦可当然排除不具有产业利用性之可能。

这一观点为大多数国家所接受，产业的可利用性只是一种可能，这种

---

① 《专利审查指南》第二部分第五章3.2.4。

可能的成立依赖于一种科学价值的判断。如德国法上对产业的可利用性强调实际上、市场导向的用途，涵盖技术要件，包括一般所承认可以实施，特别是该发明已完成且可以被重复实施。所谓产业的可利用性，即只要该发明客体依据种类可以被生产或使用于从事上述广义之企业活动即可。①《欧洲专利公约》将工业实用性界定为包括农业在内及任何工业产业中可以制造或使用，这种应用不能是纯抽象的、纯理论性的应用，对于抽象的方法专利而言，是指该方法必须能够在实际中予以使用并且产生预期效果。

对于产业的可利用性，学界有不同观点，主要有以下几种。（1）在经营上必须有反复继续利用之可能；（2）应用发明于某产业时，可创造更新颖之价值，即仅以对物之生产有直接关系之技术为限；（3）发明除学问上、实验上不能利用之外，皆可包括在内；（4）必须在生产上能反复利用。②

服务业是否属于此处所说的产业？反对者认为服务业很少利用自然力之技术思想而不赞成将服务业纳入。然而世界知识产权组织《发展中国家发明示范法》第116条规定，"对工业应用应做广义的理解，包括手工业、农业、渔业和服务业在内"，将服务业明确列在工业应用范畴之内。由此可见，科技带来的进步也促进了实用性产业界限的不断扩大，而美国商业方法发明的出现又再次突破传统产业领域。纵观各国专利法对实用性的审查标准，唯有美国对于商业方法的实用性审查采用的是产生"实用的、具体的和明确的结果"的判断标准。

美国的这种做法被认为是将专利审查的重点从技术性（useful arts）转向了实用性（practical utility），而这其实是将公司的经营策略、管理方针、投资模式等原本属于"抽象概念"或"智力活动规则"等不具有利用自然规律之力的客体，通过与计算机的结合而获得专利保护。③

在医疗产业方面，《欧洲专利公约》规定，人体或者动物体的外科手

---

① 许忠信：《国际专利公约及发展趋势》，台湾"经济部"智慧财产局出版、台湾大学科际整合法律学研究所编印，2009，第32页。
② 杨崇森：《专利法理论与应用》，三民书局，2006，第89页。
③ 张平：《论商业方法的可专利性》，《网络法律评论》2002年第2期。

术方法或治疗方法或者在人体或动物上实施的诊断方法不应被认为是具有"工业应用性"的发明创造。在日本，人体之诊断、治疗及手术方法的发明被认为无产业上利用之可能性而不授予专利权，成立基础即在于认为医疗非产业。① 对医疗行为不赋予专利，一般是出于人道主义考虑，而与产业上是否具有可利用性无关，更不能得出医疗业非产业的结论。然而，美国对于遗传因子治疗却给予专利保护，只要符合有用的标准，都可成立有产业上利用的可能性。美国对实用性的审查仅要求该发明能够达到最低程度的实用效果即可，并不要求发明必须优于现有的产品或方法。换言之，专利仅要求发明人提出一个新而不同的发明，并不要求发明的技术质量达到最优。

对美国来讲，产业领域的不断扩张导致实用性审查标准一再降低，特别是在生物基因技术、医疗方法的可专利性问题上，反映了美国在应对科学技术发展的同时，已经将专利制度作为一个重要的商业竞争工具，自始至终服务于产业利益的功利性一面。②

受美国影响，为了能在生物基因技术和医疗产业领域博得一席之地，欧洲专利局，英国、日本、韩国等国家相继在实用性审查标准中加入"有用性"条件。英国专利局在 2002 年公布的《有关生物技术发明专利申请审查指南》中规定，对于基因片段必须说明具体和实在的功能（specific and substantial function）才成立工业可应用性。2003 年受基因诊断和基因治疗技术的影响，借鉴美国实用性审查标准的做法，日本特许厅修改审查指南，放宽工业应用性标准，降低了医疗方法的专利性门槛。

二 "基础研究工具"误区的中医药传统知识医药信息实用性分析

很显然，依据上述对实用性的解释，可再现性和工业化应用性并不十分适合中医药传统知识医药信息，即使是审查标准只要求具有某种"可能"的产业化利用。传统社区的商业资本化较少，对中医药传统知识医

---

① 杨崇森：《专利法理论与应用》，三民书局，2006，第 90 页。
② 张勇、朱雪忠：《专利实用性要件的国际协调研究》，《政法论丛》2005 年第 4 期。

药信息的处理既不是基于严格的工业化标准，也不是基于商业价值，而更多的是一种生态体验。中医药传统知识医药信息的载体中草药，不管是种植还是后续利用，都是在特定的地理环境和特殊的文化习俗背景下发生的，有着深厚的文化基础和与之相联系的特殊宗教信仰。换句话说，传统知识是可以某种方式再现的（或再生的），但这种方式是基于一种特殊的生态、社会和人文环境。中医药传统知识医药信息的治疗方法依赖于一种特定的信仰体系，因此，就治疗经验和创新而言很难达到一致性，于工业意义上来说不具有稳定性。这种传统知识的创新并不能像遗传基因一样可以精确化地采用定量化或克隆方式进行。对于中医药传统知识医药信息的治疗方法而言，不存在完全相同的两种治疗方法或经验，因此，传统知识对知识产权规则的挑战是十分明显的。[①]

传统中草药作为一种自然界已经存在的植物（不管是否被人们所认知），具有治疗某种疾病的用途，尽管目前并不清楚该传统中草药本身是哪一种物质或哪几种物质发挥了治疗疾病的作用，但我们无法掩盖其本身的药用价值用途。对于应用于某种疾病治疗的某类已知的物质或物质组合物，可以成立第一医药用途发明专利，其符合专利法上的实用性要求。那么，对于这种传统中草药本身将来有可能被挖掘并产业化的未知物质，或者作为一种研究药物的基础工具的未知物质，符合专利法上的实用性标准，是满足中医药传统知识医药信息成立第二医药用途发明的实用性条件的重点所在。

"TRIPS协议第二十七条第一项要求发明专利必须具有产业可利用性，此要件是为了使专利权被运用到目前尚未被确定，而具有实际运用可能的科学知识技术中，例如不知道使用方法或使用目的。"[②] 因此，产业可利用性的标准是对未来某种知识技术可产业化的一种预期，是一种可期待的权利。而这种理解对于化学与生物科技及中草药的发明较为有利，因为在

[①] Chidi Vitus Oguamanam, *International Law, Plant Biodiversity and the Protection of Indigenous Knowledge: An Examination of Intellectual Property Rights in Relation to Traditional Medicine*, The University of British Columbia, April, 2003, p.310.

[②] 许忠信:《国际专利公约及发展趋势》，台湾"经济部"智慧财产局出版、台湾大学科际整合法律学研究所编印，2009，第70页。

这些领域中，很多物质并不具备特定效用，或者说目前暂未发现有特定效用而仅仅作为其他研究的基础。例如，基因序列之发现本身作为一种发现而不应给予专利权，但在产业中可运用则可构成发明具有产业可利用性。①

根据上文对专利实用性的分析，认定植物体内的治疗疾病的某种或某几种未知物质符合专利法实用性标准是有迹可循的。虽然各国注重强调物质本身的实用性，但这种物质本身是否需要为人们所认知，对此有学者持不同观点。有认为专利的目的在于保护研发创新者对未来市场的独占权以期收回前期投资，激励更多的创新产出，在研究初期，对某种物质的研究可能只是处于分子结构的基础研究，尚未进入应用研究，研究者并不知道该物质是否真的具有产业上的可利用性。为了保护后期可能存在的产业利用可能，研究者亟须通过专利权来保护后期市场的独占性，排除竞争对手，再对后期研究成果进行完善并予以市场化应用。这种情形在化学药物领域表现得尤为突出，因此，对于专利受保护的物质并不需要达到充分的认知程度。然而这种做法也遭到部分学者的诟病，其认为如果基础研究的成果被权利人垄断，那么必然影响到基础研究背后广泛的应用领域的科技发展，这时专利权人不再是垄断技术，而是垄断基础知识，这难免要损害社会公共利益。②

这种矛盾的演化在美国法中体现得尤为明显，特别是在基因序列的专利实用性审查方面。1991 年在美国国立卫生研究院（National Institutes of Health，NIH）就 cDNA 片段专利申请案中，美国专利商标局认为，NIH 提出的 cDNA 的各种应用均是作为研究工具使用，只能说明该技术方案还停留在思想领域中，不具备工业实用性，因此予以驳回申请。驳回理由的主要出发点在于考虑研究工具在科研中的基础性作用，对赋予独占权会阻止他人利用该研究工具，阻碍技术进步。然而这种审查标准也遭到美国生物技术产业界的反对，美国专利商标局被迫于 1995 年出台了新的《实用性审查指南》，改变了以往对药物相关专利审查的严格做法，认为只要该发明方案在相同技术领域的普通人员看来是可信的，就是满足了实用性的

---

① N. P. Carvalho, *The TRIPS Regime of Patent Rights*, Kluwer, 2002, p. 147.
② 崔国斌：《基因技术的专利保护与利益分享》，载郑成思主编《知识产权文丛》（第四卷），中国政法大学出版社，2000，第 290 页。

要求。在 1995 年 In re Brana 上诉案中，美国联邦法院同样指出，对于药物发明的实用性审查不应该局限于基础的研究成果，也应该包括对未来成果的一种预期。① 这种预期只要是本领域的技术人员能够预见到的并持肯定性意见的，就应该满足实用性的条件。这种所谓的合理预期的说法，实际上降低了专利的实用性审查标准，即先前要求当事人必须具体举出工业应用的证据，现在只需要按照一般的技术人员的合理预期来审查一项技术是否值得进一步研究和发展，如果这种预期成立，则该发明就具备了实用性。② 然而这种对实用性宽松的要求使得专利制度成为各方在基础研究领域"圈地运动"的工具，研究人员一旦发现某种新的自然物，即使还不知道或无法确信该物质具备产业上的实用性，研究者也可以立即申请专利法保护。这种过于宽松的标准也引起了巨大的争议，反对者认为其违背了专利法的实质精神，忽略了促进技术创新的主要目标，过于保护个人利益，并最终使得美国专利商标局于 2001 年公布了新的《专利申请实用性判断指南》，该指南取代了 1995 年较为宽松的《实用性审查指南》，取而代之的是专利的实用性须具有"具体的、实质的与可信的产业利用性"（a specific、substantial, and credible utility），即"有用性"标准。

对于中医药传统知识医药信息保护模式的构建而言，传统中草药本身一定存在某种可以治疗疾病的物质，只是由于技术有限目前尚不能进行有效的提取。我们假设存在某种预期，未来某个时间能够实现对该物质的发现，而我们只需要本领域的技术人员肯定这种预期能满足专利法实用性的要求。这种模式的设想是否有其合理之处，需要研究比较两者不同的表现形式。传统中草药医药信息保护模式为：某种中草药具有治疗某种疾病的用途—植物体内存在治疗该种疾病的某种或某几种物质—这种物质是未知的。而基础研究工具的模式为：对某种物质进行研究—该种物质并未被完全揭示、可能具有治疗某种疾病的用途—该种用途尚未被完全证实，有待

---

① Rebecca S. Eisenberg Robert P., "Merges, Opinion Letter as to the Patentability of Certain Inventions Associated with the Identification of Partial cDNA Sequences", *AIPLA Quarterly Journal*, 1995.

② 崔国斌：《基因技术的专利保护与利益分享》，载郑成思主编《知识产权文丛》（第四卷），中国政法大学出版社，2000，第 301 页。

进一步研究。

对于基础研究工具而言，对某种物质的研究应该具备基本的认知，如在某化合物的研究中，分子结构的模式应该已经基本清楚，一旦发现该化合物有治疗某种疾病的特性，即使尚未确信其是否真的具有治疗这一疾病的用途，研究者也会立即寻求专利保护，但可能寻求的只是对该化合物的保护而不是用途发明保护。而对于中医药传统知识医药信息模式来说，顺序正好相反，清楚地知道某种中草药具有治疗某种疾病的特性，但无法清楚地知道是哪种具体的物质在发挥作用，这种情况下是否可以实现对未来产业可利用性的某种预期？

各国专利法对实用性的解读趋向于"具有在产业中被制造或使用"的可能，那么对于传统中草药而言，如果不知道哪种物质在发挥作用，也就无从实现以该种物质制造药品的可能，更何况对传统中草药的有效成分的提取也并非易事，需要上千次的反复试验。然而获取有效成分之后能否制备成具体的药物仍然需要克服很多技术问题。

上述这种缺陷无疑是明显的，其从根本上否定了中医药传统知识医药信息被"制造或使用"可能性。然而，导致这种结论的最大原因在于我们步入了以化学、基因物质提取和纯化的发明创造专利审查的误区。中医药传统知识医药信息的可专利性保护主题并不在于对提取的具体物质的专利保护，而在于传统中草药本身的传统治疗信息及医药用途主题的专利保护，当然不能再次套用化学、基因物质提取和纯化的审查标准和方法。事实上我们清楚地知道，如果发现了某种新的物质，但是不知道它的具体用途，专利法也是拒绝提供保护的。我们是否可以大胆设想，专利法不管是提供产品专利保护还是方法专利保护，最终目的是物尽其用，是利用发明创造推动社会发展，促进科技创新能力的提升。那么，对于某类发明创造来讲，用途才是最为重要的，由于用途具有非物质化特点，专利最初无法通过具体量化形式来保护这种非物质化形式的发明，只能借助有形实体予以间接保护。尽管后来通过用途限定产品发明的权利要求解决了这一问题，但仍然可以确定专利法是通过保护产品进而保护产品的用途。而这种用途要达到实用性的标准并不在于工业化应用，而在于一种抽象的"有用性"理论适用。

三 医药信息"稳定性和有效性"审查标准的适用

美国对于实用性审查标准经历了一个由严格到宽松再到严格的过程,其实用性的审查标准与欧洲各国所使用的"工业应用性/产业利用性"标准相比,独树一帜,标新立异。美国的这种"标新立异"为我们重新思索建立符合中医药传统知识医药信息类似专利实用性标准提供了参考。

美国的"有用性"审查标准促使专利商标局在审查发明创造是否满足实用性条件时变得极为便捷,因为它只是要求该发明创造能够达到最低程度的实用效果即可,并不要求发明创造必须优于现有的产品或方法。换句话说,发明创造的优劣并不是专利审查的范围,只要该发明创造达到新而不同就可以了。[①] 当然,这种实用性也必须是那些有真正价值(real word value)或者有实际用途(practical utility)的发明创造,它要求发明应该拥有可以识别的价值而对公众提供直接的有益用途(beneficial utility)。

那么具体如何评判这种实用性呢,美国专利商标局发布的专利审查标准为我们提供了三个判断标准,即具体的、实质的与可信的。

具体的实用性存在两种理解,一种是指发明申请保护的主题必须是具体的,而不能是一种抽象范围的表示;另一种是指发明申请保护的技术手段必须是具体的,而不能是无法实现的虚假技术手段。第一种理解为专利法侧重于具体物质的存在或具体方法和用途的存在,如某种植物可用于治疗某种疾病,但如缺少对具体疾病的披露则被认为是不具体的。第二种理解则侧重于实现的可能性,如一种自动椭圆制图器的权利要求仅记载横杆可伸缩自如地套于设有针脚的圆筒内,完全未记载达成自动绘出椭圆形的具体技术手段,则不被认为是具体的。

第二种理解更多侧重的是一种产业可利用性问题,即该发明能否被制造或使用,而没有体现美国专利法实用性之"有用"的特点。因此笔者

---

① R. Schechter & J. Thomas, *Principles of Patent Law*, West, a Thomson Business, St. Paul, 2004, p. 62.

更趋向于第一种理解，应是指保护的主题应该具体明确，对于医药用途而言，这种用途须是具体明确的。美国《专利申请实用性判断指南》具体用途（specific utility）是指所要求保护的客体的独特用途，而不是一个宽泛类别的发明所具有的用途，且这种用途是指一项现实世界的应用（"real world" use），如果这种用途是需要进一步研究以确定或证实的则非实在用途（substantial utilities）。

实质的实用性，也有翻译成实在的实用性。英文 substantial 可以进一步翻译成大量的、有充实内容的，有一种真实存在的意思。在医药用途发明中，即指该发明创造必须要具有"真正、实在的"用途，而不能是未知或不确定的用途。如果通过科学技术提纯发现某种中草药包含某种物质，并可以清楚地用化学结构予以表征，但是却不知道具体的医药用途，那么会被认为没有满足实质的实用性而拒绝授予专利权。基因技术也是一样，如果没有清楚地披露基因的某一种用途，即使对基因序列进行提取，也不能获得专利权。20 世纪 70 年代美国著名的 Bremner v. Manson 一案中，美国联邦最高法院指出，对于物质发明本身，除了该具体物质必须是清楚明确的，用途也必须是清楚明确的，否则会被认为该物质本身不具有实用性而不能授予专利权；对于化学方法而言，该化学方法制造出来的化合物用途也必须是清楚明确的。

具体和实质两者之间界限似乎并不是泾渭分明的，对于医药用途而言，都是指这种用途必须具体、确定。但是两者之间还是存在差别，比如发明人发明了一种中草药未知成分物质的新的萃取方法，只满足了"具体的实用性"要求，而未满足"实在的实用性"要求，因为该萃取方法能够提取和制造所述的成分物质，但是这种未知物质是什么及有什么用途皆不清楚，难以达到"实在的实用性"要求。

而可信的实用性是指该发明创造申请时所提供的材料能够清楚实现申请书中所描述的用途，即对所申请的发明专利而言，该发明是可以实现的或有实现可能性的。美国《专利申请实用性判断指南》规定，对于实用性的陈述必须符合科学原理及基本的逻辑思维，并且陈述须与事实相符合，如果具有重大的逻辑缺陷或者明显不符合科学原理的，不认为具有可信的实用性，依法不能授予专利权。

由上可知，美国专利法上的实用性要求发明必须具有实际存在的用途，并且这种用途应该是明确或者完全可以预知的、可信的，而并不需要能够"制造或使用"。

传统中草药医药用途的发明并不是以现代西方药物学提取物质成分的方式实现的，专利的保护主题涉及中医药传统知识治疗疾病的医药用途信息，而医药用途的发明在传统发明领域需要具体明确的物质存在，方可实现产业利用性可能，即需有可复制性。中医药传统知识医药信息以传统知识形态存在，实现这种产业可复制性具有一定操作难度，但医药用途的有用性及医药用途的确定性却是毋庸置疑的。根据上文对美国专利实用性标准的解读可以看出，中医药传统知识医药信息的特性可以契合这种以生物技术发明所建立起来的"有用性"标准。正如学者所言，"可重复性要求因生产产品的技术的常规性、稳定性使然，而产品或方法的有用性却往往是待证的。技术上的差异使得产品或方法的有用性的实用性要求在生物技术发明专利领域中更加凸显"[①]，能够"制造或使用"的判断标准不再适合。同理，中医药传统知识医药信息并不需要能够"制造或使用"，而只需要证明具有"有用性"，可以转化为经长期实践具有预防、诊断和治疗人体疾病等方面功能的"稳定性和有效性"的审查标准，具体体现为中医药传统知识医药信息经过长期实践证明，疗效显著，且治疗效果长期保持不变，而这也是中医药传统知识长期实践证明的结果。

通过上述专利制度的新颖性、创造性及实用性的考察可以得出结论：各国对于专利实质要件的某些变革与突破，包括商业新颖性、经济方面的独特性及有用性等标准的确定，可以为中医药传统知识医药信息实质审查标准提供制度参考。中医药传统知识医药信息符合知识产权整体特性，医药信息的知识产权保护制度构建无疑是可行的。诚然，专利权的保护对于中医药传统知识医药信息来说存在一定的合理性和可能性，但在某些方面也有无法解决的制度障碍，中医药传统知识的特性无法完全适应专利制

[①] 张勇、朱雪忠：《商业世界 VS. 思想王国——以实用性要件为主线的专利制度发展研究》，《科技与法律》2006 年第 2 期。

度，在某些方面仍需做某些变革。上文对专利实质要件的考察为本书提供了另外一种思路，即中医药传统知识医药信息专用权可以借鉴专利"新颖性、创造性和实用性"相关审查标准，建立符合中医药传统知识特性的审查标准，构建中医药传统知识医药信息专用权权利体系及确权审查登记模式。

第四章
中医药传统知识医药信息专用权之客体探析

第一节 中医药传统知识相关客体考察

中医药传统知识一直以来并未形成统一或权威的定义，学界普遍从传统知识特征角度进行范畴界定，将其限定为基于传统中医药理论，经中华民族长期实践而形成较为稳定的传统中医药诊疗方法、中药炮制工艺、传统符号、标志、图形及经典理论方药等。由于缺乏有效的法律保护制度，中医药传统知识一直被视为公共领域的知识，长期被发达国家无偿使用，如利用我国中医药传统知识中的一些老字号、特殊标志、符号以及图形等进行国际商标抢注行为或不正当地注册为企业名称等；利用中医药传统知识，特别是一些传统方药所披露的医药用途信息进行药物的商业性研究开发，并申请专利。为了促进遗传资源和传统知识的保护和可持续发展，国际上为建立遗传资源和传统知识的法律保护制度进行了诸多探索，先后通过《生物多样性公约》、获取和公平利益分享的《波恩准则》《名古屋议定书》，以及专门成立世界知识产权组织知识产权与遗传资源、传统知识和民间文学艺术政府间委员会等组织。

法律所要保护的是未经同意的商业利用行为，而并不是对中医药传统知识的传播和发展进行权利限制，否则就违背了中医药传统知识以及世界其他传统医药发展的最终目的。因此，对于中医药传统知识所包含的理论方药、诊疗方法、炮制工艺、传统符号、标志等以传统方式使用、传播并不会构成对中医药传统知识的侵害，法律也不应该对其产权进行限制。

从中医药传统知识的特性来看，最容易被盗用和窃取的是以中药、中药复方所披露的医药用途信息，以及医药用途信息所依赖的载体——以植物或矿物药形态存在的中药以及中药组合物，而其中以植物形态存在的中草药占比最大。因此，中医药传统知识所保护的对象即聚焦于以中草药为主的客体保护探索。

对传统中草药的法律保护方式一般分为两种，一是对传统中草药植物本身的法律保护，二是对传统中草药所蕴含的医药信息的法律保护。第一种作为有形实体，可以采用物权法、遗传资源保护的方式；第二种作为无形财产，是否契合知识产品的特性，传统中草药所蕴含的医药信息是否可以获得知识产权的保护，则成为本书研究的重要问题之一。

传统中草药可以衍生诸多利益诉求及多个主题法律保护制度，综合分析具有以下四个方面：（1）传统中草药作为植物材料本身；（2）传统中草药的提取物及提取方法；（3）传统中草药衍生的植物新品种及其培育方法；（4）传统中草药所蕴含的医药用途信息。

上述四个方面基本涵盖了传统中草药涉及的权益保护主题，通过对上述各个主题进行分析，考察法律保护的可能性以及以什么法律形式进行保护，尤其是从专利法角度进行论述，得出中医药传统知识所缺失的法律保护形态，从而构建"中医药传统知识医药信息专用权"客体及保护模式。

一 传统中草药作为植物材料本身

传统中草药作为植物材料本身分为两种情况：一种是原始自然界自然生长、未经过人工干预的传统中草药；另一种是通过对自然界生长的传统中草药移植、大面积人工种植等技术实现农业产业化生产。本书所说的传统中草药一般是指前者，对于后者可能涉及的传统中草药的人工种植培育技术已经具有较为成熟的保护模式，如专利保护和植物新品种权保护。

植物获得国家专利局的授权存在很多不确定性，有时是出于国家利益、社会公共政策的考虑及对生物工程技术的激励和支持。① 从土著人民角度来讲，他们并不赞成将任何生命形式的物质专利化，包括植物，认为每一种生命形式的物质都是神圣的，都属于人类生命活动中不可缺少的一部分。即使土著人民可以成为专利权利主体，排除其他社区之外的主体获取传统中草药的专利权，但是出于传统部族、社区的宗教和习俗、人文环境等因素，也不宜将该类自然界存在之物纳入专利权利保护客体之内。

一般来说，专利权不可以延伸到自然之物，这是出于道德、伦理和人类自身发展的考虑，因此，各国专利法基本上都将发现（特指自然界有形存在之物）排除在可授予专利权客体之外。然而随着科技的进步，特别是生命科学技术的发展，一些工业化时代的植物、动物甚至人类遗传基因资源，或许都将逐渐改变专利的传统理论思维。随着制药技术水平的不断提高，专利法所构建的基础理论也将瓦解，将纯自然之物纳入可授予专利权范围之内正逐渐成为一种趋势。植物和植物的衍生品在某些国家已经可以获得专利权的保护，但是法院在审理该类植物专利时仍然更侧重于"人工干预"程度，将其作为衡量是否可获得专利权保护的重要标准，如何定义足够的"人工干预"程度从而将发明和自然存在之物区分开来非常关键。

土著人民通过对植物的处理获得药用价值和农业食用价值，而植物和动物资源是天然存在的，土著人民通常都是以未纯化（unpurified form）的形式处理，如将种子进行研磨、将植物煮烂变成膏状药用于敷用等②，不足以达到使其从自然界脱离而成为新的物质的干预程度。在西方科学的表述中，必须对自然之物进行人工纯化才能达到"人工干预"的程度，而唯有如此，才能达到专利法中所规定的创造性要求。专利法要求的人工干预一般是指通过技术达到分离、纯化自然活性物质或者利用自然活性物质合成新的物质，而这里所指的人工纯化不是自然发生的。这种"人工

---

① Chidi Vitus Oguamanam, *International Law, Plant Biodiversity and the Protection of Indigenous Knowledge: An Examination of Intellectual Property Rights in Relation to Traditional Medicine*, The University of British Columbia, April, 2003, p.299.
② Lester Yano, "Protection of Ethnobiological Knowledge of Indigenous Peoples", *UCLA Law Review*, 1993 (41).

干预"理论无疑破坏了产品本身的自然属性及其来源,实际上这种理论已经不再适用于单纯的植物本身,而是涉及对传统中草药药用成分的提取及对传统中草药种植技术的干预。

二 传统中草药的提取物及提取方法

传统中草药的提取物和上述传统中草药本身具有同样的性质,都是自然界原来就存在的事物,只是前者需要借助科学技术手段、通过实验等方法再现,而后者是以宏观的形式呈现、人们肉眼可以直接观察到。传统中草药的提取物并不是可以直接获得的,需要借助外来因素——用专利法中一个核心词语形容——"技术"来进行处理,也正是这一点,似乎为传统中草药的提取物找到了成为专利客体的可能。

发现不可以成为专利权的保护主题,这一直是学界普遍赞成的观点,然而学界却并没有清晰地界定发现与发明之间的关系,发现与发明的模糊地带为一些为了本国经济利益而扩张的专利权客体提供了制度生存空间。专利法上,自然物质的提取物(包括基因和 DNA 片段)以及人工培育的动植物新品种的可专利性问题,是科学发现与发明争议的集中体现。[①]

对自然物质的提取物授予专利权肇始于美国 1912 年的 Parke-Davis &Co v. HK mulford &Co 一案,在该案中,美国推翻了一直普遍认为的自然界的物质不能被视为人类的发明创造的观点,首次授予自然提纯物以专利权。之后,在 1979 年美国法院确定了对草莓的提取物授予专利权的判决。[②] 1980 年,美国法院开始对微生物授予专利权,并逐步开始放宽对自然提取物的授权条件,包括微生物、基因和生物技术等,并指出"太阳下的任何人为的事物"(anything under the sun that is made by man)都可以成为专利保护的对象,这一判例被学界称为具有里程碑式的意义。

受美国专利法影响,欧盟、日本等国家和地区先后相继授予自然提取物、微生物等以专利权。《欧洲专利局审查指南》指出,如果一个已知物质或物品的新特性被发现,那只是发现,是不能授予专利权的,因为它没有

[①] 崔国斌:《专利法原理与案例》,北京大学出版社,2012,第 55 页。
[②] 参见 1979 年 In re Kratz(592 F. 2D. 1169,1979)。

技术效果，不是第 52（1）条所说的发明。但是，当这种新特性应用于新的领域，成为一种新的用途，则可以授予专利权。① 例如，如果发现自然界中存在某种物质具有抗生素效果，可以授予专利权，或者发现一种微生物可以产生抗生素，这一微生物本身也可以授予专利权。同样，发现自然界中存在的基因具有技术效果，该基因也可以授予专利权。日本《特许法》也是经历了一个从不保护到保护的过程，《特许法》除了可以对新的物质授予专利权外，对这种新的物质的制造方法也授予了专利权，因此，当发现某种新的微生物，可以视为其属于新物质发明，享有专利权保护。

上述《欧洲专利局审查指南》中对已知物质的新特性认为是一种发现，不授予专利权，字面意思理解似乎排除了对自然提取物的专利保护，实际上该款强调的是对自然提取物的技术效果的使用，排除的是无技术效果、难以符合专利法上产业化操作的新特性。《欧洲专利公约实施细则》第 27（a）条就明确提出，从自然环境中提取出来的生物物质，或者用科技手段得到的生物物质，即使以前在自然界中存在，也是可以授予专利权的。对于这种自然提取物，更多内容体现在《欧共体生物技术发明的法律保护指令》中。

我国《专利审查指南》认为天然物质是一种发现，不能授予专利权，但是如果是首次从自然界分离或提取出来的物质，其结构、形态或者其他物理化学参数是现有技术中不曾认识的，并能被确切地表征，且在产业上有利用价值，该物质本身以及取得该物质的方法可依法授予专利权。

从上面几个国家对自然提取物授予专利权的做法可以看出，将传统中草药提取物纳入专利权客体进行保护是大势所趋，是随着科学技术特别是生物技术发展的必然结果。与其说是专利法顺应历史潮流发展、展现灵活性的一面，不如说这是发达国家生物产业发展需要而寻求的理论借口。对于广大发展中国家来说，将自然提取物纳入国内专利法保护客体范围，更多的是对发达国家制定的国际游戏规则妥协的一种政策考量。

三 传统中草药衍生的植物新品种及培育方法

传统中草药衍生的植物新品种是指通过人工移植、培育、架接或利用

---

① 《欧洲专利局审查指南》第 2.3.1 条的规定。

基因工程技术对传统中草药进行开发，从而培育新的品种。一般植物新品种的培育有两种方式：一是采用传统的培育方法，即通过不同植物之间的性状，通过亲本之间的嫁接，进行杂交；二是通过基因工程技术，改变植物原有的性状、功能，使其突破原有的基因结构，成为新一代性状的新品种。

从专利角度而言，各国规定不同，有些国家授予植物新品种及培育方法专利权，有些国家则对植物新品种权实施特别法的保护。我国《植物新品种保护条例》赋予植物育种者的植物新品种权，而不提供专利权的保护。这种新品种权并不等于对育种方法的保护，而是对育种新品种原材料的保护。对于专利而言，方法专利保护的制备工艺、方法、流程可以脱离原材料，而植物新品种的申请人如果不提供相应的原材料，他人依据专利说明书的方法也培育不了新品种。①

四　中医药传统知识医药信息

传统中草药治疗疾病的传统医药信息注重治疗经验，包括在治疗疾病过程中涉及的与传统医药知识有关的人文因素。

传统中草药治疗疾病的传统医药信息的客体不限于传统治疗知识，还包括与治疗有关的技术、制备和使用的物质、措施及做法。不仅披露的是这种植物可以治疗某种疾病的信息，还包括这种植物用于治疗时的加工处理方法、治疗时该种植物药的用法和步骤等。如著名的死藤专利案中，死藤水的制备方法、加工处理过程及几种药物混合煮制的各自数量配比、煮制过程中火候及时间等要素信息与专利法中的方法专利较为相似，依其原理完全可以纳入专利权客体之中，采用方法专利予以保护，似乎并不存在是否可授予专利权的问题。然而事实却并非如此，死藤水的制备方法并不是现代专利法意义上的制备方法，相比较而言，仍然是一种传统知识，并没有形成标准化的操作流程，不具有产业方面的操作性。从某种意义上来说，这种制备方法可以为实现专利法上的产业操作方法提供技术启示，借

---

① 马晓青、陈晓琦：《植物新品种保护与植物专利保护的区别》，《专利法研究》2004年第3期。

助现代科学技术将制备过程中的各项指标要素标准化。如医院里流行的机器代煎中药技术是直接将医生开好的中药配方用现代机器加工成液体后直接灌装饮用，替代了以前古老的用药罐熬制中药的方法。这种用现代机器代煎中药的方法及设备是专利法保护的对象，完全可以申请专利。而在设计这种机器时必然会受到传统中草药熬制的方法的技术启示，如药罐熬制中药过程中，部分挥发性药物如薄荷、大黄、钩藤等须采用后下的方法，一些体积小、质量轻的药物如车前子、夜明砂等须采用包煎的方式，一些难溶于水的如生龙骨、珍珠母、代赭石等则采用先煎方式。机器在代煎过程中仍然要遵行这些规律，以使药性发挥到最佳。

那么中医药传统知识医药信息是否可以受到专利权的保护？

传统专利制度理论拒绝将知识信息作为专利权的客体，赞成此观点的学者认为知识信息应是全人类的共同财产，不应被垄断，否则会阻碍社会进步和创新；而且知识信息不具有专利法的技术性内容，不具有产业可操作性。也有学者认为知识信息可以成为专利权客体，如吴汉东教授认为并不是所有的知识信息都不可以成为知识产权的客体，知识的信息、作为创造性产物的信息可列入知识产权的客体范畴，而资源性信息、自然存在的信息，如遗传信息，显然不能成为知识产权的保护对象。[①]

赞同知识信息可以成为专利权客体的学者认为，知识产权是基于信息而产生的权利，知识产权客体的上位概念是信息，具有信息的一切属性或特征，当然这种信息并不是指所有信息，而只是"特定有用"的部分。[②] 日本的中山弘信也认为"知识产权法在本质上是保护财产性信息的法律""知识产权法一旦确立，不但他人未经许可的使用要被禁止，信息依法也获得了作为财富的地位"，而北川善太朗则直接指出信息与知识产权具有同质性。[③] 我国学者冯晓青教授也认为知识产权的客体——知识产品可以被看作一种无形的信息。[④]

---

① 吴汉东等：《知识产权基本问题研究》（总论）（第二版），中国人民大学出版社，2009，第 8 页。
② 张勤：《知识产权基本原理》，知识产权出版社，2012，第 46 页。
③ 〔日〕中山弘信：《多媒体与著作权》，张玉瑞译，专利文献出版社，1997，第 1 页。
④ 冯晓青：《信息产权理论与知识产权制度之正当性》，《法律科学》2005 年第 4 期。

由此可见，知识信息作为专利权的客体存在具有一定的合理性，那么中医药传统知识医药信息也可能成为专利权的客体，如果将其纳入专利权保护的客体，对于我们保护传统中草药，防止"生物海盗"行为空间是利大还是弊大，值得我们深入研究。

关于中医药传统知识医药信息是否具有授予专利权的可能，让我们先回到对自然提取物专利理论的探讨。虽然自然提取物现在可以获得专利权保护，但是仍然不能忽视其作为自然物的本质属性。支持自然提取物的国家的法律中都会出现一句类似的话，"已知物质或以天然形态存在的物质，属于发现，不能授予专利权，但如果是从自然界分离或提取出来的物质，或具有技术效果，可以产业应用，可以授予专利权"。对此我们可以解读为，只要我们可以直接感知，通过肉眼直观到的自然界存在的物质即属于发现，不能获得专利权的保护，而隐藏在该物质内部且尚未被发现的物质则可以获得专利权保护。其中的问题是，已经在自然界中存在但没有被人类发现和认识的物质，与从自然界分离或提取的新物质都处于人类所认识的范围之外，为何后者可以授予专利权？对此有学者是从专利技术的创造性角度去论述，认为自然界某物质内部存在之物虽说也是客观存在的，但如果没有人类的技术干预，则很难被人们发现并为人们所使用，因此，对于这种自然物质内部存在之物进行提取是人类创造性劳动的体现，当然应该受到专利法的保护。[①] 然而也正如有学者所说："发明人通过一定的方法获得某一自然物质的提纯物并不会给人们带来某一全新的物质概念，相反，人们已经知道该物质一定可以通过某种方法获得该自然物质的提纯物，只是暂时不知道如何提取该自然物的方法。"[②]

传统中草药具有治疗某种疾病的疗效，这是传统部族和社区千百年来通过世代相传经过实践而形成的一种稳定的医药传统知识。特定的传统中草药对某种疾病具有治愈效果，从现代西方医学角度来说，一定有某种物

---

① 崔国斌：《基因技术的专利保护与利益分享》，载郑成思主编《知识产权文丛》（第四卷），中国政法大学出版社，2000，第253页。
② 崔国斌：《基因技术的专利保护与利益分享》，载郑成思主编《知识产权文丛》（第四卷），中国政法大学出版社，2000，第254页。

质在发挥着治疗疾病的作用，只是传统部族和社区并不知道该特定物质的存在，或者说，传统部族和社区并不知道如何提取该特定物质，但这并不影响其用于治疗某种疾病。抛开发明或者发现的过程本身，从拓展知识边界的角度来看，一种创造原先自然界并不存在的物质的发明者和一种具有治疗某种疾病的野生药用植物的发现者都是通过自己的努力在拓展人类知识的边界。从社会功利的角度出发，二者的贡献同样没有任何差别——都是人们获得一种从未体验过的物质概念，这种贡献都是从无到有的创造。①

综上所述，通过对于专利客体的扩张及基本理论的解读，世界各国对传统中草药的提取物及提取方法获得专利制度的保护基本上采取认可态度。中医药传统知识衍生的植物新品种及其培育方法于现行专利制度而言，也较为契合。尽管各国依据国情分别采用了专利保护和植物新品种保护两种模式，但都建立了一套自己独有的法律保护机制。传统中草药本身涉及具体物的保护，自然不能被纳入专利权保护客体，而对植物本身进行的人工干预由于程度较低无法达到专利权的创造性标准，如人工干预使植物本身性状突变，则可能涉及植物新品种问题，因而被排除在专利权保护的客体范畴外。中医药传统知识医药信息授予专利权在理论上仍存在许多不能解释的问题，但专利制度也并未完全排斥中医药传统知识医药信息。因此，通过变革专利制度，构建类似专利制度的新型权利形态便成为本书研究的首要目标，以中医药传统知识医药信息构建符合我国国情的医药信息专用权客体具有重大意义。

第二节　从专利权客体视角到医药信息客体

一　专利权客体"发明"的重构性解读

专利权的客体即专利权的保护对象，是专利权所直接支配的内容。随着科学技术的不断进步，专利权的客体范围也处于不断发展变化中，最初的客体限于发明，后来逐步延伸到实用新型和外观设计。各国因本国经济

---

① 崔国斌：《知识产权与文化及生物多样性》，博士学位论文，北京大学，2002。

发展情况及法律制度设计，专利权的客体内容也不尽相同，如在大部分国家，外观设计并未成为专利权的客体，而是单独成立外观设计权；有些国家也并未将实用新型列为专利权客体。为了论述方便及明确论述范围，以下对专利权客体的论述以发明专利为主。

国际上并未形成统一的发明定义，各国对发明的定义方式也是多种多样的，大多采用抽象的术语概括，这使得发明的定义更加扑朔迷离，难以清楚界定边界。而采用列举式的方法阐述发明的对象和范围时，又存在疏漏，无法囊括技术领域的所有成果。

有学者认为，利用自然规律是发明的重要特征之一，缺少此特征，发明不能成为专利权意义上的客体。如我国台湾地区"专利法"将发明的定义概括为利用自然法则之技术思想之创作（"专利法"第 21 条），认为发明必须符合利用自然法则及技术思想之要件。《日本专利法》第 2 条第 1 款规定，发明是指利用自然规律所进行的具有一定高度的技术性创造。我国《专利法》第 2 条规定，发明是指对产品、方法或者其改进所提出的新的技术方案。《专利审查指南》将技术方案进一步明确为对要解决的技术问题所采取的利用了自然规律的技术手段的集合。德国最高法院对于发明的定义中，采用的是"使用自然力以达有因果关系的结果"用语，意义在于强调发明的实质是人类对自然因素的有意识、有目的的操纵与支配。正如德国学者科勒认为，发明的实质在于人类利用自然规律，通过智力实现技术上的创造而达成一定的技术效果的行为表现。①

科勒的观点无疑指出了发明的实质精神内涵，即发明不是自然界存在之物，而是利用自然力达到的产物，也不是偶然而得之，是为满足人类的需要而有目的的行为，在这一点上，契合大多数持功利主义的学者的观点。因此，科勒对发明含义的解读也为大多数学者所接受。那么，如何理解利用自然之法则或利用自然规律或自然力？此处的自然规律是指自然现象固有的、本质的联系，是人类在自然界依据经验所发现的法则，具有客观性和稳定性，例如水往低处流、树的果实会掉落大地等。凡依一定原因

---

① 杨崇森：《专利法理论与应用》，三民书局，2008，第 49 页。

发生一定结果的经验法则均属于自然规律，基于人类精神、知能的活动和心理现象所产生的论理法则或主理法则不属于自然法则。① 然而水往低处流、树的果实会掉落大地并不是自然规律本身，而只是一种自然现象，现象是人的感觉器官可以感知的，而规律不是外在的表象，是看不见摸不着的，只能靠人的理性思维去把握。所以认识自然现象很简单，想要揭示某项自然规律却很难，但是这并不影响我们因为不知道这种自然规律而妨碍利用它。

那么我们应如何区分利用自然规律与自然规律本身？厘清这个问题，需要回到发明与发现的主题之争。专利法拒绝对科学发现给予保护，到目前为止并没有一个令人完全信服的理由，根源在于区分发明与发现并不是两个客观事物的简单比较，而是具有一定主观性的评判。

发现一般认为是对自然界存在的作用机理、事物特点或现象的揭示，而发明则是应用这些知识以满足社会需要。② 对自然规律的揭示与自然现象不同，普遍存在的自然现象是肉眼可见的有形存在，我们认识这种现象并不需要付出任何劳动，但是对自然规律的发现必须通过对自然现象的长期观察、科学的分析统计以及运用数学方法进行抽象性的加工整理，抽取其中稳定且具有普遍适用的规则之后，才能揭示自然现象背后的自然规律。这种揭示应该说包含了人类的智力劳动，但这种对自然规律的揭示，终究只能算是人类对自然界的一种发现，而并不能归属于人类智力创造的发明。而实际上利用自然规律并不以我们必须揭示这种规律为前提，人类在不了解自然规律之前，完全可以依靠对自然现象的观察而产生新的发明创造，这导致一个问题：发明创造是否可以脱离利用自然规律这一特征而存在？

这一问题的提出无疑是对国际上长期主张利用自然规律作为发明实质精神内涵的一种挑战，事实上，这种挑战正在上演并不断突破和变革原有的专利理论。如美国1970年《专利法》将任何新的有用的制造方法、机器、设备、物质的组成作为可获得发明的客体。所谓制造方法，根据

---

① 蔡明诚：《专利法》，台湾大学科际整合法律学研究所，2013，第29页。
② 崔国斌：《专利法原理与案例》，北京大学出版社，2012，第54页。

《专利法》第 100 条的解释，包括已知的制法、机器、制造品、物质的组成或者材料的用途。美国法原则上认为太阳下所有人类做成的事物不论是机器、制造物或合成物皆能受到专利权的保护①，其并未将利用自然规律作为发明必不可少的特征之一纳入专利法客体的审查标准中。事实上，运用自然原理、操纵自然力的发明固然属于发明的重要特征之一，但依赖社会科学、商业策略在某种程度上也符合发明的特征。近年来美国依据《专利法》第 100 条的规定，不断扩张专利权的客体，例如，联邦巡回法院持续地推翻美国早期对一些不可授予专利权案件的禁令，如对电脑程式及商业方法授予专利权保护。美国专利商标局甚至允许某一高尔夫球教学方法及一项心理分析（性格评估方法）的专利申请。

利用自然规律这条原则在我国专利法中得到严格遵守。在胡某与专利复审委员会的行政诉讼中，法院认为胡某要求保护的核心是利用图书版权页制作图书目录卡的方法。实质上，这种方法仅是对图书馆图书目录卡现有制作方法的改进，除了使用现有公知技术外，并未使用自然规律和自然力，不具有《专利法》及实施细则规定的发明的含义，不应授予专利权。②

上述论述为进一步理解发明的定义提供理论想象空间。利用自然规律并非评判发明的唯一要件，这同时也让我们思考发明的另一个重要特征即技术性，那么该技术性是否可以成为重新界定发明的不可或缺的要素之一呢？

二 从"技术"到"非技术"专利权保护客体的反思

《欧洲专利公约》对发明的定义采用排除式规定，第 52（2）条对不属于"发明"的内容作了非穷尽式的列举，所列举的内容主要是抽象的或非技术性的，可以认为其目的在于排除非技术性的发明。因此，发明必须具有"技术特点"，它必须与一定的技术领域有关，必须关注技术问题，寻求保护的客体必须具有技术特征。③ 没有技术含量的纯抽象的思

---

① D. Chisum et al., *Cases and Material-Principles of Patent Law*, Foundation Press, 1998, p. 752.
② 参见北京市中级人民法院（1993）中级初字行政判决书第 422 号。
③ 《欧洲专利公约》第 52（2）条，《欧洲专利局审查指南》第 C-IV 2.1.

维，不属于专利法保护的客体。

上文所述的我国台湾地区、日本及我国专利法的规定都包含技术思想、技术创造、新的技术方案等，科勒的观点也突出了"创作之技术表现"。而联合国世界知识产权组织主持起草的《发展中国家发明示范法》也将发明定义为能在实践中解决某一问题的某一技术方案。通过比较上述定义不难发现，上述共同点都是强调技术，强调发明是一项能够解决实践中的技术问题的特定技术方案。

再反观美国的专利法，在专利权客体特征的描述中并未看到"技术"一词，美国专利权客体范围被认为是所有国家现行专利法中规定的最为宽泛的国家，对技术一词的回避是否暗示着为其以后扩充专利权客体预留选择空间？有学者认为美国法中虽未突出技术作为专利权客体特征使用，但是美国专利法将产品分为机械、制造和合成，该分类其实是细化了美国宪法中的专利版权条款对"实用技术"的描述。机械、制造和合成本身就蕴含着技术，如果没有技术的参与，无法实现客体内容。[①] 该观点在解释机械类的有形产品、化学上的合成方法等专利技术问题时自然不存在疑问，但在解释商业经营的方法、高尔夫球教学方法及心理分析的方法时显得苍白无力。

事实上，美国将商业方法纳入专利法保护范围对其他国家和地区产生了较大的影响和冲击，各国普遍反对商业方法获得专利法保护，因为商业方法不属于技术领域，不具有技术属性，不应授予专利权。而美国在2001年WIPO启动制定《实体专利条约》时，就试图将TRIPS协议第27条第1款所述的"任何技术领域"扩大到"任何活动领域"，极力主张删除"技术"一词，试图将商业方法的专利保护纳入世界知识产权组织的协议中。美国的这种做法遭到中国和欧盟国家的强烈反对，它们强调授予专利权的主题必须具有技术性，后来这一主张也引起了美国各界对商业方法专利的思考，美国联邦最高法院也对这一商业方法专利采取了一些限制措施。

---

① Klaus Kornwachs, "A Formal Theory of Technology", *Journal of the Society for Philosophy and Technology*, 1998 (4).

为此，我们陷入一个逻辑怪圈，一方面我们无法对技术作出精准的定义，另一方面我们却主张专利法中的发明应具有技术性特征，而学界对诸如技术方案、技术特征等概念往往争议并不大，甚至不屑于对这一问题进行研究。世界上大多数国家都将技术作为发明的必要特征之一纳入专利权客体的审查之中，要否定一项成果的专利权客体属性，最简便的做法就是给它贴上"非技术方案"的标签。[①] 既然无法定义技术，那么商业经营的方法、高尔夫球教学方法如何体现技术性则应值得细细研究，如果没有体现技术性，那么是否可以说明美国的专利权的客体突破了传统专利法的基本理论，为了符合本国经济利益发展的需求，专利权的客体范围已经不受专利法基本理论框架的束缚。对于广大发展中国家来说，是否也需寻求某种突破专利法基本理论框架束缚而制定有利于发展中国家利益的专利法律制度，如对传统知识的保护。

可以说，不管今天对技术的理解如何，技术都为发明提供了一个客体范围的界限，而这也体现推动科技创新、增进人类福祉这一伟大目标。技术作为客体审查的必要标准，有利于随着未来科技的发展，借助技术标准解决发现和发明之间界限不清的问题，减少将发现新的物质混同于通过技术手段实现发明而纳入专利权客体之中的情形。然而，通过上述分析可以看出，当知识产权尤其专利权成为一个国家维护其本国经济利益的政策工具时，发明所强调的保护客体的"技术"特征则变得并非唯一标准，那么，医药信息也可以步入历史舞台，成为新的权利客体，而不用纠缠于其"技术"是否作为必要特征而存在。

第三节 医药信息客体适用的理论基础

一 "发现"适用专利权客体保护的理论突破

固有观念认为，科学发现所揭示的对象，不是人类创造的结果，而是自然界固有的事物，在发现过程中，人根本就不是创造者。这一解释对于那些自然界存在的动植物、矿物质等发现，具有直观性的说服力。专利法

[①] 崔国斌：《专利法原理与案例》，北京大学出版社，2012，第52页。

将保护的客体从有形的产品延伸到无形的方法之后，这一解释就不再显得有说服力了。① 发现一般分为以有形的形式呈现的事物和以无形的形式呈现的抽象思维，而方法是看不见摸不着的，跟自然规律一样。专利法将保护客体扩大到方法专利，那如何区分某种方法不是发现，不是一种科学理论或自然规律等这些抽象性思想的变相延伸？

相对于有形实体而言，发现几乎不需要人的任何智力劳动即可获得，而对以无形形式呈现的抽象思维，包括科学理论、自然规律等，其发现的过程是需要人们付出一定的智力劳动，而方法则正是人们智力劳动创造的结果，我们又如何评判这种可专利性的方法不是自然界客观存在的事物而将其归属于一种发现呢？

上述问题引出对于区分发现与发明的另一逻辑思路，即通过认证方法专利中的"方法"与以无形形式呈现的发现之间的分界点来区分发明与发现的不同。这种区分的方法最早以判例的形式出现。在1795年的Boulton v. Bull一案中，法院对于一些可以表现为具体操作步骤的"原则"或新的机器"原理"等赋予方法专利权的保护，前提是这些原则和原理必须附着于具体的有形物质之中，一些纯粹的抽象思维等原则不能获得专利权保护。② 在该判例中，方法专利区别于纯粹的抽象思维的依据在于该方法使用于有形物质或与有形物质建立某种联系。这种说法如果还不能完全阐述两者的区别所在，那么美国联邦最高法院的Cochrane v. Deener一案则较好地诠释了这一观点，认为"一种方法是指处理特定物质材料以产生预期结果的一种模式，它是一个行为，或者是一系列行为，作用于客体，改变其状态或者将其变成另外的物体"③。该种观点更加详细地阐述了方法在特定有形物质与客体之间的相互关系，并建立起一种"特定物质—客体—新的物质"的特殊行为模型。这一观点被后来的诸多学者所采纳，如Robinson教授认为："一种方法或者流程，是指有形客体对物体进行的

---

① 崔国斌：《专利法原理与案例》，北京大学出版社，2012，第54页。
② 崔国斌：《专利法上的抽象思想与具体技术——计算机程度算法的客体属性分析》，《清华大学学报》（哲学社会科学版）2005年第3期。
③ Cochrane v. Deener, 94 U.S. 788（1877）. 转引自崔国斌《专利法上的抽象思想与具体技术——计算机程度算法的客体属性分析》，《清华大学学报》（哲学社会科学版）2005年第3期。

一个操作或者一系列动作，从而改变这一物体的特点或者状态。"[1] 这种依赖于特定的物质、作用于某一客体而产生新的物质的定义方式，也成为日后在方法专利审查中的基本准则，弥补了方法专利对方法的审查的不确定性缺陷，而这也是"物质状态改变"的基本理论。

二 "物质状态改变"理论对于医药信息客体的适用

"物质状态改变"理论是《专利审查指南》应用于方法发明客体的审查，强调物质到物质状态改变的理念。产品发明客体的审查在于强调物质状态的改变，这种改变包括从无到有，也包括在旧的物质上产生新的特征的物质。而方法专利不同于限定特定机器的产品发明可以对其保护的客体的审查予以明确化，它需要借助有形的物质到物质状态的改变这一过程来体现其客体审查标准的可操作性。在判断方法上，我们只需看是否通过外部的物理结构的改变而使其性状发生了改变。[2]

"物质状态改变"理论的影响无疑是深远的，这一理论的应用使得专利法中方法发明与抽象的思维、科学理论、自然规律等区别开来。假设科学理论、自然规律可以成为专利权保护的客体，可以享有同方法发明专利一样的权利，那么通过上述理论可以发现，科学原理、自然规律及其他抽象性思维的产生及运行模式并不需要借助于物理因素以实现对有形物质的改变。但一种草药有效成分萃取的方法，需要借助于一定的仪器设备来达到对原有物质状态的改变。对这种方法遵循"特定物质—客体—新的物质"的行为模型认定其能否成为专利法上的客体。

无疑，"物质状态改变"理论解释了专利法中方法发明等具有抽象性的思维可以成为专利法的保护客体，而这也为中医药传统知识医药信息提供了确定客体审查的基本理论依据。中医药传统知识医药信息可以借鉴专利方法制度中的客体审查标准，建立"物质状态改变"理论的中医药传

---

[1] In re Schrader, 22 F. 3d 290（1994）. 转引自崔国斌《专利法上的抽象思想与具体技术——计算机程度算法的客体属性分析》，《清华大学学报》（哲学社会科学版）2005年第3期。

[2] Richard S. Gruner, "Intangible Inventions: Patentable Subject Matter For An Information Age", *Loy. L. A. L. Rev*, 2002（35）.

统知识医药信息客体审查标准。

根据上述"物质状态改变"理论，传统医药信息为新型药物、医疗器械、保健品等医用产品提供技术发明的技术指引，使得传统医药信息借助技术的实现完成从信息到物质实质性改变；而新型药物得以借助医药信息所提供的药用价值提示，完成从生态学意义上的植物药转变为可以直接治疗人体疾病的有效物质成分，实现"物质状态改变"的基本模式。

第五章
中医药传统知识医药信息专用权之主体探析

中医药传统知识医药信息专用权的权利主体是建构该新型权利模式的重要内容,与所有传统知识、民间文学艺术、遗传资源等议题一样,同样面临主体的认定问题。知识产权的私权属性决定了权利主体大部分是以自然人个体权利的形式出现,而上述议题大都为集体智慧创作的结果,传统部族、社区、部落或者民族、国家都可能成为权利主体。随着科学技术及经济的发展,知识产权的权利主体逐步呈现多元化,高科技的发展使得知识生产的实质也发生了变化,越来越多创造性显著的知识产品由团队合作完成。高科技时代的发展为群体主义权利模式提供了更大的发展空间,传统知识权利主体模式与知识产权权利主体的共同体主义模式形成了某种暗合。① 事实上,国际上已有许多国家采用知识产权集体所有权保护传统知识并取得了成功。法人、非法人组织作为知识产权权利主体的现象越来越具有普遍性,权利主体的多元化使得知识产权集体权利主体成为可能。从主体上看,群体持有也是知识产权主体结构的一部分。著作权中的法人成为作者,突破了大陆法系国家以人格权为主的作者权利体系,法人作为拟制的人具有某种集体组织的特性。商标法中集体商标、证明商标、地理标志权利主体都为特定的组织群体。植物新品种权中的育种者权、集成电路布图设计权的权利主体也大多为法人或非法人组织,集体权利主体已被学界所普遍接受和承认。然而,上述以法人或非法人组织为某类知识产权的权利主体并不能改变权利主体的私权性,法人作为拟制的人具有封闭的人

---

① 宋晓亭:《中医药传统知识的法律保护》,知识产权出版社,2009,第131页。

合性质，其在民商法基础理论中早已成为民商事主体，得到法律的确认。市场经济是以"个人"为单位，强调资源的有效配置与效用的最大化。而这与传统知识、民间文学艺术、传统医药信息等所强调的共享式"道德经济"，追求族群内部的和谐或文化的传承，有着截然不同的思维模式，因为文化落差所导致的不同价值观念，必然反映在经济活动与利益衡量上。① 传统民族、部族、社区是否具有与"法人"同样的封闭性人合性质，具有独立承担市场风险责任的资格和能力，仍然需要我们深入研究。

上述议题，包括传统知识、民间文学艺术、遗传资源等，与传统医药信息权利主体存在的相同问题在于：一方面，民商法强调的私权属性，无论是自然人还是法人，最终认定的标准在于其是否具有独立承担责任的能力，传统部族、社区、某一民族似乎难以成为这种独立的市场经济主体资格；另一方面，以集体为权利主体模式中，如何确定哪一类群体拥有主体资格，它们之间的相互交流产生文化融合后如何进行权利主体的界定与划分？这是所有与传统知识相类似的主题所需要共同面对的难题。

中医药传统知识包括已经公开的传统中医药文献、技艺、炮制工艺、诊疗方法以及中医药相关的名称、老字号等，也包括未公开的由某些个体或组织所持有的家传秘方、验方、技艺、炮制工艺等，保护中医药传统知识即防止未经同意的"盗用"行为。

专用权所保护的客体医药信息有三种性质，包括已经文献化且已经进入公共领域的医药信息，由某一民族、部族、社区，某一自然人或家庭所持有的尚未公开的医药信息，以及在前两类基础上所进行的创造产生新的医药信息。依知识产权保护创新性的基本理论，只有未经公开披露的医药信息以及第三类创造加工后的新的医药信息才可以成为知识产权的保护客体，也只有这两类客体的所有者才拥有合法的主体资格。对已经进入公共领域的中医药传统知识和持有某一类传统医药信息的持有人，如何确定专用权主体资格，需要我们进行深入分析、论证。

---

① 黄树民：《原住民政策评估研究之我思》，《人类学视界》2009年第3期。

第一节 权利主体的范畴界定

一 权利主体"创造性"的解构

对"主体"一词具有多重角度的诠释,可以分别从哲学、法学等学科角度得出不同的结论。哲学意义上的主体是指对客体有认识和实践能力的人,法学意义上的主体是指享受权利和承担义务的人(此意义专指民法权利主体,不包括刑法和国际法中的主体)。由此可见,涉及人的因素集中于哲学和法学的视角,而法学视角上的人更多的是从哲学世界分离并抽象出来的具有特殊意义的法律权利及义务的实施者和承受者。分析哲学意义上的主体含义更能揭示事物创造性的本原及主体制度存在的合理性。

一般来说,于法律角度而言,主体和客体互为对应而存在,只有主体而无客体无法成立事实法律关系。于哲学角度而言,主体强调客体认识和实践能力的对象,是客体存在意义的决定者。该含义更多的包含人的主观能动创造性及对世界的意识性,是客观世界存在的当然主体承受者。然而,人在历史发展过程中,社会关系亦不断变化,人作为客观世界存在的当然主体地位也不断发生着变化。古希腊人亚里士多德第一次指出主体的范畴并不单纯局限于人,主体也可以是除了人以外的其他任何实体。因此在古希腊哲学中,并不存在能动创造性的主体概念,主体和主体性的关系被实体和属性的关系涵盖。[1] 在远古时代,由于人的社会生活处于一种无主状态,人面临最基本生活需求即生存,因此那时候人基本上是以群体出现,人依附于自然,个人作为主体地位的功能并未得到充分的展现。到了近代,随着科学技术的发展,人类对自然界的改造能力的增强使得人与自然的关系越来越紧密,人不再隶属于自然界,而逐渐成为支配和改造世界的主体。

人之所以为人,更多的还在于人具有意识性,这也是人区别于其他动物的特殊之处,但是正是这种意识性,才使得人在处理与自然界的关系中发挥能动创造性作用。因此,人区别于其他动物更多的在于对世界的能动

---

[1] 李楠明:《价值主体性:主体性研究的新视域》,社会科学文献出版社,2005,第2页。

创造性，体现的是一种人对于改造世界的积极主动关系，从这个意义上来说，主体体现的更多的是一种人对改造世界的价值关系。①

从上述角度可以看出，作为主体的人必须具有能动创造性或积极改造世界的主观意识，即主体的存在在于社会价值的实现，或者说创造一定的社会价值，而这也就解释了在知识世界里，创造性来源的最原始基础在于主体的创造性，如果人作为主体，不具有能动创造性则不具备主体地位的适格性。由此可以解释，知识产权赋予的权利主体在于智慧成果的创造者，只起到辅助或帮助作用的人不一定可以成为知识产权的权利主体，这一点与民商法领域中权利义务的继受者可以作为权利义务主体存在区别。

民事领域中，民事法律主体包括一切具有实体性或非实体性意义上的人，包括自然人、法人和其他组织。主体范畴扩大了哲学意义主体的边界，将不具有能动创造性的一切具有实体性的自然人和非实体性法律所拟制的组织，如法人和其他组织纳入主体范畴。理论上，知识产权属于私权，属于民事法律范畴，二者在主体适格上应具有一致性，然而民事法律的主体范畴采用的却是一般概念，具体的制度设计中也并不包括所有的自然人、法人和其他组织。如缔结婚姻的主体必须是男性年满22周岁、女性年满20周岁，重大合同缔约的主体须是年满18周岁具有完全民事行为能力人或年满16周岁但可以自己的劳动作为独立收入来源的自然人。因此，知识产权权利主体限定为具有能动创造性且具有实现一定价值利益的创造者，具有一定的合理性。在知识产权权利主体制度设计上，创造者一般属于从事创造性智力劳动的自然人，但在有的情况下也可能归属于组织、主持创造活动并体现其意志或承担相应责任的法人。② 组织、主持创造活动并体现其意志或承担相应责任的法人，可以作为具有社会意识和创造社会价值的利益主体存在。

二 中医药传统知识医药信息权利主体存在的困惑

上述哲学意义上的权利主体的分析并不能解决事实和法律上的主体边

---

① 李楠明：《价值主体性：主体性研究的新视域》，社会科学文献出版社，2005，第2页。
② 吴汉东：《关于知识产权本体、主体与客体的重新认识——以财产所有权为比较研究对象》，《法学评论》2000年第5期。

界问题，充其量只能算是对事实和法律问题上主体边界划分的一个指引。正如上文所说，法学视角上的人（主体）更多的是从哲学世界分离并抽象出来的，具有法律上特殊意义的权利义务的实施者和承受者。哲学意义上的主体阐述，为我们建立法律概念上的主体边界提供参考和指引，或者可以说为知识产品这一客体的主体边界指明了方向。

主体边界的确定有赖于客体的明确，中医药传统知识医药信息专用权保护的客体不在于传统中草药本身，而在于传统的治疗功能、方法所蕴含的药用价值。

法理上谁持有中医药传统知识医药信息，并不完全等同于谁就拥有所有权。对于这个问题，洛克的劳动财产权理论似乎并不能解释对自然界存在的传统中草药所蕴含的传统知识医药信息赋予专用权的合理性。洛克的有形财产权正当性理论是建立在上帝与人类共有关系基础之上的，核心观点是强调劳动获得财产权。洛克认为上帝将世界赐予人类共有，每一个人都拥有对自己人身、财产的支配权，而每一个人的劳动属于他自己，当一个人把他的劳动掺入属于共有的某物时，他便使该物成为他的财产。[①] 在洛克看来，劳动是取得财产权的重要依据，是自然权利之使然，而这与天赋人权思想同出一脉，劳动作为个人身体的一部分添加到共有物上增加了共有物的价值，该劳动理应成为共有物后续价值取得财产权的重要依据。

然而，劳动是否在中医药传统知识医药信息中起了关键作用，成为构建私有产权合理性的基础，仍值得进一步探索。传统中草药之所以成为维系人类健康、保健和治疗人体疾病的特殊植物，不仅在于植物本身蕴含的药用价值，更多的在于人类对它的药用价值的发现、挖掘和研究，而构成具有治疗价值的中医药传统知识医药用途信息，才使得传统中草药可以从普通植物中脱颖而出，成为人类治疗疾病、维系健康的重要生物资源。

因此，谁持有中医药传统知识医药信息并不等同于谁就拥有所有权，而应该是谁挖掘并掌握中医药传统知识医药信息的药用价值，并通过世代的传承逐步形成较为稳定的掌握治疗效果的人才是该中医药传统知识医药信息的当然权利主体。

---

① 〔澳〕彼得·德霍斯：《知识财产法哲学》，周林译，商务印书馆，2008，第54页。

第二节　中医药传统知识医药信息专用权主体边界探索

一　"社区"权利主体合理性的理论探索

中医药传统知识医药信息专用权的权利主体认定，是中医药传统知识医药信息专用权立法保护的关键问题。中医药传统知识医药信息来源于传统知识，与传统知识在权利主体认定问题上具有同质性。传统知识由于传统特性，更多体现的是一种世代传承性，在主体上具有群体性特征，因此学界普遍将社区理论应用于传统知识的权利主体认定问题上。知识产权为私权，但私权并不代表属于"个人化的权利"[1]，私权的称谓是与"公权"相对应而存在的，表明的是一种民事权利身份。传统知识的权利主体虽然是一个群体，但并不违背知识产权的私权属性，在专利权、商标权和著作权领域，群体可以作为知识产权的权利主体，如集体商标、证明商标、职务发明等，甚至在某些场合，国家也可以成为民事法律关系的主体享有私权。依据民事法律理论，私权为典型的民事权利，调整的是公民、法人和其他组织之间平等的财产和人身权利义务关系，私权的特征在于主体间的平等性，权利主体之间的平等性是将知识产权归类于民事权利范畴的基本依据。私权于民事领域奠定权利属性的法理基础在于主体地位的平等，这种权利具有某种专属性，区别于公共权利。[2] 上述所涉及的特定人并不局限于单个的自然人，也可以指一个社团、一个群体、一个组织，并不与民事法律有关私权主体的基本理论相冲突。

一般来说，知识产权大都是由个人创造的，体现的是个人智慧劳动的成果，这与知识产权起源发展的历史背景是相符的。专利法就起源于封建君主为保护个人发明创造而赋予其一定期限的市场独占权。在著作权法领域，英美法系和大陆法系对著作权保护的侧重点不同，英美法系著作权法中法人或非法人组织可以原始成为作者，作者人格权残缺；而大陆法系著

---

[1] 吕炳斌：《社区作为传统知识权利主体的基本理论问题研究》，《时代法学》2010年第2期。
[2] 吴汉东：《关于知识产权本质的多维度解读》，《中国法学》2006年第5期。

作权则侧重对作者人权格的保护。相对于大陆法系而言，英美法系承认出版商是合法的著作权人，采用的是社团、群体等概念而不是单个的自然人。但随着历史的发展和社会的进步，英美法系国家逐渐填补了作者的人格权利益，与大陆法系著作权法逐渐融合。这种演变过程也体现了知识产权保护的侧重点在于智慧劳动创造者的自然人的主体地位。

毫无疑问，单个自然人是知识产权的当然适格主体，对所创造的智慧劳动成果拥有当然的私权利益。然而随着社会科技的进步，社团、群体、组织成为知识产权权利主体的情况越来越多，单位申请专利的情况越来越普遍，因此，社区作为多数人组成的群体性组织具有成为知识产权权利主体的合理性。

中医药传统知识医药信息归属于传统知识，研究传统知识的概念和特征对探索中医药传统知识医药信息的社区性主体具有先导性。传统知识有多种英文表达方式，如 Traditional Knowledge（传统知识），Indigenous Knowledge（土著民族知识），Indigenous Heritage（土著遗产）等。郑成思先生认为，传统知识系指世界上少数族群，尤其是某些地方的土著人民所拥有的知识、技能和传统做法，它们无法确定形成的时间与开发人，且难以被归纳成系统的知识点或者技术特征，但对社会、文化及经济的发展仍具有重要价值，并由非主流群体所掌握的那些群体知识、技能和做法。① 对于传统知识的特征，WIPO 归纳为三点：一是在起源上具有丰富的传统文化背景；二是地方社区或传统部族对传统知识的保存具有重大的责任关系，这种关系通常是以习惯法表达；三是起源于广泛的社会、文化、环境和技术领域的知识活动并被起源社区视为传统知识。②

综上可知，学界在论及传统知识定义或涉及权利主体及来源时，普遍会涉及社区一词，"社区"一词来源于英文"community"，一般包含公社、团体、公众以及共同体、共同性等多种含义。在德文里，社区一词为

---

① 郑成思：《知识产权——应用法学与基本理论》，人民出版社，2005，第 1 页。
② The Secretariat of WIPO, *Revised Version of Traditional Knowledge Policy and Legal Options*, *Intergovernmental Committee on Intellectual Property and Genetic Resources*, *Traditional Knowledge and Folklore*, Sixth Session, 2004, p. 59.

gemeinschaft，意指基于亲族血缘关系而结成的社会联合。① 而我国最初引入该词时，更多的赋予其地理区域概念。由于学者研究角度不同，学界对于社区概念尚无统一的定义，但以一定的地理区域作为社区的核心概念获得了学界的一致认可。美国学者 G.A. 希莱里认为，社区通常包括一定的地域范围、共同的生活纽带及共同的社交区域三方面内容，而这三方面的内容与地理要素、经济生活要素及社会要素相关联，在具体认识社区概念时应从上述三个方面进行把握，即把社区视为生活在同一地理区域内、具有共同意识和共同利益的社会群体。

一般来说，社区通常以地域为划定标准，但又不单纯局限于地域，一般包括地域、共同的纽带以及社会交往三方面。同一地域的人具有相似的生活状况及文化背景，而种族和血缘则形成共同的纽带，在社会交往中呈现趋同性，而这些趋同性是社区最基本的特征。因此有学者认为，社区作为群体性概念，区别于单个的自然人，是基于相同的自然和社会条件而形成长期共同社会生活的一群人。② 在这一点上，我国少数民族的聚居分布状态以及共同的文化背景，可以适用社区的相关理论，由此对于社区的主体认定可以解决中医药传统知识中少数民族的主体性问题。

中医药传统知识医药信息地理上的区域性、权利主体上的群体性及基于共同生活习惯和人文环境所形成的共同意识和利益都契合了社区的构成要素，尤其适用于具有丰富传统民族医药的少数民族。在理论上，传统社区与传统部族、传统部落、特定部族、原住民社区等概念为同一意思，常常用于论述传统知识的适格主体。从传统知识的定义及演进可以看出，传统知识通常被描述为地方知识、乡土知识或者土著知识。传统知识来源地通常为地方、土著部落、地方社区等，它们具有封闭性特征，并不属于一种开放式的可由其他人任意获知的环境，长期以来也未被外界主流文化所同化，因此一直保有基于本民族、部落特有的历史文化和地理环境所形成的独特的药物知识体系。学界普遍认为，中医药传统知识医药信息和传统

---

① 〔德〕F. 滕尼斯：《社区和社会》，1887。转引自百问百科，http://www.baiven.com/baike/224/281062.html，最后访问时间：2014 年 11 月 13 日。
② 李长健、徐海萍：《传统知识的知识产权保护正当性研究》，《时代法学》2007 年第 3 期。

知识一样属于边缘知识，属于社会非主流发展形态中的知识体系，是一群与自然紧密相连的人即传统部族世世代代积累创造的有自己分类体系的知识体系，是观察、适应当地环境以及资源利用和自我管理的经验体系。①其特点在于以传统为背景产生、保存和传播，并由传统社区自我管理的一种经验积累。

二 "社区"作为传统医药信息权利主体的正当性

"社区"一词包含公社、团体、公众以及共同体、共同性等多种含义，社区理论实际上一直被视为属于社会学范畴，于法律角度而言，权利体现的是人与人之间的财产关系和人身关系，属于社会学中人的行为关系。②社区内部成员之间涉及利益的分配，以及由谁代表社区行使权利等问题，而社区和社区之外的主体之间也构成一种关系。③

传统的财产权制度并未涉及社区理论，但是在财产权制度背后却存在关于社区的理论预设。洛克在著名的劳动财产权理论中展示了利用自然权利理论来论证知识财产权的合理性，这一论证是建立在共有概念基础之上的。该共有的含义是指这个世界"原来并不属于个人，而是属于全人类"④，共有物不包含任何权利，只有对从共有物中取出的那一部分实物，人们才拥有控制权，而这种共有概念是一种消极共有。共有的另一种概念即积极共有，产生于消极共有之前。消极共有是指共有物不属于任何人，仅其中一部分可以被占有；积极共有是指共有物为全人类所共有，所有人都有权去使用它。⑤

既然共有是指"原来并不属于个人，而是属于全人类"，而社区在一定地理区域范围内与这种共有有着天然的相似性，那么在社区内部也可以

---

① Graham Dutfield, "TRIPS-Related Aspects of Traditional Knowledge", *Case Western Reserve Journal of International Law*, 2001 (33).
② Peter Drahos, *A Philosophy of Intellectual Property*, Dartmouth Publishing Group, 1996, p. 17.
③ 吕炳斌:《社区作为传统知识权利主体的基本理论问题研究》,《时代法学》2010年第2期。
④ 〔英〕詹姆士·塔利:《论财产权》,王涛译,商务印书馆,2014,第87页。
⑤ 〔澳〕彼得·德霍斯:《知识财产法哲学》,周林译,商务印书馆,2008,第57页。

成立共有理论，由此衍生积极社区和消极社区两种社区假设。在积极社区里，一切物都是被社区所有人共有，但利用共有之物需征得共有人同意。在消极社区里，一切物都不属于任何人，都可以开放性地被任何人取得所有权。格劳秀斯的共有物财产权理论即建立在积极社区理论之上，他认为群体所有的情况下，占用公共之物需经其他人同意。而普芬道夫的观点则是完全的消极社区的观念假设，认为"社区中共有之物的取得无须他人同意，任何人可以自由使用而成为排斥他人使用的对象"①。

积极社区和消极社区两种社区假设的出现，为我们建立社区主体提供正当性基础，这种共有必须建立在物权基础之上，否则无法做到"任何人可以自由使用而成为排斥他人使用的对象"。在积极社区理论中，一切物都被社区所有人所共有，社区所有人都有权去使用它，但需征得共有人同意。物权的排他性决定了社区成员不可能同时享有对社区某物的使用权，为了节约有限资源，利用社区共有之物需征得共有人同意。对于无形的财产权而言，某个人使用并不影响社区其他人使用，自无必要设立同意的门槛，而转变为除社区以外的人对社区传统知识的使用需要征得社区共有人同意。消极社区理论中，社区共有物不属于任何人，可以开放地被任何人所获取，包括社区成员以外的人，所有人都可以自由获取社区内部的东西。

显然积极社区理论更适合于传统知识作为群体共有物的法理基础，但是消极社区更有利于建立私人产权制度，如个人利用共有物无须取得共有人的同意，可以通过自己的劳动创设新的财产权利。根据上述理论，对已进入公共领域的中医药传统知识由国家成立封闭社区，实现国家的群体性共有，某一少数民族创立和传承的中医药传统知识由该少数民族成立封闭性社区，实现少数民族群体性共有。

三 由"社区"到少数民族、国家的集体性共有

由社区的积极共有理论可以得出，一切物都是由社区所有人共有，所有人都有权去使用它，但这种使用需要经过共有人的同意。而如何实现这

---

① 吕炳斌：《社区作为传统知识权利主体的基本理论问题研究》，《时代法学》2010 年第 2 期。

种共有人的同意，则通常以建立代表性组织或代表人来代表共有人意识行使同意权。社区并不具有固定的边界意义，而学界采用的通说更多的是与地理要素、经济生活要素及社会要素相关联。我国的少数民族契合社区概念。中医药传统知识医药信息起源于整个中华民族，其中包括藏医药、蒙医药、维吾尔医药、傣医药、壮医药、苗医药、瑶医药、彝医药、侗医药、土家族医药、回医药、朝鲜族医药等。在中国 55 个少数民族中，已整理出传统医药资料的有 30 多个。从各医学体系的创造主体来说，它们属于各民族劳动人民整体智慧的结晶；从社区积极共有角度看，区域性的少数民族聚集区域可以成立"社区"的权利主体。但是由于我国少数民族实行的是"大杂居，小聚居"的生活模式，除了实行民族区域自治的少数民族外，各民族杂居共存的现象已是一种非常普遍的现象，因此，以地域范围的"社区"理念难以界定权利主体的边界。

"社区"的共同体理念并未设置一定的地域边界，因此，以人文经济生活要素以及共同的民族信仰为"社区"进行边界划分可以有效地解决这一问题。汉族所创立并发展起来的汉医药即以前所说的狭义中医药，由于以汉族为主体的华夏文明一直主导着我国的文明进程，人口分布遍及整个中华大地，同时也穿插于少数民族聚集区域，发展过程及影响程度已远远超越汉族这一单独民族的界限，一般被认为是整个中华民族共同的精神财富。我国《中医药法》第 2 条尽管将少数民族医药与汉族医药一齐纳入规定，统称为中医药，然而，第 61 条规定："民族自治地方可以根据《中华人民共和国民族区域自治法》和本法的有关规定，结合实际，制定促进和规范本地方少数民族医药事业发展的办法。"从该条可以看出，尽管少数民族医药与汉族医药统称为中医药，但法律上仍然承认少数民族医药基于自身的传统信仰、诊疗的理法方药的特性，与汉族传统医药存在很大区别。因此，以汉族为代表的汉族医药于"社区"理念进行解读，应扩大到整个中华民族，由国家行使当然的权利主体资格。

在国际上，传统知识的权利主体大多是以群体权利主体的模式出现，通过传统社区所构建的区域范围划定传统部族。如 1997 年菲律宾《土著人民权利法》分别从地域范围和部族两方面规定其权利主体为原住民文化社区或土著人民（indigenous cultural community/indigenous peoples），建立原住民相关的文化财产权——社区知识产权。该法的实施条例第34章明确规定,涉及传统知识有关的传统医药及其治疗方法、经验及传统医药信息、矿物药等,原住民有权采取特别措施来控制、发展和保护社区知识产权。① 社区知识产权是指社区对其生物资源或生物资源的部分、生物资源的衍生物,对其数代积累的经验、创新、知识和技术享有权利。② 2002年秘鲁颁布了《原住民生物资源集体知识保护制度法》,在权利主体上采用群体权利模式,地域范围以传统社区为界,主体上以"原住民群体"为表述,促进对原住民群体知识的尊重、保护、保存、利用与发展。

将传统知识权利主体界定为传统社区是目前一些发展中国家普遍采用的做法,并已得到基本承认。然而仔细研究我们发现,上述比较有代表性的几个国家,如菲律宾、秘鲁、巴拿马等都是具有殖民历史,或者说有原住民、部落存在。因此,传统社区、部族成为其论述传统知识时当然的首选主体,在其他传统知识较为发达的发展中国家却鲜见这种做法,如印度、泰国等国家没有颁布类似的传统社区、部族作为传统知识权利主体的规定。我们似乎在研究过程中,放大了传统社区、部族对传统知识作为主体的传承作用,而忽略了其他不具有传统社区、部族或部族概念意识不是很强的国家对传统知识权利主体持不同意见的现实情况。造成这一现象的原因在于,群体权利(group rigns)是从集体权利(collective rights)衍生而来的,字面意思都是相对于个人权利而言,是指两个或两个以上的权利主体共同享有的权利集合。群体权利属于集体权利,一般用到群体权利时多与弱势、少数群体组合,具有一定政治倾向性保护色彩。如 indigenous peoples 一般可以翻译成"原住民、土著人民"等,但是在具体语境上有极强的政治意义。因此,不存在原住民的国家在保护传统知识时,自然更倾向于"集体权利",而不使用以传统社区、部族为主体所构成的"群体权利"。

---

① J. Michael Finger, Philip Schuler, *Poor People's Knowledge: Promoting Intellectual Property in Developing Countries*, The International Bank for Reconstruction and Development, The World Bank, 2004, p. 21.

② S. v. Levinski, *Indigenous Heritage and Intellectual Property: Genetic Resources, Traditional Knowledge and Folklore*, Kluwer Law International, 2004, p. 38. 转引自严永和《论传统知识的知识产权保护》,法律出版社,2006,第197页。

尽管从政治意义上来说，不管是少数民族还是汉族，权利主体必然都统一归为国家，但从管理角度而言，民族区域自治组织具有成为民族医药的当然权利主体资格，这有利于实现权责统一。对于无民族区域自治组织的但仍存在民族医药的少数民族，如彝医药、侗医药、土家族医药、朝鲜族医药等，可成立地缘边界的封闭性"社区"理论，由该民族选取代表性组织行使主体权利，承担主体义务，实现集体共有。

积极的社区理论可以为本书构建少数民族和国家的集体性共有提供理论依据。积极社区里，对于某一中医药传统知识由某一民族所创造的，以民族作为社区的边界，其他人未经该民族同意，不得将中医药传统知识医药信息用于商业性行为；对于已经进入公共领域的中医药传统知识，以国家作为社区的边界，成立国家集体性共有，由国家行使共有之权利。

对于少数民族所创造并发展起来的少数民族医药，应该以该民族为主体实现权利边界的控制，特别是实行民族区域自治的少数民族，具有鲜明的民族区域特色，应该赋予该民族区域自治组织为适格权利主体。

四 医药信息权利主体"地域"边界探索

上述社区边界主体探索解释了不同民族以及国家对中医药传统知识医药信息拥有主体地位的适格性，然而，却无法解释跨区域，特别是跨越民族、国家等区域所面临的主体确定问题，即拥有同一种传统中草药但是跨越不同的民族区域或国家，法律如何确定其权利主体？传统中草药作为生态学意义上的普通植物，生长的环境、气候的影响必然不是绝对以国家、民族区域为单位分布的，从传统知识的角度研究主体适格性并不能忽略生态学意义上的群落分布特点。

传统中草药种类繁多、来源复杂、分布零散、性质各异，同一种植物药可能分布在不同的区域，或分散于其他群落之中，其从整体看有较强的地域性，从局部看又有广泛的散生性。除甘草和麻黄等极个别种类外，很少见中草药有集中、成片的大面积分布，有些中草药虽然具有集群性，但作为生物资源的分布却是比较分散的。如珍稀植物药延龄草和小丛红景集中分布在湖北省神农架和鄂西山区，但它们的分布却是零散的、小片的。野生中草药的不同种属在自然界中虽各有自己的地理分布和生长范围，但它们却很少形成较为集中的优势群落，相反与其他种属共同组成群落，因此，很少集中成片或大面积分布。① 不同的自然条件对生物种类和植物药分布有着重要影响，其中热量和水分是决定植物药资源分布最为重要的两个因素，而这两个因素又是由气候带决定的。根据纬度不同，气候带分为热带、亚热带、温带和寒带等，植物药根据特性，基于不同的气候带呈现特有的气候带适应状况，即某一种植物药可能只适应某个气候带或某几个气候带。

依据地缘气候带划分中草药分布情况认定中医药传统知识医药信息主体似乎存在以下问题，主要表现如下。

第一，同一品种中草药可能分布在不同区域，是否各个区域的国家、民族、部族、社区都是权利主体？如同处温带的中国、日本和韩国，由于气候带分布相似，同一种中草药可分布于三个国家境内，如杜仲、甘草、地黄、柴胡等传统中草药。第二，因为地缘和土壤关系，某种中草药专属于某个区域，该特定区域的国家、民族、部族、社区是否就是该中医药传统知识的权利主体？

上述第一种情况，同一品种传统中草药可能分布在不同区域，在确定具体的权利主体边界时，又可以分为三种情形。

（1）分布在不同区域的同一品种传统中草药，其植物药用价值在有些区域被作为传统医药知识披露，而在有些区域只是作为普通植物存在。在此种情况下，根据什么原则确定权利主体范围比较合理？

如上文分析，传统中草药之所以具有药用价值，在于民族、部族、社区千百年来对该种植物的长期实践、经验总结形成的医药信息。因此，披露该种植物药用价值的民族、部族、社区合法享有基于劳动创造而产生的医药信息专用权。然而，现实问题是，在其他区域自然存在的这些传统中草药，如何防止他人对其进行药物研究获得不正当利益。上述理论合理性的前提是假设该民族、部族、社区的传统中草药的药用价值披露是封闭的，仅局限于该区域的民族、部族、社区，一旦外界知道了该传统中草药的医药信息，则完全可以从其他区域对该植物进行采集并研究。法

---

① 郭巧生：《药用植物资源学》，高等教育出版社，2007，第5页。

律是否有权阻止这种行为，有没有正当的法律依据作支撑？上述权利主体的界定是否有助于禁止这种"生物海盗"行为的发生，有待我们后文继续研究。

（2）分布在不同区域的同一品种传统中草药，虽然揭示的药用功效基本一致，但仍然会受到土壤、水质和气候环境的影响，药用功效上侧重点也不一样。以我国中草药牛膝为例，因产地不同，牛膝可分为怀牛膝和川牛膝，其中怀牛膝主要产于我国河南一带，偏重于活血通经行气、引火下行；川牛膝主要产于我国四川、云南、贵州等地，偏重于补益肝肾、强筋骨。《本经逢原》里称，怀产者长而无旁须，水道渗涩者宜之；川产者细而微黑，精气不固者宜之。虽然怀牛膝和川牛膝都属于牛膝这一种植物，具有补益和通经的相同功效，但由于地理环境不同，在具体功效和形状上仍然存有差异。此种情形下，披露牛膝上述医药信息的不同区域的民族、部族、社区都可以成为该中医药传统知识的权利主体。

（3）分布在不同区域的同一品种传统中草药，各个区域所披露的植物药用功效不同。如作为同一品种的传统草药姜黄在中国和印度都有分布，中国的姜黄药用功效在于破血行气、通经止痛，作用主要在于治疗血瘀气滞诸证、妇女痛经、闭经、产后瘀滞腹痛、风湿痹痛、跌打损伤、痈肿等。而印度的姜黄主要在于行气破血、消食化积，用于治疗皮肤病和促使伤口愈合。正是这一功能用途被美国药物学家通过整理分析，将其对该伤口的愈合作用向美国提出专利申请，这就是著名的印度"姜黄"案。

由于中医药传统知识医药信息的产权保护是基于其医药信息披露的药用价值的功效，未披露的功效不能成为该中医药传统知识医药信息，因此，每个区域的民族、部族、社区只能就其披露的药用价值功效部分的医药信息享有所有权。如中国区域内的专用权主体在申请姜黄医药信息专用权时，只能就破血行气、通经止痛的功效申请专用权，而不能就治疗皮肤病和促进伤口愈合作用部分申请专用权，且无权阻止其他人就治疗皮肤病和促进伤口愈合作用的医药用途信息对姜黄进行商业性开发利用行为。

上述第二种情形，因为地缘和土壤关系，某种传统中草药专属于某个区域，该种情形比较好界定权利主体的边界问题。如果该中草药的药用功效是由该区域的某个民族、部族、社区所披露,而这种植物又专属于该区域,则该区域的民族、部族、社区当然是该中医药传统知识的权利主体。

基于地理环境、区域分布来确定中医药传统知识医药信息的主体边界须做两方面的努力,一是利用药用植物学、药用植物资源学和生态学、环境学等学科知识,对传统药用植物分布进行科学统计;二是通过对区域民族、部族、社区的传统中草药关于中医药传统知识医药信息的药用价值功效进行统计并登记造册。这是在法律上确定中医药传统知识医药信息权利主体边界最为量化的方法,但涉及工程庞大①,而且有些传统药物知识并不是采用书面形式记载,而是通过口耳相传、世代传承的方式进行的。

第三节 由著作邻接权人到"持有人"的主体认定

著作邻接权的保护以财产权劳动理论为法理基础,由于表演者、录音录像制作者、广播组织、版式设计者付出了劳动和投资,所以应当享有财产权,在保护要件上表现为并不要求保护客体具有独创性②,目的在于奖励作品或者其他表达形式的制作者和传播者。而作为中医药传统知识的传承人,以师带徒、跟师学艺方式在传承中医药传统知识的过程中扮演的也是传播中医药传统知识文化、技艺的角色,从传播者角度来说,与著作邻接权的财产权劳动理论所采用的法理基础具有同质性,具有获得中医药传统知识医药信息专用权主体资格的可能。

持有人的概念主要来源于世界知识产权组织知识产权与遗传资源、传统知识和民间文学艺术政府间委员会。国际上发达国家利用现行知识产权国际规则,将广大发展中国家作为传统知识的传统医药划入公共领域,引

---

① 目前世界上部分国家和地区及一些非政府组织也在陆续开展此类收集统计工作,如位于美国的爱荷华州的农业及农村发展传统植物药中心(CIKARO),位于荷兰的国际研究及顾问网络中心(CIRAN)和莱顿少数民族系统及发展项目(LEAD),这些逐步形成国际范围内的传统植物药资源中心网。参考〔美〕达里尔·A. 塞、格雷厄姆·杜特费尔德《超越知识产权——为原住民和当地社区争取传统资源权利》,许建初、张兰英等译,云南科技出版社,2003,第26页。
② 李扬:《知识产权基本原理——著作权法》,中国社会科学出版社,2013,第3页。

发大量的"生物海盗"行为，促进了更多的学者从传统知识角度展开相应研究。对持有人的讨论则集中在国际组织 IGC 层面，在 IGC 推动下，传统医药主要以传统知识上位概念保护的形式出现，IGC 第六次会议由秘书处编制的《保护传统知识：条款草案》第一次使用"传统知识持有人"概念，指出承认传统知识持有人享有对其持有的知识得到有效保护，以免被盗用的权利，并以此为基础构建有效的执法机制。第九次会议审议文稿 WIPO/GRTKF/IC/9/5 综合各种观点，提出"此种保护不必采用专有产权的形式，但亦可酌情为传统知识持有人个人和集体提供此种权利"。基于此情况，我国在 2016 年《中医药法》中首次引入中医药传统知识持有人概念，第 43 条第 2 款规定中医药传统知识持有人对持有的中医药传统知识享有传承使用的权利，对他人获取、利用持有的中医药传统知识享有知情同意和利益分享等权利。但该法并未对持有人及与传承人之间的关系做任何解释，对中医药传统知识持有人的法律属性，以及持有人范围也未给予明确的规定。因此有学者认为持有人应属于"非专用权"，持有是一种"非独占性"的权利，意味着其他不确定的多个同等权利的存在。[①]

持有人概念的引入，为我们探索中医药传统知识医药信息专用权的权利主体提供了另类探索空间，但不管是传承人还是持有人，从著作邻接权角度看都是对中医药传统知识的传播作出贡献的人，在权利主体设计上可以借鉴邻接权人制度，建构以持有人为主体的中医药传统知识医药信息专用权利制度。

一 邻接权人的法源及路径指引

制版权首次出现于 1964 年我国台湾地区"著作权法"，是指以没有著作财产权或著作财产权已经消灭的文字著述或美术著作为对象，经制版人就文字著述整理印刷，或就美术著作原件以影印或类似方式重制首次发行，并依法登记者。制版人就版面，专有以影印、印刷或类似方式重制之权利。显然此处的制版权不同于著作权，著作权必须属于创作，而制版权并不以创作为必要，只要有整理、排印即可。就权利性质而言，由于制版

---

① 梁艳：《传统知识非专有产权保护模式研究》，《甘肃社会科学》2017 年第 6 期。

权的目的并不在于鼓励或保护创作，而是鼓励文化传播，显然与邻接权的保护目的较为接近。国际上所规范的"邻接权"，主要保护录音录像制作者、表演者、广播电视组织者因文化传播而产生的劳动成果。从此角度观之，制版权与邻接权具有相同的目的与作用，因此制版权在性质上应归属于"邻接权"领域，与以创作为保护前提的著作权并不相同。①

关于邻接权，在某些国家或地区也称为与著作权相关的权利。"邻接"一词，一般认为是与版权法中的作者权利相邻接，如果扩大到整个知识产权法领域，则可以产生多种邻接权，如与商标权相邻接的商誉权及禁止不公平竞争权，与专利权相邻接的工业版权等。② 由此可见，邻接权并不是著作权法中独有的权利形态，只要是与某种权利有一定关联的权利内容都可以称为"邻接权"。邻接权的德文 Verwandte Schutzrechte 有学者译为"有关权"或"相关权"，我国《著作权法》即采用此译法。邻接权来源于国际公约和大多数国家所使用的英文 Neighboring Rights 译法，为学者所普遍接受。

学界普遍认为表演者权是早期邻接权的唯一内容，是现代邻接权的首要内容。③ 因为无线广播技术和录音录像技术受制于科学技术的发展，都晚于表演者权的产生。在邻接权的内容划分上，存在狭义和广义之分，狭义邻接权通常是指传统的邻接权，即表演者权、录制者权与广播组织者权。而广义的邻接权，已经囊括了几乎所有涉及传播作品的媒介所享有的权利。在意大利，除传统邻接权外，摄影作品、戏剧的布景作品、个人的书信及肖像、工程项目的设计等都被纳入邻接权范围。④ 德国也将出版者的版面设计及电影制版者权纳入邻接权范围。⑤

依据邻接权理论，对于知识的传播付出一定劳动的自然人、法人或其他组织无法成为知识财产权人，但可以获得与知识财产权人相关的权利。由上文分析，"邻接"一词，并不局限于著作权领域，可以扩大到整个知

---

① 谢铭洋：《智慧财产权法》，元照出版公司，2008，第 212 页。
② 郑成思：《版权法》，中国人民大学出版社，2009，第 56 页。
③ 郑成思：《版权法》，中国人民大学出版社，2009，第 57 页。
④ 意大利《版权法》第 86~99 条。
⑤ 联邦德国 1965 年《版权法》第 94 条。

识产权法领域，可以产生多种邻接权。对已形成稳定药物用途疗效的中医药传统知识医药信息，无法确定具体权利人，可以引入邻接权理论，建立中医药传统知识持有人或传承人制度，即中医药传统知识医药信息专用权相关的权利主体。

从法律保护的角度，传承人概念的产生要早于持有人，我国学者在论述民间文学艺术、传统知识等权利主体时一般都会将传承人纳入，如民间文学艺术保护涉及的权利主体就分为团体型主体、创作型主体和传承型主体三类。① 该分类直接将传承人视为传播者，而不是创作者。但是现实问题是，将传统知识纳入知识产权范围的最大障碍在于传统知识无法划定知识创造具体的时间界限，而时间界限的划分直接决定了谁是传统知识的创造者，谁是传统知识的传承人。有学者认为这种时间界限并不存在，因为传统知识一直在不断发展变化，"传统"并不等于一成不变。传承的第二要义，即在前人所传授的知识或技能的基础上加入自己的聪明才智，有所发明，有所创新，使传承的知识或技艺因创新和发明而有所增益。② 主体上，传承人呈纵向的接替状态，传承人从被传承人处传承技艺，再将技艺传承给下一个传承人，同一技艺会有若干个传承人。依此观点，那么传统知识的创造者与传承人就有可能重叠交叉，难以泾渭分明。而邻接权人呈横向的传播状态，即传播者并不存在纵向的接替关系，每一个传播者即单独构成同一作品的邻接权人。传播方式上，邻接权人在传播作品过程中有不同的传播方式，这种传播方式的创造性比较低，难以达到多数国家著作权"创造性"的要求。

传承人在中医药传统知识的传承中发挥着一种什么样的作用？传承与著作权中的传播是否为同一个意思？即传承是将中医药传统知识蕴含的治疗疾病的知识信息承继下来，不加任何创新或改造，还是在传承的过程中通过自己的不断消化吸收，然后再进行创造活动产生新的知识信息？从此角度我们将传承人分为两类，一是按既有的传统理论实践传统中医药，目的只是将所传承的项目完整、精确地传承下来，这一类传承人为"复制

---

① 胡云红、杨朝、胡海涛：《燕赵民间文化传承的法律保护机制研究》，载中国社会科学院知识产权中心编《非物质文化遗产保护问题研究》，知识产权出版社，2012，第316页。
② 刘锡诚：《传承与传承人论》，《河南教育学院学报》（哲学社会科学版）2006年第5期。

型传承人";二是在既有传统理论基础上作出创新性的理论或创新疗法，不仅具有"复制型传承人"的基本使命，还具有创新能力，这一类传承人为"创新型传承人"。

那么，上述两类传承人，哪一种更接近邻接权人？

传承人中的第一种"复制型传承人"似乎更接近于邻接权人，按既有的传统理论实践传统中医药，这种实践不是简单地依据所持有的传统秘方、配方等进行简单的复制，而是根据不同人的体质特征进行辨证论治，灵活运用医药理论，达到有效治疗疾病的作用，但这种运用还没有达到"创造"的高度。然而，邻接权毕竟产生了新的客体，如表演者依据原作品产生的表演活动，录音录像制作者产生的录音录像制品，广播电台、电视台产生的节目信号等，邻接权保护则是对因传播原作品而产生的新的客体的保护，从此角度，似乎第二种"创新型传承人"更符合邻接权人。

造成上述思路的误区在于我们混淆了作品内容与载体的区别。邻接权人因传播作品而付出的努力在于通过新的传播工具或新的载体形式进行传播，传播内容并未改变，如将现场舞蹈以录像的形式展现，传播是以忠实再现原作品内容为准。而第二种"创新型传承人"则是对原传承的医药信息进行内容的再创造，他的行为属于著作权中的改编、翻译等二次创作行为。

因此，第一种传承人只是单纯地起到"传播"知识信息的作用，更符合著作权意义上的邻接权人属性；第二种传承人的行为则应视为承继性的创新行为，符合著作权意义上权利人属性。从此角度看，直接使用传承人这一主体并不能有效解决中医药传统知识"传播者"与"创作者"的界限问题，导致权利主体模糊不清。

二　中医药传统知识"持有人"权利主体探索

《中医药法》首次以立法形式确定中医药传统知识持有人称谓，然而该法并未对持有人权利属性、持有人范围等进行规定。中医药传统知识持有人是否等同于传承人，立法为何摒弃传承人而采用持有人这一主体，值得我们深入探讨。法理背后的逻辑及立法用意可以为我们构建中医药传统知识医药信息专用权主体提供借鉴与参考。

(一) 传统知识语境下的"持有人"属性界定

持有人权利究竟一种行政保护，还是基于持有人所享有的民事私权而存在？2010年，IGC第十七届会议文件《保护传统知识：经修订的目标与原则》给出了选择性建议，认为传统知识持有人享有对传统知识的获取给予事先知情同意的权利，或按可适用的国家立法规定核准适当的国家主管单位给予此种同意的权利。即各国可以选择赋予传统知识持有人知情同意权，也可以通过立法由国家来行使知情同意权。

2012年IGC第二十一届会议出台《保护传统知识：条款草案》，在第5条权利的管理一节中，首次规定成员国应根据国内法与传统知识持有人的自由事先知情同意，与其协商，建立或指定一个或多个适当的国家或区域性主管机构行使持有人的权利。明确知情同意权作为一项私权由传统知识持有人享有，主管机关可以在持有人授权范围内行使知情同意权。2019年IGC出台《保护传统知识：条款草案》（第二次修订稿），第5条保护范围和条件进一步明确规定传统知识持有人/受益人享有知情同意权、惠益分享以及署名的精神权利等民事权利，并将从这种因使用而产生的利益中收取公正份额回报规定为一种专有、集体的权利。《中医药法》第43条第2款借鉴IGC做法，引入持有人享有知情同意权和利益分享权，从此角度观之，将持有人权利定义为私权保护模式，契合IGC的立法精神。

将中医药传统知识持有人所享有的知情同意权和利益分享权视为一种民事财产权利，符合中医药传统知识的法律特征。事实上，这种解读更有利于评析和认定持有人这一主体的私权保护模式。作为一项私有财产权利，持有人是否对其持有的中医药传统知识享有排他性的专有权利？对此学界存在不同观点。有学者认为《中医药法》单独规定了持有人享有知情同意权和利益分享权，本质上并未承认持有人权利是一种专有产权，这也是全国人大常委会最终通过的文本中，并未采纳全国人大《中医药法（草案）》中对于"中医药传统知识产权持有人"一词建议的原因，这表明《中医药法》并未将"中医药传统知识"作为一种"产权"赋予法定条件的权利人。持有是一种事实，在中医药秘方传承的过程中，受益人可能是家庭或者民族的集体，但持有人只是实际掌握、控制秘方的人，持有作为一种"非独占性"权利，意味着其他不确定的同等权利的存在。① 笔者认为，界定持有人权利是否属于排他性专有权利，主要取决于持有人是否有权排除他人未经其同意的获取和利用行为，从而实现其经济财产权利。通过研究发现，知情同意权和利益分享权并不是单独作为一项权利而存在，而是通过权利的组合共同构成持有人权利。换言之，《中医药法》并未直接规定持有人的专有权利，而是通过知情同意权来限制他人未经持有人同意的获取和利用行为，利益分享权则是保障知情同意权行使的权利获益行为，本质上是一种财产权利。从此点观之，持有人权利作为一项专有权利是成立的。

（二）中医药传统知识"持有人"的范畴界定

1. 法理语境下的"持有人"内涵界定

语境上，持有人更偏向于法律意义的解读，《布莱克法律词典》中"持有人"（holder）的含义是指"合法持有可转让票据、有权为其获取支付的人""合法占有物权凭证或者投资证券的人""控制财产或者使用财产的人"②。从该解释我们可以看出，法律上对持有人的解读更多的是出于一种占有或控制理论。在古罗马法中，"持有"只是作为"占有"要素的一个法律事实，在萨维尼的理论中，占有不仅应当有对"物"的自然持有，同时要有与之相对应的支配意图，令状保护是"占有"唯一直接的法律效果，并且构成占有权利。③ 其更类似物权占有概念，如某人拥有某一中医药家传秘方，或某一病患持有某中医师开具的处方，这种占有是通过对家传秘方、处方等具体物质载体的占有而成为持有人。然而，对持有人的另一种使用，是基于特定的法律事实或合法性原因对持有行为的法律关系作出调整，通过法律赋予或承认持有人区别于所有权人"拟制占有"的一种合法状态。

---

① 梁艳：《传统知识非专有产权保护模式研究——以中医药法为契机》，《甘肃社会科学》2017年第6期，第148页。
② Bryan A. Garner, *Black's Law Dictionary*, 2004, p. 749.
③ 〔德〕弗里德里希·卡尔·冯·萨维尼：《论占有》，朱虎、刘智慧译，法律出版社，2007，第3页。

2. 传统知识语境下的"持有人"范围

国际上,《生物多样性公约》以及《名古屋议定书》所确定的知情同意与惠益分享制度模式,主要围绕生物遗传资源国家主权原则创设,构建本国生物遗传资源获取管制与惠益分享机制。在该模式的指导下,目前全球至少已有60个国家和地区实行这一方式,并建立各种分享行为指南和示范性准则。这种基于国家主权原则,由国家行使知情同意与惠益分享具有明显的行政管理色彩,属于典型的公权力保护范畴。然而,《生物多样性公约》及《名古屋议定书》并未产生遗传资源"持有人"概念,遗传资源获取同意的主体为国家。IGC第九届会议《保护传统知识:经修订的目标与原则》文件中,将"传统知识持有人"界定为"世代传播该传统知识的传统或土著社区或人民,包括个人"。并将"代代相传""传统习惯"等作为成立持有人的要素条件,间接排除了对传统知识的创造,即"涉及基于传统知识的创造或创新/传统知识'派生物'",限于掌握、使用、传承传统知识的人。① 从该规定可以看出,传承人应属于持有人,但WIPO将在传统知识基础上作出创造行为的"创新型传承人"排除出持有人范围。而"世代传播"则被限定为一种"职业性的传承",排除只是持有某一个家传秘方或技艺自己却不会使用的这一类持有人,即对持有物只是有形占有,如持有某传统秘方或传统治疗方法、炮制工艺等相应医药信息的物质载体,但持有人并未受过系统的传统医药方面的培训或教育,无法进行传承行为。

显然,对于传统知识持有人我们不能简单地将其理解为物权法上的概念,传统知识语境中的"持有人"的持有对象是传统知识,属于无体物,同商标法的使用一样,已经超出了物权法的范畴。从实证的角度,知识产权关系中的对物关系体现为同物权关系的占有、使用、收益、处分。知识产权只是一种具有"可被同时分享性"的特殊的物,其他方面与物并无本质区别。② 而传统知识不仅可被同时分享,还"可被未知多人同时拥

---

① WIPO-IGC,《保护传统知识:经修订的目标与原则》,2006,第8页,https://www.wipo.int/meetings/en/topic_bodies.jsp?group_id=110&items=40,最后访问时间:2018年10月21日。

② 徐国栋:《民法哲学》,中国法制出版社,2009,第87页。

有",不具有独占性。任何一个持有人并没有排除其他合法持有人或者善意第三人的传承使用的权利,此时并不能达到"令状占有"的保护效果。因此,有学者认为,单纯持有某一传统秘方或技艺而自己不会使用的这一类持有人只能被视为知识产权原件持有人,如《著作权法》中对美术作品原件的持有者认定,为物权占有范畴。对该类中医药传统知识有形载体持有者,对其载体完全可以通过物权法保护,对其内容也可以通过商业秘密形式进行保护,对公开的内容也可以通过著作权保护。上述观点值得我们警惕,其直接将世代长期持有某一家传秘方的持有人排除出了保护范围,但这些尚处于未公开状态的中医药传统知识也是重要的文化遗产,家传秘方上记载的中医药传统知识医药信息是我们应予重点保护的,即使这些家传秘方日后被公开,但如果其持有人享有传承使用权,就有权禁止他人未经同意进行传承或使用,而这是物权法和著作权法所无法做到的,同时也违背 WIPO 的立法本意。

因此,将持有某一中医药传统知识有形载体而自己不会使用的人认定为持有人,更多的是从文化保存和激励传播的利益需求出发,契合《中医药法》对中医药传统知识保护的立法目的和精神。

从上述分析可以看出,中医药传统知识持有人包括两类,一是持有某一中医药传统知识有形载体而自己不会使用的人,二是中医药传统知识的"复制型传承人"。《中医药法》第43条第2款规定中医药传统知识持有人的传承使用权应该分为传承权和使用权,如果单纯持有某一中医药传统知识但不具有传承能力,并不妨碍使用的权利。因此,持有人与传承人具有交叉性,在法律上的使用不同只是基于公私权利保护方式不一样所采取的称谓不同而已,即"持有人"具有平等民事主体资格,而"传承人"更多的是从行政保护角度而言。医药信息专用权作为民事权利采用"持有人"权利主体概念,契合《中医药法》之立法精神。

三 医药信息专用权持有人权利主体类型

国家承认的集体概念,如传统社区/社群、部落、民族,或法律承认的"法人"或"非法人"实体,如代表国家行使权利的公益性/行政组织或国家承认的私人集体管理组织,以及基于个人权利主体的传统知识传承人等都有可能是持有人主体。

通过前文对于社区和集体的权利适格性分析，可以看出在有诸多殖民历史的国家，传统知识的权利主体往往会涉及政治权利的博弈，如国家与原住民利益的平衡问题。在坚持"非歧视性"原则基础上，一般采取国家主权原则，以传统社区、土著人民作为权利行使的实质主体，对外以国家代表传统社区、土著人民行使权利。此时，国家只是名义上的权利主体，只有当传统社区、土著人民利益与国家政策发生冲突时，权利主体才由原住民、社区让位于国家，国家成为事实主体。国际上普遍采用这一方式的如秘鲁《原住民生物资源集体知识保护制度法》规定，为了科学、商业或工业用途而获取集体知识，必须经过拥有知识的原住民代表的事先知情同意。菲律宾《土著人民权利法》规定，获取有关保存、利用和提高古老土地和领域的生物原住民知识和遗传资源，必须取得原住民文化社群/原住民事先知情同意。巴西《保护生物多样性和遗传资源暂行条例》规定由代表国家的一个管理理事会审议相关传统知识的授权，授权必须得到所有者的事先知情同意。印度《生物多样性法》则赋予国家生物多样性管理局和邦生物多样性管理局行使"知情同意权"，但仍将权利享有主体归为"与生物资源、创新以及相关惯例的使用有关的知识和信息的创造者和持有者"，国家只是作为对外行使行政职能审议的载体存在。

而在没有殖民历史、遗传资源和传统知识丰富的发展中国家则存在各民族利益平衡的问题，但总体划分较为简单，遵循一个国家的主权原则。在权利认定上，可由各民族主张作为本民族所持有的医药传统知识的主体，当出现涉及多个民族或多个区域，特别涉及多民族聚居区的某一医药传统知识时，由国家决定持有人共有的主体范围。

（一）国家

国家作为某一权利主体或物的所有权人，充当"民事主体"身份具有普遍的适用性。在所有权领域，国家所有权的客体主要分为经营性财产、自然资源、公有物和公用物以及无人认领的无主物等。然而，国家从出现之初即作为政治意义上的主权实体而存在，国家作为"民事主体"身份集"裁判员"和"运动员"于一身的弊病也遭到学界普遍反对，其认为国家公法主体身份必然会对平等的市场经济秩序造成不利影响，有损市场经济健康发展。因此，学界对国家充当"民事主体"持相当谨慎态度。

然而，国家充当"民事主体"，作为医药信息专用权的持有人，身份区别于上述情形。于中医药传统知识而言，经过文献化的中医药传统知识且无继承人或传承人、口头代代相传无法确认原始创作人等即可认定为民事范围内的无主物，由国家成为所有权人。于遗传资源而言，纯生态学意义的遗传资源根据国家领土范围而确认国家为所有权人，与中医药传统知识相关的遗传资源适用上述规定，即由国家成为所有权人。"公开的传统知识"指"被视为［传统知识］'持有人'的土著或当地社区之外的人可查询的［传统知识］。公众可以通过多种方式查询这种［传统知识］，同时也可以通过有形记录、互联网和其他种类的通信方式或记录获取。可以经过土著或不经过土著和当地社区授权，向第三方或向提供［传统知识］的土著和当地社区的非成员公开。"① 由于该部分中医药传统知识已进入公共领域，为了有效促进中医药传统知识的研究开发和有效利用，对于该部分中医药传统知识采取国家备案制，但外国人或外国组织商业性的利用与改进需征得国家或国家授权部门的事先知情同意。国家成为中医药传统知识持有人主体具有天然的正当性，有国家规定利用遗传资源完成的发明创造需要征得遗传资源"来源国"同意，对于持有人所享有的权利，国家可以通过设立专门机构或组织来代为行使，我国有学者就建议设立中医药传统知识管理委员会来承担全国中医药传统知识被不当利用和不当使用的监管工作。②

（二）集体

"集体"一词并非严格意义上的法律概念，通常是指一种团体组织形式，是一个社会学概念，与"个人"概念相对应，强调共同的经济、政

---

① WIPO,《关于传统知识可能采用的各种不同体现形式的清单和简要技术性解释》（WIPO/GRTKF/IC/17/INF/9），https://www.wipo.int/meetings/en/fulltext_mdocs.jsp?q=WIPO%2FGRTKF%2FIC%2F17%2FINF%2F9，最后访问时间：2019年3月22日。
② 西安交通大学知识产权研究中心：《〈中医药传统知识保护条例〉（草案）建议稿及起草说明》，2018。

治基础，共同的社会利益。法律概念中，我国《宪法》规定农村和城市郊区的土地，除由法律规定属于国家所有的以外，属于集体所有。这里的集体，是专指乡、镇、村、村民小组等，因此，集体概念更多的是一种组织或团体特征的概括性称谓。在传统知识领域，"集体"权利主体，具体包括传统社区、部族、某一民族、某一集体管理组织、社会团体等。

如何区分哪些传统知识属于传统社区、部族或某一民族所有，还是属于某个人所有，学界对此有过多种划分，其中WIPO与联合国环境规划署学者所做的研究划分极具参考意义，他们将属于传统社区/社群的传统知识归为以下几类。[1]

> 传统知识经过个人实践属于社区/社群所有；
>
> 传统知识经过社区实践属于社区/社群所有；
>
> 属于传统社区的传统知识但没有经过个人或社区/社群的实践；
>
> 已经被外界所公开的传统知识；
>
> 未被外界所公开的传统知识。

以是否经过实践来划分传统知识，可以较好地区分单纯持有某项传统知识还是经过实践或改进某项传统知识，为传统知识的动态性发展确定权利主体提供依据。

对于中医药传统知识而言，尤其是少数民族医药，中医药传统知识的持有或传承往往是由地域分布特点所决定的。特别是少数民族大杂居、小聚居的特点，较难形成传统知识的社区封闭性，且我国在政治和法律意义上并不存在"传统社区"概念，因此，在集体权利主体行使知情同意权时，更应考虑这一特殊情况。如涉及某一少数民族医药，则由自治区或自治县成立代表组织，统一行使授权；如来源于某一少数民族某一区域，则由该区域实行自治的组织代表统一行使授权。

具有集体特征的民间组织、社团，以及公司等法人均可以作为中医药

---

[1] Anil k. Gupta, *WIPO-UNEP Study on the Role of Intellectual Property Rights in the Sharing of Benefits Arising from the Use of Biological Resources and Associated Traditional Knowledge*, Indian Institute of Management, 2004, p. 202.

传统知识医药信息专用权持有人主体。

(三) 个人

由个人作为传统知识的持有人主要指以继承者或传承者身份持有或获得对某项传统知识的所有权。基于传统知识的群体创造性特点，个人作为持有人主体并不具有代表性，但仍然被诸多国家习惯法适用。如2002年《太平洋地区模范法》将传统知识持有者定义为群体、氏族或社群，或者被认为是群体、氏族或社群组成部分的个人。《传统泰医药知识保护与促进法》对民间个人处方进行保护。事实上，个人已经成为传统知识权利主体不可或缺的一部分，各国对于传统知识的持有和传承有相当比例是以个人形式进行的。"哪些"个人可以成为持有人主体比集体权利的认定更为复杂，特别是由集体享有持有人身份的传统知识中剥离出来的部分传统知识，对于利益平衡设计显得非常重要。

一般来说，从父辈继承下来的私人所有的中医药传统知识，不管是否经过个人实践，都不影响个人作为该中医药传统知识的持有人或受益人而存在。现实问题是，原先属于传统社区/社群，或已文献化的，或无法确认原始创作人的传统知识经过个人实践、修改、再次创造的那一部分传统知识是否可以直接归个人所有？个人对中医药传统知识进行改进是否需要征得原所有人同意，之后所产生的利益是否应该共享？借鉴我国《著作权法》对于二次创作作品的作者认定规定，上述问题有以下两种情形。

一是如果改进后的中医药传统知识来源于原某社区/群体/民族，原某社区/群体/民族作为原中医药传统知识持有人，该个人对改进后的中医药传统知识享有所有权，即成为医药信息专用权的专用权人。二是如果改进后的中医药传统知识来源于已经文献化的或无法确认原始创作人的中医药传统知识，已经文献化的中医药传统知识由国家作为持有人主体，该个人对改进后的传统知识享有所用权。

上述第一种情形属于我国《著作权法》中利用他人享有著作权的作品进行的二次创作行为，应征得原著作权人同意并支付相应报酬。第二种情形为利用已经过了版权保护期限或无法认定作者的作品进行的二次创作行为，无须征得著作权人同意，无须支付报酬。

然而，医药信息专用权之目的在于阻止他人未经同意的商业性开发利用行为，并不在于阻止其他人以传统方式使用，或进行理论创新研究。因此，涉及第三方商业性的利用与改进均需征得中医药传统知识专用权人事先知情同意；如果是出于研究学习或以传统方式使用，无须征得持有人同意。

第六章
中医药传统知识医药信息专用权之权利内容构建

第一节 医药信息专用权权利内容

权利以法律为保障确定行使的边界及义务的适当履行，构建一项权利需要研究该权利存在的合法基础，包括法理、伦理及社会秩序，涉及具体内容、权利构成要素及特征等。中医药传统知识医药信息专用权设计目的是通过赋予专用权人排他性权利，禁止他人未经同意利用专用权所享有的医药信息的商业性行为，这种商业性行为主要是指以商业为目的进行的产品研发，以及产品的销售、许诺销售、进口等行为。如利用传统中药及中药复方所披露的医药信息进行药物成分的提取等开发新药行为，以及新药上市后的销售、许诺销售、进口等行为；不包括对传统中药及中药复方所披露的医药信息本身进行研究的行为，如通过临床实践研究对传统复方进行药味加减，创立新的复方形式。因此，医药信息专用权之目的并不在于阻止他人使用中药及中药复方所披露的医药信息，而在于禁止其商业性行为。

医药信息专用权本质上似乎只是一种消极性权利，即排他性的权利，而不是直接地授予医药信息专用权人为某种行为的积极性权利。此点与专利权性质极为相似，正如1917年美国联邦最高法院指出"专利的唯一效果即限制他人制造、使用或出售被发明的东西"[1]。在专利法上，享有专

---

[1] Motion Picture Patents Co. v. Universal Film Mfg. Co., 243 U.S. 502 (1917).

利权并不能自由地实施专利，如新药的发明者即使获得了专利权，也不能自行销售新药，而必须完成一系列实验和报批手续，获得销售许可。① 利用医药信息进行相关产品如药品、医疗器械、保健品等的研究开发及上市销售也需要履行特殊审批手续。

然而，如果只从上述角度出发理解医药信息专用权似乎显得过于狭隘，医药信息专用权所保护之客体传统医药信息区别于专利权的本质在于，传统医药信息还具有传承发展功能以及文化上的延续功能。因此，医药信息专用权除了排他性的消极性权利，还应该包括积极性权利。一般而言，传统知识的知识产权保护所产生的权利，概括起来表现为以下四种类型：控制披露和使用的权利；商业获利的权利；获得公认和承认归属的权利；防止贬损、侵犯和歪曲使用的权利。②

厘清医药信息专用权这一本质有利于本书构建适合的权利内容。

2016 年我国颁布的《中医药法》第 43 条第 2 款规定中医药传统知识持有人对持有的中医药传统知识享有传承使用的权利，对他人获取、利用持有的中医药传统知识享有知情同意和利益分享等权利。该条明确规定中医药传统知识持有人享有传承使用权、知情同意权和利益分享权。前文对持有人作为专用权人的适格主体进行过充分的论述，但这种论述是建立在《中医药法》尚未对持有人的范畴作出界定的情况下，是否契合《中医药法》背后的立法目的和精神还有待进一步讨论。因此，《中医药法》持有人所享有的传承使用权、知情同意权和利益分享权是否可以直接适用于医药信息专用权，仍然需要进行多方论证、求索。

传承使用权究竟是一项民事权利，还是国家公权力？大多学者偏向于认为属于公权力范畴，如我国《非物质文化遗产法》主要赋予传承人传承使命和义务，而不是一项民事权利。③ 但也有学者认为，从《非物质文化遗产保护公约》角度而言，公约并不排斥各国通过赋予传承的私权利

---

① 王迁：《知识产权法教程》，中国人民大学出版社，2016，第 337 页。
② 李昶、黄璐琦、肖培根、王永炎：《道地药材的知识产权保护研究》，上海科学技术出版社，2011，第 186 页。
③ 郭宝：《非物质文化遗产代表性传承人的权利保护》，《法制与社会》2016 年第 6 期。

来保护包括传统医药在内的非物质文化遗产。① 对此，《中医药法》也并未给出相应的解释。笔者认为，传承使用权从本质来说应是一项积极的民事权利，即持有人享有对持有的中医药传统知识传承使用的权利，当然也有权利禁止他人未经同意擅自传承使用的权利。这种权利的行使有助于跳出传承人角色，促进传承主体的多元化，对于某些持有中医药传统知识但自己不会传承，或者自己不愿意传承的持有人来说，可以授权许可他人传承使用，因此，传承使用权可以作为医药信息专用权权利内容之一。

医药信息专用权本质上作为一种排他性权利，即已包含通过事先同意可以阻却排他性而不成立侵权事由。他人经过专用权人同意，即可行使利用医药信息进行商业性行为，反之，专用权人可提起侵权诉讼，请求承担侵权责任。从此角度而言，知情同意权似乎没有设立之必要，通过医药信息专用权即可间接保护知情同意权，持有人的知情同意权也完全可以阻却他人未经同意擅自利用中医药传统知识医药信息的商业性行为。解答这一问题，需要深入探究知情同意权的内在含义及范围，以确定知情同意权设立之必要。而为了保护中医药传统知识医药信息不被"生物海盗"行为所侵蚀，利益分享权自然应该成为医药信息专用权内容之一，这符合法之公平正义之要求。

一 传承使用权的权利属性——基于传承人与持有人角度

私权利保护设计中，一般分为积极性权利和消极性权利：积极性权利即法律直接规定权利主体享有某项权利，他人不得加以干涉；消极性权利为禁止性权利，即未经权利人同意，不得使用权利人所享有的权利行为。如我国《著作权法》中关于著作权人享有复制、发行、演绎等权利属于积极性权利，但同时享有限制他人未经同意的复制、发行、演绎等权利，即属于消极性权利。

《中医药法》规定中医药传统知识持有人对持有的中医药传统知识享有传承使用的权利，这种权利属于积极性权利无疑。然而，《中医药法》

---

① 李一丁：《论非物质文化遗产传承人私权利相关的几个问题》，《文化遗产》2015年第4期。

是否赋予中医药传统知识持有人的消极性权利，即持有人是否有权限制他人传承使用持有的传统知识，从条文中似乎并不能得出肯定的结论。消极性权利的认定对持有人法律属性的界定起着至关重要的作用，即《中医药法》规定的传承使用权究竟是一种私权利还是公权力。

"传承"一词为传授、继承之意，正式的法律文本来源于我国《非物质文化遗产法》，规定为将现有的、基于濒危状态的传统知识完整、准确地传承给下一代，不至于灭绝、失传。我国《中医药法》第42条规定，对具有重要学术价值的中医药理论和技术方法，省级以上人民政府中医药主管部门应当组织遴选本行政区域内的中医药学术传承项目和传承人，并为传承活动提供必要的条件。传承人应当开展传承活动，培养后继人才，收集整理并妥善保存相关的学术资料。属于非物质文化遗产代表性项目的，依据《非物质文化遗产法》的有关规定开展传承活动。我国《非物质文化遗产法》规定，可通过行政手段遴选传承人，并为传承人提供相应的物质条件支持，传承人按照规定开展传承活动，传承人更多的承载的是一种荣誉和使命。《中医药法》沿袭《非物质文化遗产法》的行政保护手段，实现对《非物质文化遗产法》的制度衔接，从此角度来说，《中医药法》的传承使用权似乎属于公权力保护范畴？

从《非物质文化遗产法》及《中医药法》立法目的来看，传承更应视为一种义务或责任，而不仅仅是一项权利。而从行政保护性质出发，传承人由国家依据法定程序确定，法律并未赋予传承人有将属于自己的传承项目或活动转让传承或许可他人传承的权利。从《非物质文化遗产法》角度而言，传承使用权更多的应是一种行政确权。《中医药法》所规定的传承使用权也不是一项严格意义上的民事权利，而是国家行政确权的行政保护行为。

然而，细细研究我们发现，上述结论建立在《中医药法》第42条的基础之上，规定的主体为传承人，并不是《中医药法》第43条第2款的持有人主体，而对持有人的认定，《中医药法》并未给出明确的规定。事实上，从该款持有人享有的知情同意权和利益分享权是一项典型的民事权利来看，传承使用权更应解读为一项民事权利，与知情同意权和利益分享权共同构成以持有人为主体的私权保护制度。

以私权保护为基准，传承使用权作为一项私权，应享有积极性权利与排他性的消极性权利。为了有效地实现上述两种权利，传承使用权可以划分为传承权和使用权两部分，传承意为传授、继承，依民事权利意思自治原则，权利人即持有人完全可以自由决定将持有的中医药传统知识亲自传授或授权许可他人传授并决定继承人，也有权禁止未经同意的传承、使用持有的中医药传统知识的权利。

二　商业性开发、利用权与利益分享权

严格来说，商业性开发、利用权是医药信息专用权中的排他性权利，主要作用在于排除他人未经同意利用医药信息从事商业性开发行为。但排他性权利并不意味着权利人自己不可以使用，只是不能"自由"使用，专用权人仍然享有商业性开发、利用的权利，包括自己使用或许可他人使用的积极权利。对于涉及医药方面的药品、医疗器械、保健品等尽管需要具备一定的资格和条件才能实现商业性开发和利用行为，但权利本身不能限制权利人享有此项权利，不具备资格或条件实施的权利人可以许可给有资质的其他人使用，以实现财产权利益，而这与私权属性并不违背。如我国《药品管理法》中规定不具有药品生产资质的药品研制机构的药品上市许可人可以委托药品生产企业生产。

由于中医药传统知识与其他知识产权相比具有更强的公共属性，所以保护中医药传统知识更应强调对人类社会的生存和发展的维护，而并非赋予特定主体以垄断地位而获取经济利益。因此，中医药传统知识所有人或持有人所能获得的权利与传统知识产权相比在内容上是不同的。① 因此，本书在设计中医药传统知识医药信息专用权的权利内容时，最终目的是通过权利制度的设计防止民族、部族、社区以外的人，未经同意擅自获取并不当占有和利用中医药传统知识所披露的医药信息的商业性行为。任何基于中医药传统知识的商业性行为而产生的权利不得与传统社区的实践和价值观相冲突，不得与医药信息专用权相冲突。

商业性开发和利用行为是指为商业目的而依赖传统医药信息为指引进

---

① 杨明：《传统知识的法律保护：模式选择与制度设计》，《法商研究》2006年第1期。

行的相关产品研究开发,以及对研发后的产品进行销售、许诺销售、进口行为,或以其他方式直接将传统医药信息用于商业目的行为,包括利用传统医药信息而研究开发的方法或工艺。那么对于这种商业性行为应该如何界定,以体现中医药传统知识的特性?

(一) 商业性开发、利用权

"商业"一词严格来说并不是一个法律意义上的概念,而更偏向于经济领域。它是一种以货币为媒介进行交换实现商品流通的经济活动,更通俗的说,是通过买卖方式使商品流通的经济活动。但商业并不一定等同于营利,如一些慈善基金会作出的非营利性的商业行为,因此,商业也可以具有公益性质。在法律上对商业进行界定具有复杂性。我国《植物新品种保护条例》第6条规定,不得为商业目的生产或者销售该授权品种的繁殖材料;《集成电路布图设计保护条例》第2条规定,商业利用是指为商业目的进口、销售或者以其他方式提供受保护的布图设计。但上述两部行政法规均未对商业目的概念进行界定。

在法律上,对于某些行为是否构成合理使用或侵权的免责事由,通常以是否构成"营利"为目的进行界定,如我国《专利法》第77条规定的以"生产经营目的"。营利是指以金钱、财务、劳务等为资本而获得经济上的利益,一般与非营利、公益性等相对应存在。营利属于一种经济上的获利行为,排除于科学研究、日常个人自用等行为,而商业属于商品流通的经济活动,但这种经济活动并不一定是获利行为,商业行为在范畴上明显大于营利行为。因此,此种语境下的商业性开发和利用行为应指可能涉及商品流通所产生的所有经济活动,包括对传统医药信息进行产品研究开发行为,产品上市销售、许诺销售、进口行为,对产品的商业性宣传行为等,如利用医药信息指导传统中草药的研发,包括揭示、分离、提纯、复制和使用遗传资源所包括的基因、DNA片段等遗传物质或有效药用物质成分,利用该有效药用物质成分生产新药并上市销售等行为。而基于医药信息本身以传统方式所进行的使用、开发及研究行为,由于不具有产品流通及营利性质,则不属于商业性开发利用行为,如对传统医药典籍所记载的复方、中药等进行研究,将传统中药、复方使用于临床实践或教学中等。但只要某产品含有中药、中药复方等记载的医药信息,或者利用医药信息开发产品并使用、销售、进口及广告宣传等则属于商业性开发、利用行为。

2019年6月，IGC第四十届会议以文件WIPO/GRTKF/IC/40/4为基础，编拟了《保护传统知识：条款草案》（协调人修订稿）。该修订稿将受保护的传统知识定义为在某种产品中或某种产品是在受保护的传统知识基础上被开发或取得的，包括（ⅰ）在传统范围以外生产、进口、许诺销售、销售、存储或使用该产品；（ⅱ）为在传统范围以外许诺销售、销售或使用产品而占有该产品；以及受保护传统知识被含在某种方法之中或某种方法是在受保护传统知识的基础上被开发或取得的：（a）在传统范围以外使用该方法；（b）对使用该方法直接产生的产品进行前项所述行为；（c）在非商业研发中使用受保护传统知识；（d）在商业性研发中使用受保护传统知识。① 显然，IGC对于传统知识保护借鉴的是专利制度中对发明产品和方法专利的保护方式，一切利用传统知识并在传统范围以外进行开发和取得产品的生产、进口、许诺销售、销售行为以及基于传统知识所产生的方法等均属于法律所禁止的行为。

商业性开发和利用权是指单位或者个人对持有的中医药传统知识医药信息享有排他的独占权。在消极权利方面，任何单位或者个人未经持有人许可，不得为商业目的依赖该传统医药信息进行相关产品的研究、开发以及销售、许诺销售、进口相关产品，或者以其他方式提供受保护的含有医药信息的产品，以及前款所述相关产品的研究方法、对传统医药信息进行研究开发获得新的方法。在积极权利方面，持有人可以在自己具备相应资质的情况下，自行实施或者授予、许可具有相应资质的其他个人或组织实施基于医药信息的商业性开发和利用。

（二）利益分享权

有学者认为，给予独占权可能限制而不是促进传统知识的使用，也可能与传统和土著社区的实践和价值相冲突，另一种可选择的方式也许是提供获得报酬的权利，不与行使独占权相联系。② 对传统知识进行保护的最

---

① WIPO-IGC,《保护传统知识：条款草案》，WIPO/GRTKF/IC/40/18, https://www.wipo.int/meetings/en/doc_details.jsp?doc_id=439126, 最后访问时间：2019年10月21日。
② 〔阿〕卡洛斯·M. 科雷亚:《传统知识与知识产权：与传统知识保护有关的问题与意见》，国家知识产权条法司译，2003，第45页。

终目的并不在于阻止他人开发利用，而在于阻止未经许可的无序开发及无偿利用，强调的法律保护意义在于公平合理的惠益分享。民族、部族、社区作为中医药传统知识的权利主体，享有在商业上的获利回报权。

第二节　医药信息专用权确权登记与数据库保护制度

一　确权登记审批制度

《中医药法》确认中医药传统知识持有人享有传承使用权、获取和使用的知情同意权以及利益分享权，然而对持有人身份以及享有的相应权利如何认定，并未给予明确规定。从民法基本理论出发，某种权利或权利身份的获取通常有两种方式：一种是先占，即通过事实占有而获得所有权，以事实占有行使所有权的保护，物权即为典型例证；另一种即通过法律规定进行确权，这种情况通常难以通过占有实现对客体的控制，如知识产权等无形财产权。

通过先占理论分析，中医药传统知识持有人因对某项承载中医药传统知识的物质化载体占有而享有持有人身份，如对某类家传秘方、验方、单据的占有等，可成立持有人身份。然而，《中医药法》所要保护的客体——中医药传统知识为该单据上所记载的秘方、验方等中药配伍组成，类似于《著作权法》中匿名作品持有人或"孤儿作品"持有人身份，但匿名作品和"孤儿作品"并不是以"先占"来确定权利主体，而是通过《著作权法》赋予作品权利人的主体身份。实际上，中医药传统知识客体主要是以中医药传统理论知识、诊疗经验、炮制工艺、传统技艺、老字号等非物质形态存在，难以通过先占取得持有人身份。知识产权制度设计中，知识产权的取得通常有多种方式，如通过登记审批确权的专利权、商标权、植物新品种权、集成电路布图设计权等，也有不需要经过任何官方审批即可确认的权利，如著作权、商业秘密保护等。

国际上，对于传统知识进行登记注册或备案较为普遍，但仍然存在较大争议。传统知识的登记注册或备案制度可以起到多种功能作用，包括确权登记，建立某种权利，为专利审查提供授权参考信息，实现传统知识的系统化管理，便利信息的检索和获取。清晰的确权制度可以明确何种传统知识归哪一类权利主体所有，以及使用者对权利主体应承担的责任和义务等。但同时登记注册制度也存在一系列问题，如某些未公开的传统知识可能因为强制披露而加速其被盗用或滥用；登记注册程序要求繁琐，有可能牺牲更多"正宗"或"当地"社群而使更有"组织"的资源方获利；将口头形式传播的传统知识，以表演或翻译的形式不当固定下来，有可能将传统知识从习惯法情境中剥离。①尽管如此，以注册登记确定传统知识的保护方式仍然受到众多国家支持，如巴拿马、泰国、葡萄牙、秘鲁等。《生物多样性公约》缔约国大会也持相同态度，认为注册登记是"保护传统知识的唯一方式"，而且"应当自愿建立，注册只能在取得原住民和当地社群事先知情同意的情况下进行"②。巴拿马法律规定传统知识需要经原住民权威机构要求注册，履行必要的步骤和手续，才能获得法律承认。即传统知识如果想获得法律保护，注册是必要的程序，与我国的商标只有经注册才能享有商标法所赋予的商标权保护相类似。泰国将传统医药处方分为普通处方、私人处方和国家处方三类进行管理，其中私人处方通过登记获得法律保护，各个省建立专门的注册办公室。葡萄牙通过政府设立登记簿，对传统知识进行认定、说明和注册，并在官方公报中公布。与其他国家不同的是，葡萄牙对处于保密且未公开状态的传统知识只公开登记名称，对相关技术内容等详细信息，申请人可以自由选择是否披露。而秘鲁是全球为数不多通过特别确权模式保护传统知识的国家之一，其对传统知识进行注册登记，注册分成三个层次，即公共领域集体传统知识的注册、国家级集体传统知识的保密性注册以及地方级集体传统知识的注册。其中公共领域集体传统知识的注册主要用来供公众自由免费获取，以及用于世界专利局审查确认在先技术。各国通过注册登记制度确定传统知识保护范围及模式，并通过注册申请人/所有者确定传统知识权利主体。

---

① 〔德〕莱万斯基：《原住民遗产与知识产权：遗传资源、传统知识和民间文学艺术》，廖冰冰、刘硕、卢骆译，中国民主法制出版社，2011，第138页。
② Convention on Biological Diversity, Conference of Parties Decision VIII/5（"Article 8（J）and related provisions"），https：//www.cbd.int/meetings/COP - 05，最后访问时间：2019年3月22日。

通过上述分析，基于中医药传统知识的客体无形性以及容易被盗用等风险，通过确权登记制度有利于建立清晰的医药信息产权制度，也有利于构建符合我国国情的中医药传统知识数据库，而这也是《中医药法》所明确规定的内容。建立完备的中医药传统知识确权登记制度需要厘清中医药传统知识的范围以及权利归属、确权登记程序及要求、复审及异议制度、明确登记的主体机关或组织等。

确权登记在某种程度上与物权制度类似，以公示来宣告权利的存在，否则不能对抗善意第三人，如我国的不动产登记制度、专利权质押等都采取权利登记生效主义。但确权登记是采用备案登记还是审批登记，在学界具有较大争议。赞成采用备案登记的学者认为，备案登记可以促进中医药传统知识持有人基于自身利益的动机申请，较快形成民族地区中医药传统知识名录及数据库；而审批登记需要经过实质性审查，周期漫长，极易挫伤持有人申报的积极性，且负责审批登记的主管机关或组织是否具有审批所有中医药传统知识的能力尚存疑问，国际上传统知识保护较好的国家如秘鲁采用的即是备案登记制度。而持审批登记观点的学者则认为，通过设立严格的审批制度，有利于筛选真正有价值的中医药传统知识以及真正的持有人或传承人，不经过实质审批的备案制度，无法分辨真正的中医药传统知识持有人、传承人，对权利的确定及后期侵权认定会造成极大障碍，因此，从长远看，只有经过实质审查的中医药传统知识所形成的权利，才能有效发挥"防止盗用或滥用"的作用。在我国，经审批登记获得权利的知识产权类型主要有专利权、商标权、集成电路布图设计权、植物新品种权、地理标志权等，它们的共同特征是权利并不是自然形成的，而是需要符合一定的实质性条件，经过复杂的行政审批程序，由行政机关最终审批确权登记而产生。

中医药传统知识与上述依行政审批而获得知识产权的类型不同点在于，除了少数是在传承过程中进行的创新以外，大部分中医药传统知识已进入公共领域，比如众多经典古方、名方、炮制技艺等。对于中医药传统知识的发展更多的在于传承，而上述诸如专利权、商标权、集成电路布图设计权等实质审查中主要强调的是创造客体的新意，保护的是新创造、新方法，因此，中医药传统知识的实质性审查似无必要，且备案登记中并不排除审查，大部分备案登记制均采用与形式审查相结合模式，且都配有后续的监督检查机制。

笔者认为，中医药传统知识的保护不仅在于保护传承，也在于保护创新，防止中医药传统知识的盗用和滥用必须具有清晰的产权结构，权利主体明确才能实现有效的知情同意和利益分享模式。中医药传统知识是经数代相传，已经形成稳定的具有特殊治疗效果的技术知识体系，极易被盗用或滥用，由于历史原因，有部分技术知识分散在个人及社群之中，大部分则进入公共领域。一方面，实质性审查制度的建立可以有效防止他人将已进入公共领域的中医药传统知识登记到自己名下，同时，有利于解决不同主体共同拥有同一个中医药传统知识而发生产权纠纷的问题；另一方面，通过实质性审查，可以决定哪些中医药传统知识是在传承过程中产生的创新，从而确认对新的主体及权利的认定。

以专利权为例，一系列制度原则包括先申请原则、优先权原则、在先使用原则、禁止重复授权及单一性原则，共同构成专利申请的程序性规则。通过考察上述不同知识产权类型权利确权登记程序以及国际经验，探索寻求适合中医药传统知识的确权登记程序制度具有重要意义。

（一）程序制度设计

专利权、商标权等因保护创新主体的知识产权利益，注重创新的时效性，禁止他人抄袭或模仿他人创新成果而申请权利，因此，法律规定"谁先申请，谁先获得授权"原则，在主体授权上具有排他性。中医药传统知识申请登记的主体主要为持有人，并不是原始创造知识产权成果的人，区别于上述确权登记的知识产权类型，在法律性质上类似于《著作权法》中的邻接权人，即传播者。中医药传统知识由于属于非创新性成果或二次创新成果（如传承上的再创新），相同的中医药传统知识并不排除存在数个合法持有人，如何保护数个合法持有人都可以成为申请登记的权利主体，又不至于无限期地拖延确权登记的时间节点，是我们必须解决的首要问题。

中医药传统知识的审批登记是对已经存在的中医药传统知识进行确权，与《商标法》中对商标的确权具有相同性质和功能。商标申请注册前可以使用，但无法受到《商标法》的保护，也不享有具有排他性的商标专用权。为了防止在商标注册申请时，将已经合法使用并具有一定影响的商标申请注册或将他人相近似的商标申请注册在相同或类似的商品上，导致商标权利人发生利益冲突，故在商标初审合格后设立 3 个月异议时间。中医药传统知识的申请程序可以借鉴该制度，以首个申请人申请登记的时间确定申请日，由受理申请登记的主管机关或组织自初审合格后，发出公告，公告期限为 6 个月，申请正式进入两个阶段：一为异议阶段，即给予真正的中医药传统知识持有人提出异议的救济程序，可以主张排除申请人作为持有人的适格主体；二为补充阶段，即在公告期限内，其他合法持有人可以申请补充参加到该确权审批程序中，共同成为权利人。两个阶段可以同时进行，时间以公告期限为准。公告期限届满，如果有第三人提出排他性的异议程序，则分两种情况处理：如果有补充申请人，补充申请人与原申请人共同作为异议程序的被异议人加入异议程序中；如果没有补充申请人，则由异议人与申请人进入异议程序，由登记主管机关进行裁决。公告期限届满，如果没有异议人或补充申请人，则申请正式进入实审阶段。

实审阶段主要包括主体适格审查和内容价值审查。主体适格审查主要是对申请人所持有中医药传统知识的资格审查，以防止对本应属于由国家注册登记的已进入公共领域的中医药传统知识或其他持有人所持有的中医药传统知识错误地登记于不适格主体名下，并根据该中医药传统知识判断持有人是单纯持有还是创造性持有（传承上的再创新），以方便选择确定所要登记的内容及分类。内容价值审查主要以"商业新颖性、医药信息用途的独特性、医药信息稳定性和有效性"为审查标准，审查中医药传统知识医药信息内容的性质，并对中医药传统知识实际价值进行评估，防止对临床无实际价值的中医药传统知识错误地授予专用权。我国早在 1983 年即发布《卫生部关于整理研究民间单、验、秘方等有关问题的通知》中指出，对献出的单、验、秘方、医籍和特效疗法等，经过筛选、临床验证、鉴定确有价值者，应视价值的大小给予适当奖励。内容价值审查完全可以借鉴上述对于单、验、秘方、特效疗法的验证方法，建立医药信息专用权具体审查标准。

（二） 登记内容与分类

中医药传统知识的确权登记具有公开、公示作用，明确权利主体，可以有效地对抗第三人的侵权行为。经过确权登记的中医药传统知识，最终以数据库形式披露，公众可以通过检索来实现对权利主体的查询。印度、菲律宾、墨西哥等国已建立传统知识数字图书馆，韩国建立传统知识门户网站，秘鲁建立集体公共知识国家清单，而我国也一直努力尝试建立中医药传统知识保护名录数据库，通过数据库公开传统知识被认为是一种有效防止传统知识被盗用和滥用的防御性保护方式。

然而该种做法也遭到普遍质疑，数据库的公开尽管某种程度可以因披露现有技术而阻止他人获得专利权，但同时无疑是将本国的传统知识"奉献"出去，容易遭遇更大范围的"生物海盗"行为，而在未来随着本国制药技术的进一步发展，数据库的公开也进一步限制了我们自己利用传统知识进行技术变革、申请专利的机会。

如何避免出现上述情况，建立权利确权登记后的信息公开披露机制，这有赖于对登记内容层级的划分与管理，以及获取知情同意的合理设计。笔者认为可以借鉴前述秘鲁、泰国和葡萄牙传统医药知识的登记制度，建立中医药传统知识的有限公开登记制度。

我国中医药传统知识的登记可以分为三个等级：第一等级，以国家为主体进行登记的公共领域中医药传统知识，采用数据库形式完全公开；第二等级，以民族、自治区、村、社团、公司、协会等其他组织以集体名义进行登记持有的中医药传统知识，采用部分公开+选择性披露；第三等级，以自然人个人名义对持有的中医药传统知识进行登记，由其选择是公开还是保密，采取保密方式进行登记的只登记持有人及持有的中医药传统知识具体名称。对于第二等级和第三等级采用保密方式进行的登记，由使用者与持有人联系，取得持有人同意并签订获取和惠益分享协议。

二 权利登记内容——权利要求设计书的内容披露

中医药传统知识医药信息专用权设计的目的在于赋予中医药传统知识所有人（创新型传承人）或持有人享有中医药传统知识医药信息的独占排他权，未经许可不得擅自从事以商业目的的产品开发、利用行为。而实现这一目的，需要解决两个问题，即如何确定传统医药信息的来源（证明侵犯谁的权利），以及如何监控他人未经同意进行商业性开发、利用行为（证明他人实施了侵权行为）。

如何确定生物遗传资源的来源国，相较于传统知识来说则显得较为简单。遗传资源作为有形实体对获取者而言，不管是通过官方或非官方登记的考察，还是以旅游为名的盗取等，所获取遗传资源的国家或地区是非常清楚且明确的，问题是如果获取者采用秘密盗取方式，遗传资源所在国如何确定其实际来源地为本国，尤其是某一遗传资源散见于多个区域或国家。国际上一般是通过本国科研考察形式确立所辖区域内生物遗传资源物种数量及特征，通常以建立数据库形式进行遗传资源相关信息的说明，而这也是确定一国物种资源最为普遍的方式之一。

为监控他人对本国遗传资源的盗用并进行商业性开发、利用行为，有效保护研究成果，对利用遗传资源所完成的发明创造通常采用申请专利的方式。由于专利要求的技术公开披露往往会涉及对原材料的利用等相关信息，通过对专利的监测比较容易发现他人的盗用行为，如我国的人参蜂王浆被美国申请专利，日本利用我国传统中药复方"六神丸"开发的"救心丸"申请专利，美国利用印度楝树种子提取物防治植物真菌病的方法专利、利用姜黄治疗伤口申请专利等均是通过专利文献中所披露的技术来源得知盗用行为。在《生物多样性公约》的持续努力下，将来源披露制度纳入现行专利制度已成为世界各国采用的方式。各国通过国内法律实践创设了多种来源披露形式，包括自愿披露、强制披露和许可证披露等。我国 2008 年《专利法》修订时即规定对利用遗传资源所完成的发明创造获取专利权采用强制披露义务。但如果采用商业秘密保护方式则较为隐蔽，遗传资源来源国较难发现这种商业性盗用行为。为了防止盗用遗传资源行为，《名古屋议定书》第 17 条对监测遗传资源做了较为全面的阐述，建立多个检查点（checkpoints）作为监测遗传资源利用问题的主要机关。各国在践行《生物多样性公约》过程中，对于生物遗传资源的获取采取较为严格的监控，对于未经许可以其他方式盗用遗传资源的行为制定了较为严厉的处罚措施。

与遗传资源相比，传统知识则显得更为复杂。由于传统知识的无形性以及具有较强的民族、部族、社区文化特性，研究和整理传统知识大多是被动的，且对属于社区的传统知识的分类的复杂性也导致这种数据库的整理注定是无法依靠国家主动完成的。① 因此，登记制度就成为传统知识最为重要的统计整理手段之一，特别是个人持有的传统知识。清晰的产权登记制度有利于解决医药信息来源的问题，即证明侵犯了谁的权利。因此，权利登记的内容和范围成为必须予以解决的问题。

医药信息专用权以商业为目的的使用是指利用中医药传统知识的医药信息进行产品的研发或上市销售的商业化行为，一般来说是指利用中医药传统知识的医药信息开发研制新药，包括提取有效物质成分、研制保健品或医疗器械等产品。三大传统知识产权法中，著作权法保护的是作品的表达方式而不是思想，对于中医药传统知识的医药信息，传达的就是预防、诊断或治疗某种疾病的医药信息，表现在行为上就是对药用信息思想的应用。对于商标法而言，商标保护的是一种商业标识，也无法囊括这种保护模式。专利制度在于保护技术方案的实施，对于产品专利而言，未经授权他人不得擅自使用、销售、许诺销售和进口该专利保护的产品，并通过权利要求书的形式披露产品的技术特征和技术方案。换句话说，专利法是以保护产品的方式保护技术方案，判断是否侵犯专利权，并不是产品之间进行对比，而是将被控侵权产品与专利的技术方案进行对比，不同产品可能来源于同一个技术方案，而这个技术方案则是通过权利要求书的形式展现出来，即判断侵权时，只需要以权利要求书为准。

医药信息专用权的侵权行为往往也是以产品的形式表现的，如药品、医疗器械、保健品等，但这些产品是依赖于传统医药信息而进行的研究开发，模式为"传统医药信息—技术方案—产品"，而专利权的模式为"技术方案—产品"。专利法保护技术方案，医药信息专用权保护的是传统医药信息，通过披露相应的传统医药信息进行比对，实现对侵权的监督。因此，专利权利要求书的设计有利于本书构建医药信息登记的披露模式。

---

① Anil k. Gupta, *WIPO-UNEP Study on the Role of Intellectual Property Rights in the Sharing of Benefits Arising from the Use of Biological Resources and Associated Traditional Knowledge*, Indian Institute of Management, 2004, p. 212.

对于中医药传统知识医药信息的权利要求书设计，本书以中医药传统知识的特性为立足点，依据一定的标准认定侵权行为，对中医药传统知识医药信息专用权进行全面保护。在提交医药信息专用权登记时，可以借鉴专利权利要求书对技术方案的披露要求，提交相应的申请文件。

中医药传统知识医药信息专用权权利要求书设计如下（为了方便理解，下面仍以专利权利要求书的形式展现）。

单味中药（中草药）的权利要求：

一、前序部分：本专用权涉及一种中医药传统知识医药信息，该中医药传统知识传统中草药涉及的医药信息包括国际通用名称为××，地方（区域）通用名称为××，属于植物药分类中××科、××属，根、茎、叶的形态为×××××；

二、特征部分：该中医药传统知识传统中草药医药信息涉及的药用价值在于根/茎/叶部（如几个部位都可做药用，可分别叙述），可以用于治疗××××疾病，于现代医学角度相较，可相匹配的疾病有××××。

中药复方的权利要求：

一、前序部分：本专用权涉及一种中医药传统知识医药信息，该中医药传统知识中药复方涉及的医药信息包括国际通用名称为××，地方（区域）通用名称为××，涉及的中药（中草药）包括××、××、××、××；

二、特征部分：该中医药传统知识中药复方医药信息涉及的药用价值在于上述中药（中草药）的组合，可以用于治疗××××疾病，于现代医学角度相较，可相匹配的疾病有××××。

另一种权利要求模式可采用应用领域限定的方式。

单味中药（中草药）的权利要求：

一、前序部分：一种中医药传统知识传统中草药涉及的医药信息可用于治疗××××疾病的药物，国际通用名称为××，地方（区域）通用名称为××，来源于××区域，属于植物药分类中××门、××纲，根、茎、叶的形态为×××××；

二、特征部分：特征在于，生产治疗××××疾病的药物是应用了中医药传统知识医药信息中×的……功效，该功效是来源于……（注明文献或来源）

中药复方的权利要求：

一、前序部分：一种中医药传统知识中药复方涉及的医药信息可用于治疗××××疾病的药物组合物，国际通用名称为××，地方（区域）通用名称为××，组成包括以下中药（中成药），××、××、××、××；

二、特征部分：特征在于，生产治疗××××疾病的药物是应用了中医药传统知识中药复方涉及的医药信息药物组合物的……功效，该功效是来源于……（注明文献或来源）

上述两种权利要求模式还可以继续衍生一系列从属权利要求，如某种中医药传统知识中药/中药复方所涉及的医药信息具有若干项医药用途，可以成立各独立权利要求，对于中医药传统知识的处理、加工等医药信息可以成立从权利要求。示例如下。

单味中药（中草药）的权利要求：

权利要求1：一种中医药传统知识传统中草药×……特征在于所涉及的医药信息具有……功效，可用于治疗……疾病，对应现代医学的疾病有……

权利要求2：一种中医药传统知识传统中草药×……特征在于所涉及的医药信息根茎部分具有……功效，可用于治疗……疾病，对应现代医学的疾病有……

权利要求3：如权利要求1所述的中医药传统知识传统中草药×，特征在于所涉及的医药信息根茎部分可以采用……处理方式，或者提取有效物质成分，以达到治疗疾病 Y 的作用……

权利要求 4：一种中医药传统知识传统中草药×……特征在于所涉及的医药信息地上叶子部分具有 A 功效，可用于治疗 B 疾病，对应现代医学的疾病有……

权利要求 5：一种中医药传统知识传统中草药×……特征在于所涉及的医药信息地上叶子部分具有 B 功效，可用于治疗 C 疾病，对应现代医学的疾病有……

中药复方的权利要求：

权利要求 1：一种中医药传统知识中药复方×……特征在于所涉及的医药信息具有……功效，可用于治疗……疾病，对应现代医学的疾病有……

权利要求 2：如权利要求 1 所述的中医药传统知识中药复方×……特征在于所涉及的医药信息复方组合物可以采用……处理方式，或者提取有效物质成分，以达到治疗疾病 Y 的作用……

权利要求 3：一种中医药传统知识中药复方×……特征在于所涉及的医药信息复方组合物经过药味加减具有 A 功效，可用于治疗 B 疾病，对应现代医学的疾病有……

权利要求 4：一种中医药传统知识中药复方×……特征在于所涉及的医药信息复方组合物可以制作针剂、片剂等制剂，具有 B 功效，可用于治疗 C 疾病，对应现代医学的疾病有……

如图 6.1 所示，上述借鉴专利权利要求书的设计只是一种设想，并未进行充分的论证，但无疑，专利对于技术方案的披露所设计的权利要求，对于建构符合中医药传统知识医药信息的确权登记披露制度具有重要的借鉴意义。

三　中医药传统知识医药信息数据库域外借鉴与启示

我国《中医药法》第 43 条明确规定，国家建立中医药传统知识保护

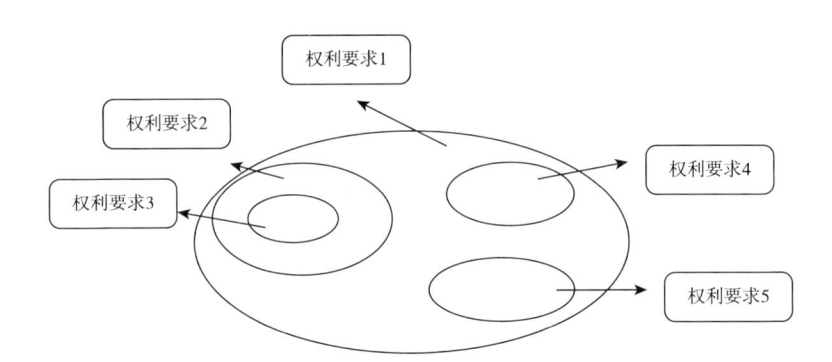

图 6.1　中医药传统知识医药信息专用权的权利要求

数据库、保护名录和保护制度，这是建构中医药传统知识医药信息数据库的立法基础。医药信息专用权的确权登记制度有利于完善和构建中医药传统知识保护数据库，同时数据库的构建又有利于披露权利人所享有的医药信息，为判断侵权提供证据支撑。

我国早在 2013 年就启动了中医药传统知识保护数据库的建设工作，随即在全国范围开展中医药传统知识的调查研究，对收集、整理符合入选标准的中医药传统知识项目进行记录和管理，目前已调查整理 5500 余项中医药传统知识项目信息，收录 21 种方剂类古籍、40000 多首方剂，研究建立了中医药传统方剂的分类编码体系和中医药传统知识保护名录数据库框架，为实现中医药传统知识的防御性保护与惠益分享提供基础。

中国中医科学院中医药信息研究所自 1984 年开始进行中医药学大型数据库的建设，目前数据库总数 48 个，数据总量 120 余万条，包括中医药期刊文献数据库、疾病诊疗数据库、各类中药数据库、方剂数据库、民族医药数据库、药品企业数据库、各类国家标准数据库等相关数据库。其中中药数据库收录中药约 8173 种，对每味中药进行了性味、归经、功效、主治、用法用量、产地、化学成分、药理作用、毒理学、药材基原、资源分布、栽培或养殖、采集加工、炮制方法、药材鉴别等多方面描述。方剂数据库共收录了来自 710 余种古籍及现代文献中的古今中药方剂 84464 首，分别介绍每一方剂的名称、处方来源、药物组成、功效、主治、用药禁忌、药理作用、制备方法等。① 中医药学数据库是我国中医药公知公用领域比较有代表性的综合大型数据库，区别于中医药传统知识保护数据库。中医药传统知识保护数据库侧重收集和整理植根于中华各民族文化传统，具有独特性和较高的医疗、技术或经济价值，在特定地域应用与传承超过三代人或 50 年，至今仍在传承应用的尚未被文献化或未进入公共领域的民间传统医药技艺。这一类中医药传统知识更多散见于民间，由部分人所持有、传承，部分采用非文献的方式在传承运用，尚未完全进入公知公用领域，是现有中医药传统知识中较有创新价值潜力，亟待传承发展的中医药传统理论、技艺，也亟须采用法律手段对其进行保护。尽管目前我们着力采用行政公权力手段进行保护，但在保护方式和手段上仍是不全面的，且尚需实践检验。构建符合中医药传统知识医药信息专用权的数据库保护，需要借鉴其他国家的有益经验。

（一）印度传统知识数字图书馆

印度传统知识数字图书馆（Traditional Knowledge Digital Library，TKDL）建馆的最初目的在于将传统知识整理汇编成现有技术，以阻止他人利用印度传统知识申请专利。整合包括阿育吠陀、尤那尼、悉达、瑜伽等印度传统民族医药，通过对印度各基层社区的筛选和对照公共领域可得到的传统医药知识，以及依赖率先建立的"生物多样性登记"制度，将与遗传资源相关的传统医药知识通过汇集、整理、录入，形成具有世界性检索功能的数字化文献。② 这些信息包括已经文献化的传统医学体系和非文献化、通过口头相传的一部分传统医学，且以国际专利分类法（IPC）为原本，突破了国际专利分类法的现有分类范围，将信息根据分部、类、子类、组和子组进行细分，形成可系统管理、传播和检索传统知识的结构化分类系统，很好地实现了与国际专利分类的链接。③

传统医学体系文献部分分为阿育吠陀、尤那尼、悉达和瑜伽四个大

---

① 中国中医药数据库：数据库检索，http：//cintmed.cintcm.com/cintmed/html/all.jsp?method=all，最后访问时间：2019 年 3 月 12 日。
② 张澎、黄小川：《传统知识的现时化组构——从印度〈传统知识数字图书馆〉谈起》，《图书馆理论与实践》2008 年第 1 期。
③ 张逸雯、宋歌：《印度传统知识图书馆编制技术分析及对中医药传统知识保护的启示》，《世界中医药》2014 年第 12 期。

部,每个大部下面分为药物制剂、个人保健、食疗、杀菌剂四个类,每个类下面再根据不同内容和性质分为若干个子类,如药物制剂类分为植物、动物、矿物、以疾病活性为特征、药品管理、其他等子类,每个子类根据不同的亚群又分为组和子组,组和子组构成子类的细分。①

无疑,印度通过这种创新型的结构分类系统,大大提高了对现有技术检索的可行性。为此,印度还成立了专门的"获取政策部门间委员会",控制、审查 TKDL 的获取及使用,并防止数据库中传统知识的滥用。

(二)韩国传统知识数据库

韩国传统知识数据库(Korean Traditional Knowledge Portal,KTKP),又名韩国传统知识门户。自 2001 年以来,WIPO-IGC 就各国传统知识的世界保护问题进行了讨论。在 2003 年 2 月举行的第七届《专利合作条约》(PCT)国际权威机构会议上,与会者一致同意,传统知识应按照标准纳入 PCT 最低文件的"非专利文献"部分。为配合国际保护活动,韩国知识产权局于 2004 年决定制定建立传统知识数据库的信息战略规划,并于 2007 年完成数据的整理和搜索功能。与印度传统知识数字图书馆不同之处在于,KTKP 除了包括传统药物(草药)、方剂和传统医药所记载的疾病信息外,还包括已经发表的论文文献资料,内容涉及东方医学、药理学、营养学、生物学等领域的文章摘要、原始文章 PDF 文件和科学期刊文章的信息。② 传统草药主要按学名、拉丁名、入药部位、主要功效、主治疾病、性味、归经、形状、图片、炮制方法、使用禁忌、相关方剂,以及 IPC 国际分类号、关键词、相关化合物等信息编排。方剂类则按定义、配方组成、制剂方法及剂量、功效、主治病证、使用禁忌、方剂来源、IPC 国际分类号、关键词等信息编排。传统医药所记载的疾病信息包括定义、西医病名、相关药物、相关方剂、IPC 国际分类号、关键词等信息。上述三类数据库各自独立又可互相链接,如果个传统病证涉及的相关草药和相关方剂均可链接到该传统草药和方剂内容,同时 IPC 国际分类号

---

① Traditional Knowledge Digital Library, About TKDL, http://www.tkdl.res.in/tkdl/langdefault/common/Home.asp? GL,最后访问时间:2019 年 3 月 28 日。

② KTKP, KTKP introduction, http://www.koreantk.com/ktkp2014/about/introduction.page,最后访问时间:2019 年 3 月 28 日。

也可以方便专利审查人员精准查询定位。①

（三）菲律宾健康传统知识数字图书馆

菲律宾健康传统知识数字图书馆（Philippine Traditional Knowledge Digital Library on Health）成立于2014年，为防止私人企业对传统治疗方法申请专利，或对土著人民的药用产品申请传统知识所有权，其将健康传统知识汇编并编码成数字格式，组成丰富的传统知识数据库，达到保护目的。如果第三方组织或个人想要访问数据库用于科学研究，需要事先获得持有该传统知识社区的知情同意，而如果涉及商业性产品开发，则需要进行公平的利益分享。②

数据库收集整理了特定地区土著人民所持有的传统知识及治疗过程，分为宗教仪式疗法和民族药物信息，包括科系、俗名、本地名、适应证、植物使用部分、制备方式、使用说明、备注、信息提供者、信息搜集者及地域等。数据库的传统知识来源通过《土著人民权利法》确定知识产权注册保护体系，进入数据库的传统知识都是依法登记注册，并有清晰的权利人，方便后续实施知情同意与利益分享。

上述传统知识数据库可以说是当前国际上具有代表性、保护效果较好的传统医药知识数据库。我国目前建成的具有代表意义的中医药数据库为中医药传统知识保护数据库和中医药学数据库。尽管数据库名录数据庞大，尤其是中医药学数据库，可以说是目前我国收集最全的传统中医药数据库，不仅类别众多，且涉及中药的属性分类也较为全面，但相比其他国家，我们的数据库功能略显单一，对于数据的访问与控制未做合理安排，且在数据库的编排上缺乏科学性，未充分考虑国际专利检索方式，没有相对应的西医病名、相关药物等，不利于全方位地保护我们的中医药传统知识。笔者认为数据库的构建不仅要在编排上体现中医药传统知识的特性，还要考虑国际上对传统知识的获取方式，以及国际专利检索的便利，因此建议如下。

（1）在数据库的编制安排上，增加IPC的国际分类号及关键检索词，

---

① 贾世敬、柳长华、孙嘉、宋歌：《韩国传统知识门户（KTKP）分析与中医药对策》，《世界中医药》2017年第4期。
② 孙嘉、宋歌、张逸雯：《菲律宾健康传统知识数字图书馆分析及对中医药传统知识保护的启示》，《国际中医中药杂志》2017年第11期。

对中医药传统知识传统中药和中药复方所记载的疾病信息增加相对应的西医病名、病症的描述；对药典所记载的已有国家标准的药品，增加传统医药信息的来源，包括文献来源、医药信息提供者、收集者、持有人以及所在区域，特别是涉及区域民间口头流传方式的，应注明详细的来源出处及流传方式。

（2）在数据库的开放获取功能方面，按确权登记制度中所设立的三级登记模式，对于采用可选择性披露和保密方式进行登记的第二类、第三类传统医药信息的登记，设立访问限制，由专用权人决定是否同意。

（3）借鉴印度设立的"获取政策部门间委员会"，可建立关于获取传统医药信息的专门板块，并由专门的机构或组织负责，聘请专业的咨询专家团队，由中医药、法律、知识产权等领域专家组成咨询顾问团队。

第三节　医药信息专用权医药用途模式与侵权判定标准

传统中草药由于特殊的地理、人文及宗教环境因素，药物的价值、用途并不是采用现代科学技术手段揭示的，而是民族、部族、社区等千百年对某种植物的反复实践证实的。在专利领域，将过去从未被用于治疗疾病的某种已知物质用于治疗某种疾病称为第一医药用途。作为传统中草药来说，在人类未发现其医药信息用途之前，与其他普通植物无异。假设这种植物的医药用途是人类新发现的，或者说是人类早已经发现的但尚未被公开，从这个意义上来说，传统中草药是否可以成立专利法上所说的第一医药用途而受到专利法的保护？

事实上，上文所述治疗疾病的传统知识信息与传统中草药医药用途所保护的客体趋于一致，采用中医药传统知识医药信息用途更契合专利权的基本制度设计，因此，中医药传统知识医药信息的保护模式可以尝试借鉴专利医药用途发明模式。

一　医药用途专利模式借鉴及启示

TRIPS 协议第 27（3）(a) 规定，成员可以将诊断人类或动物的诊断方法、治疗方法及外科手术方法排除于可获专利之外。绝大多数成员国基于维护医务人员救死扶伤、救治病患的优良传统及固有的职业道德，排除医疗方法发明的专利适格性。

TRIPS协议条文规定的是典型的医疗方法发明，从字面意义上来讲，对象包括人类或动物，行为包括诊断方法、治疗方法及外科手术方法，与诊断、治疗和外科手术所涉及的设备、装置、机器、药物等专利保护对象并不相同。然而，单从药物角度而言，对病患施以某种药物的方法，通常是利用药物的活性成分影响人体的生理机能及组织结构，目的在于预防、治疗疾病或减缓疾病带来的不适症状，这种"药物的医疗用途"或称为"一项使用药物治疗疾病的方法"是否属于诊断和治疗疾病的医疗方法发明，能否受到专利法的保护？

疾病的诊断和治疗方法的对象是人或动物，以缓解和消除有生命的人体或动物体的病因或病灶，以恢复健康、脱离疾病为目的，而药物的医疗用途对象是被加工的原料药，是将原料药加工处理成特定的可供使用于人体恢复健康的药品。前者为医学诊疗行为，后者为药物治疗行为，治疗疾病是制造药品的最终目的，而制造药品是治疗疾病的基础和手段。

在分类上，医药用途有广义和狭义之分。广义的医药用途包括两点：一是医生在日常的医疗活动中使用该物质治疗患者相应的疾病，通常被称为"疾病的诊断和治疗方法"；二是制药企业利用物质的新性能生产制备相应疾病的药物，通常被称为"物质的制药用途"①。而狭义的医药用途仅指"物质的制药用途"。在部分国家的专利审查实践中，又对狭义的医药用途发明做了进一步细分，如欧洲专利局将某种已知的、但从未用于医药用途的物质用于诊断或治疗某种疾病的发明称为第一医药用途发明，而将某种已知的、在过去已经用于治疗某种疾病的物质用于治疗其他疾病的发明称为第二医药用途发明。② 也有学者将医药用途发明直接分为新物质的医药用途发明、第一医药用途发明以及第二医药用途发明。③ 对第二医

---

① 王宏：《医药用途发明的可专利性问题研究》，硕士学位论文，中国政法大学，2006，第2页。
② 尹新天：《专利权的保护》（第2版），知识产权出版社，2005，第229页。
③ 王亨平：《第二医药用途发明的专利保护问题研究》，硕士学位论文，华中科技大学，2012。

药用途发明，又有学者主张广义和狭义之分，认为狭义的第二医药用途仅指药物新适应证，即该药物具有新的治疗其他疾病的作用；而诸如在给药途径、剂量、使用频率及使用人群等方面的改变则属于广义第二医药用途范畴。①

从上述医药用途的争议可以看出，第一医药用途发明虽然采用了"用途"字词表述，但实为一种新型"产品"的保护，目的在于治疗某种疾病。虽然是利用物质的新性能研造治疗某种疾病的药物，但符合医药应用的性质，因此仍然会被质疑是一种疾病的诊断和治疗方法。按照《欧洲专利公约》的规定，能以产品方式获得专利保护的仅仅是第一医药用途发明，如果该物质是新的，自然可以将该物质认定为产品发明专利，以获得最宽泛的保护。若以用途方法形式提出专利申请，即某种已知物质用于治疗某种疾病的用途，则完全属于疾病的诊断治疗方法。因此，当某种物质具有的医药用途已经为公众所知，再将它用于治疗其他疾病不能获得专利权。

为了解决这一问题，1973 年《欧洲专利公约》就第一医药用途发明的新颖性问题专门作出解释："新颖性的规定不应排除任何用于疾病诊断治疗方法的已知物质或者组合物的专利性，条件是这种已知物质或者组合物在申请日之前没有被用于任何疾病的诊断治疗方法。"这一规定实质上是对新颖性作出的一种"豁免"，某种已知产品由于新的特性而被认为具有新颖性，这其实是将某种发现纳入专利法的保护客体之中，这一理论的扩张，直接为第二医药用途提供了合理存在的基础。

新颖性的突破为第二医药用途可授予专利权提供了便利，但是欧洲专利局对第二医药用途授予专利权并不认同。它们认为，当某物质已经具备了治疗某一种疾病的情况下，又发现该物质可以治疗其他疾病是不能获得专利保护的，因此并不认可第二医药用途的新颖性。欧洲专利局的这种"反复"究其根源并不是在于否认某种已知物质新发现的未知治疗特性方法的新颖性，而只是否认因为该物质的未知治疗特性而再次赋予该物质新颖性。因此，第二医药用途不能再采用第一医药用途的产品专利保护方

---

① 刘启铭：《药用用途专利创造性分析》，硕士学位论文，西南政法大学，2010。

式，而应正式寻求方法专利权利保护模式，而现实的困境是，采用方法专利权利保护模式极易与疾病的诊断和治疗方法相混淆。

以新颖性解释狭义的第二医药用途在药物新适应证上尚具有说服力，然而广义上的第二医药用途中的给药途径、剂量、使用频率等在大多数人看来都是医生在给病患治疗过程中的一种治疗行为，与药物制备过程无关，而治疗行为并未构成区别技术特征，不具有新颖性。

上述理论成为第二医药用途发明获得专利权保护的制度障碍。为了缓解这种冲突，1983 年德国最高法院在"氢化吡啶"案中采用了"用物质 X 作为有效成分来治疗疾病 Y"的方法权利要求模式，意图在于将药品治疗方法从不能授予专利权的疾病治疗方法中脱离出来，肯定了第二医药用途发明的可授权专利权性质，这种类型的权利要求模式被称为"以用途限定的方法权利要求"①。该种方式极大地推动了欧洲国家对于第二医药用途发明的可授予专利权保护的立法进程。最终，《欧洲专利公约》第 54（5）条中规定，用于疾病诊断和治疗方法、外科手术方法的已知化学产品，也可以被授予专利权，只要现有技术没有公开该化合物的其他医药用途，由此肯定了第二医药用途的可专利性。实质保护的是首次发现具有医疗作用的物质。② 但由于"以用途限定的方法权利要求"仍然会被误认为是疾病的诊断和治疗方法，违背《欧洲专利公约》关于人或动物的诊断、治疗及手术方法不能授予专利权的规定，因此"以用途限定的方法权利要求"模式改为"采用物质 X 制备用于治疗疾病 Y 的药品"或者"物质 X 在制备治疗疾病 Y 的药物中的应用"的权利要求模式，这种权利要求模式被称为"以用途来限定的产品制备方法权利要求""以用途限定产品权利要求"，又被称为"瑞士型权利要求"（Swiss-type claim）。采用这种模式则直接规避了《欧洲专利公约》的禁止性条款。

欧洲专利局的上述做法并未得到普遍的支持与赞同，事实上，欧洲一些国家的司法机关或行政机关对于"以用途来限定的产品制备方法权利要求"始终持怀疑态度。而这直接导致了 2007 年《欧洲专利公约》的修

---

① In Re Bayer AG, IIC Vol. 15, No. 2/1984: 215-224.
② 尹新天：《专利权的保护》（第 2 版），知识产权出版社，2005，第 229~230 页。

改，修改文本直接肯定了第二医药用途发明的专利授权性，并对新颖性规定做了修改。

二 医药用途专利权利要求模式对医药信息专用权构建的启示

中医药传统知识的专利发明主题涉及诸多方面，我国《专利法》及《专利审查指南》已明确规定，疾病的诊断和治疗方法不能授予专利权，但是药品及制备方法可依法授予专利权，属于物质的医药用途发明。以药品权利要求或者如"在制药中使用""在制备治疗某种疾病的药物中的应用"等属于制药方法类型的用途权利要求，不属于专利法关于疾病的诊断和治疗方法的情形。[①] 因此，对中医药传统知识提取的药用成分物质及制备方法都可以获得专利法的保护，这一点也基本上被各国专利法所接受。

药品通常采用天然物质、化合物或组合物制造而成。药品研发者可以通过实验创造出原先自然界并不存在的物质，大部分化合药物即属于此类情形。还有些药品是由研发者对某种植物有效成分提取而成，用于治疗某种疾病，包括植物药（天然药物）和生物制药。

上述药品的制备方法基本上是利用现代科学技术完成的，是科学技术发展的必然结果，而专利法也正好契合了这种需求。然而这种制药方法并不是广大发展中国家，特别是传统医药知识资源丰富的国家和地区所擅长的，现行的西方主导下的专利制度也并不能有效地保护广大发展中国家传统部族、社区传统医药知识的利益，反而成为发达国家实施"生物海盗"行为的工具。对于广大发展中国家来说，制药技术不发达、新药创新研发薄弱，无法完成对传统中草药有效物质成分的萃取和分离，而发达国家的跨国制药企业却可以利用雄厚的财力和技术来完成，并获得专利法的保护。如何改变这一现状是保护中医药传统知识最为重要的目标所在。

医药用途发明可用于受专利保护的主题必须是某种清晰明确的物质或者具有某种新的可以实施的用途。而对传统部族、社区而言，这种医药用

---

① 国家知识产权局：《专利审查指南》，知识产权出版社，2010，第二部分第十章 4.5.2。

途的认识并不是依赖对某种具体药用物质成分的提取，换句话说，某种传统中草药具有治疗某种疾病的效果，但传统部族、社区并不知道是哪一类具体的物质成分在发挥治疗作用，不过能精准地指出众多植物中哪一种植物可以治疗某种疾病。我们假设，这种中草药的医药用途是人类新发现的，或者说是人类早已经发现的，但尚未被公开，从这个意义上来说，是否可以成立专利法上所说的第一医药用途？

有学者提出，第一医药用途须是已知物质或组合物，这种物质或组合物须是可以具体表征的、确实存在的、可用于直接制造生产药品的物质或组合物，而不能只是提供一个未知的物质或组合物的载体。这种观点在某种程度上具有合理性，也极具代表性，是绝大多数发达国家对于利用先进的制药提取技术无偿地使用广大发展中国家传统药用植物的重要支撑。西方发达国家所持的理论依据在于，首先，传统知识中某种具有治疗疾病的植物本身是自然界存在的物质，蕴含的药用价值也是来源于植物本身，是一种发现，不能授予专利权；其次，传统知识药用价值信息不能以具体的物质形态呈现，无法用现代科学技术手段予以表征，即使获得专利权也难以判定侵权行为；再次，传统知识治疗疾病的方式涉及的人为因素太多，每个人操作方式不同，不具有实用性，即不具有产业上的可复制性；最后，传统知识的药用价值用途的披露是已经公开的，包括口头公开和书面公开，不具有新颖性。

西方发达国家对现行专利制度理论的主导及所谓的科学理论解释，使得广大发展中国家甚至是学界下意识地将传统医药知识排除于专利法保护范围之外。无疑，我们无法忽视传统医药知识的特性与专利制度的某些冲突，但医药用途为构建中医药传统知识医药信息专用权的保护模式提供了参考和指引。

医药用途发明专利模式优势在于通过确定方法专利来实现举证责任倒置，由侵权人举证证明不存在使用与权利人相同的方法或用途。中医药传统知识医药信息可以借用医药用途发明专利的权利要求保护模式，对中医药传统知识医药信息进行充分披露，包括中医药传统知识本身植物形状、根、茎、叶形态描述，植物纲、本、目结构及传统知识披露的药物用途、治疗方法、炮制方法及药物配制、成药方式等。

中医药传统知识医药信息与专利制度适用的冲突，最重要的原因在于中医药传统知识治疗疾病的用途信息不能以具体的物质形态呈现，无法用现代科学技术手段予以表征，即使获得专利权也难以判断侵权行为的存在，而这一点区别于体现为"物质"的医药用途发明。

上文分析了中医药传统知识医药用途信息可以成立第一医药用途，但对于具体的制度设计仍需要研究，在某些制度套用上仍然存在障碍。对于中医药传统知识医药用途发明专利的权利要求保护方式，于专利制度而言，是无法将传统中草药这一单株植物形态直接纳入。如专利制度对于医药用途发明一般的权利要求描述为"物质 X 在制备治疗疾病 Y 的药物中的应用"，该物质 X 必须是清楚明确的，可以用具体的分子表征，即治疗疾病 Y 的药物可以直接用物质 X 制造出来，于专利而言，具有实现的可能性。而对于中医药传统知识来说，权利要求为"某中草药或中药复方组合物 X 在制备治疗疾病 Y 的药物中的应用"，某中草药或中药复方组合物 X 作为生态植物或植物的组合于现有制药技术而言，无法直接用于制造出能治疗疾病 Y 的药物，如果需要制造出治疗疾病 Y 的药物仍需作进一步研究，例如，对某种中草药或中药复方组合物 X 进行有效物质提取，而这种提取只是存在技术上的可能，需要耗费相当大的人力、物力和财力，并不一定能实现。专利制度要求权利要求书中所提供的技术方案是清楚明确的，可以实施的，对于直接以权利要求表述某中草药或中药复方组合物的医药用途，存在技术公开不充分、发明创造无法实施等问题。

对此，也有学者提出质疑，认为医药用途专利属于方法专利，只需达到能够实现该方法用途即可，无须一定要实现由该方法所生产的产品，对于某种中草药或中药复方组合物而言，医药用途在于实现治疗某种疾病的目的，只要该种中草药或中药复方组合物经过实施即可达治疗某种疾病 Y 的应用即可。该观点具有一定的代表性，也为我们揭示医药用途与诊断治疗疾病方法之间的关系提供线索和思路。医药用途专利，学界从广义角度分为疾病的诊断和治疗方法与制药企业利用该物质的新性能生产制备相应疾病的药物，通常被称为"物质的制药用途"。这种划分在我国《专利审查指南》中也可以找到相应的依据。物质的医药用途如果以"用于治病""用于诊断疾病""作为药物的应用"等这样的权利要求申请专利，则属于《专利法》第 25 条第 1 款第 3 项"疾病的诊断和治疗方法"，因此不能被授予专利权。但是药品及制备方法均可依法授予专利权，因此物质的制药用途发明以药品权利要求或者例如"在制药中的应用""在制备治疗某病的药物中的应用"等属于制药方法类型的用途权利要求申请专利，则不属于《专利法》第 25 条第 1 款第 3 项规定的情形，可撰写成例如"化合物 X 作为制备治疗 Y 疾病药物的应用"或与此类似的形式。①

三 医药信息专用权的保护范围及侵权判定标准

中医药传统知识医药信息专用权的权利要求借鉴医药用途专利权利要求进行设计，于医药用途而言，传统中草药直接以纯植物形态进入权利要求，无法达到公开发明创造、实现技术的目的。另外如果他人实施了专利，也无法准确判断其行为是否侵犯了该中医药传统知识的医药用途专利，因为对于某一种医药用途而言，并不存在唯一对应的传统植物，其完全可以由其他植物所替代，而我们又无法清晰地表征两者间的对应关系。那么上述中医药传统知识医药信息专用权的权利要求设计是否克服了此类问题，有待进一步检验。

发明专利权的保护范围以权利要求书的内容为准，说明书和附图可以用来解释权利要求的内容。中医药传统知识医药信息专用权的权利要求设计是以方法权利要求为模式，因此，在保护范围上不能采用产品发明专利定义的方式。在申请中医药传统知识医药信息专用权登记时，可以参考我国《植物新品种保护条例》中提交申请的方式，提交请求书、说明书和中医药传统知识植株照片及权利要求书，对于复方则提供复方的中药组合物。其中权利要求书和说明书用于确定医药信息专用权保护的客体范围，照片用于辅助证明对应的生物载体形式。

对方法发明专利而言，专利制度保护的并不是产品，而是制造产品的方法。一般来说，方法发明专利的保护范围和强度要明显弱于产品发明专

---

① 国家知识产权局：《专利审查指南》，知识产权出版社，2010，第二部分第十章 4.5.2。

利，对于产品发明专利，只要最后结果与专利所保护的产品技术方案一样即构成侵权，不管采用了何种方法。而对于方法发明专利而言，只有采用了专利权利要求中的方法制造了产品才构成侵权。法律设立方法发明权利要求的目的在于，当某种产品是已知的、不具有新颖性，但发明人创造了一种可以有效节约成本、提高产量的制造方法时，同样可以获得专利权的保护。然而，不管是采用何种方法，最后都需要通过对产品的保护体现出来，方法发明专利可以直接保护由该方法所涉及的产品，即使该产品是已知的，但该产品只要是利用该方法所获得，即可获得专利权的保护。现实中，他人侵犯专利权时采用的是何种方法我们无从得知，因此，为了平衡诉讼双方权利义务的对等性，法律赋予方法发明专利侵权判断采用举证责任倒置原则，由侵权人对于未采用专利权人权利要求书中的方法制造产品进行举证，如果举证不能或证明不能成立，即应承担不利的法律后果。

根据 TRIPS 协议第 34 条规定，在关于第 28 条（b）中所述权利的专利侵权民事诉讼中，如果一项专利的实质性内容为获得一项产品的方法，司法部门应有权责令被告证明制造相同产品的方法不同于专利方法。因此，缔约方应规定，至少在下述情况之一时，如果不能举出相反的证据，则将未经专利权人同意而制造的任何相同产品视为是用该专利方法所制造的：（a）如果用专利方法所生产的产品是新的；（b）如果相同的产品在很大程度上有可能是用专利方法制造的，而专利权人经过合理的努力仍不能确定被告所实际采用的制造方法。

上述（a）（b）两项只要求产品是新的和有可能存在侵权的情况下，即启动举证责任倒置，启动条件可以说是比较宽松的，在中医药传统知识医药信息专用权的侵权举证责任设置上值得参考和借鉴。

对于医药信息专用权人来说，无法直接获得他人是否利用了中医药传统知识医药信息，而只能通过使用过程中及开发后形成的产品是否有利用专用权所包含的医药信息，才能知悉是否侵犯了中医药传统知识医药信息专用权。如侵权人在使用过程中，通过产品包装或者其他广告方式或专利文献显示中医药传统知识的医药信息，或者产品研发后在申请专利的文献中披露与医药信息专用权登记内容相同或相似的医药信息内容，即构成侵权。如利用中医药传统知识医药信息而开发出新药、保健品或医疗器械等产品，开发后的产品在适应证和疗效上与传统中草药所披露的医药用途信息的适应证和疗效存在相似之处，则可初步认定为构成侵权，侵权被告方需举证证明该产品不是利用该传统中草药所披露的医药信息开发出来的。专利的技术公开及遗传资源信息披露制度为我们提供很好的示范。对于利用中医药传统知识医药信息的研发者来说，需要证明所研发的药物不是利用中医药传统知识医药信息，如果主张是利用其他某种植物自行开发出来的药物，那么需要提供有关该植物的来源地或原产地证明、该植物全株标本等信息。

然而在实践中，某种传统中草药不只具有一种功效和用途，且有些传统中草药并未形成稳定的被普遍接受的功效和用途，那么如何认定何种传统中草药的哪一种或哪几种药用价值用途可以成为信息专用权所保护的对象，需要进行深入研究。

与传统知识一样，认定传统中草药的研究对象需要捕捉传统中草药医药信息用途所表现的具体形态。对此，国内有学者主张传统知识一定是被不断重复的知识形态，传统之所以成为传统，与习惯法一样，是因被"在相当长时期内反复和前后一致"地实践。[1] 要看清传统知识的形态，首先需要收集一段历史时期里特定族群中的多人多次相关实践行为，然后逐一分析得出每次实践所使用的具体知识，并进行样本对比，最后才能识别得出被不断反复使用的知识到底是什么。[2] 这一点对中医药传统知识医药信息用途的确定具有非常重要的参考价值，对于采用登记方式所确定的中医药传统知识医药信息专用权，必须是那些被实践反复证明的具有稳定性治疗效果的，而这需要对特定族群进行文献收集并进行实际使用情况的考察，建立一定的数据标准，从而完成对客体的认定。

对于尚未被确定为具有稳定药用效果的其他药用信息，有学者认为可以采取适当的"容忍"态度，在确定保护范围时，考虑借用专利制度中

---

[1] 端木正：《国际法》（第三版），北京大学出版社，2000，第 20 页。
[2] 蒋鸣湄：《传统知识国内法保护议题下客体判定问题初探》，《广西民族大学学报》（哲学社会科学版）2012 年第 7 期。

的"中心限定原则"理念，扩大对周边其他药用信息的保护。①

第四节　医药信息专用权合理使用制度探析与构建

知识产权作为一项专有权利，并非享有绝对的排他性，这区别于物权的对世权。为了使公共利益与个人利益达到一定的平衡，不同的知识产权类型基本都设有权利限制，而著作权是所有知识产权类型中限制性规定最多的一个。著作权在制度上应当体现创作作品的作者利益、传播作品的企业利益和使用作品的社会公众利益的适当平衡理念，而合理使用制度是著作权法这一社会功能的首要体现。② 中医药传统知识医药信息专用权权利的分配和限制同样需要考虑中医药传统知识的创作者、持有人、传播者/宣传者、传承人、患者、医院等主体利益的平衡，区分商业性使用与非商业性使用情形。IGC 在历次会议文件中也明确提出关于传统知识应用和实施的例外限制。构建中医药传统知识医药信息专用权的合理使用制度，目的不应是限制他人从事基本的预防、保健及治疗疾病的行为，而是以传统方式使用中医药传统知识，在权利人利益与公共利益之间取得平衡，在兼顾原创者、持有人及传承者利益的同时又鼓励新的创造，以促进中医药事业的传承和可持续发展。通过探索和研究传统知识产权，特别是著作权对合理使用的规定，根据中医药传统知识基本特点，构建和完善符合我国国情的中医药传统知识合理使用制度。

一　权利限制与合理使用类型

在知识产权制度体系中，权利限制制度通常以合理使用、法定许可等形式呈现。不同概念的使用往往是基于一个国家所保护的法益背后不同的立法目的，或是出于不同的翻译和解读，但背后的法理精神都是相同的，即通过权利限制以平衡公共利益与私人权益。知识产权制度设计根本目的

---

① 蒋鸣湄：《传统知识国内法保护议题下客体判定问题初探》，《广西民族大学学报》（哲学社会科学版）2012 年第 7 期。
② 李军政：《"合理使用"的性质：著作权的例外还是合理使用》，《河北法学》2014 年第 11 期。

在于通过保护创造者的利益促进社会科学文化的发展，然而正如法律实现正义的目的并不在于单纯的赋权，而是在个人原则与社会原则之间形成一种平衡。① 知识产权保护创造者的智慧成果绝大多数是在现有知识成果基础之上进行的创造行为，法律不允许对建立在他人劳动成果之上的新的劳动成果赋予绝对的权利。因此，知识产权制度一方面通过授权性规定保护创造者利益，另一方面通过权利限制，保护社会公众利益，从而实现促进社会发展的整体目标。而合理使用制度正是基于这一基本理论而建构的。

知识产权作为一种人为创设的排他性权利，更加注重权利人与社会公众利益之间的平衡。如果著作权排除包括竞争者和非竞争者在内所有使用者的利用作品行为，不但由于知识的非物质性而在事实上不可能，而且无法保证与作品利用价值相对应的对价流到权利人中，并将过度限制他人的言论和行动自由，不利于促进作品的利用，最终违背著作权法创设著作权的趣旨。② 因此，世界各国著作权法无不在赋予著作权人各种排他性权利的同时，给予一定的限制和例外。智慧创造成果远非创造者一人之力，需要广泛的传播渠道以及社会公众的自由获取使用，在著作权领域，传播者即邻接权人则成为推动作品传播、实现社会价值的重要权利主体。在知识产权制度体系中，不仅涉及知识产品的创造者，还涉及知识产品传播等主体，多元化的利益主体结构需要运用利益平衡原则以解决各方利益的冲突及权利资源的合理分配。这一点在著作权领域显得尤为突出，"无传播也就无权利"目前已成为著作权学界的通说。③ 大多数知识产权法学者认为从出版特权到著作权是合理使用制度产生的一般前提。在英美法系国家中，出版者的利益优先于著作权人的利益，出版特许权的存在，间接促进了近代著作权制度的产生，资产阶级革命兴起后，自然人权觉醒，著作权作为一种私人享有的无形财产权获得最终确认。不难看出，著作权法产生的历史，即从出版人本位最终过渡到创作人本位的变革历史④，而合理使

---

① 〔美〕E. 博登海默：《法理学：法律哲学与法律方法》，邓正来译，中国政法大学出版社，2004，第115页。
② 李扬：《知识产权基本原理——著作权法》，中国社会科学出版社，2013，第231页。
③ 郑成思：《版权法》，中国人民大学出版社，1990，第2页。
④ 吴汉东：《著作权合理使用制度研究》，中国政法大学出版社，1996，第5页。

用制度正是权利的让渡过程中各方利益妥协的产物。从各国著作权法的规定可以看出，合理使用制度中的传播者邻接权人的合理使用所占比重最大。

合理使用（fair use）概念系由英美法系基于版权相关判例演变而来，充分体现了知识产权制度中权利限制与利益平衡的基本理论。《美国版权法》第 107 条将既不需要经过版权人许可，也不需要向其支付报酬的使用作品行为称为"合理使用"（fair use），同时还将一系列无须经过版权人许可，但需要向其支付报酬的情形，称为"法定许可"（statutory license）。欧洲大陆法系国家的著作权法中并没有"合理使用"和"法定许可"的称谓，而是将所有不需要经过著作权人许可的使用作品的行为通过列举式的方式归入"权利的例外和限制"，区别于美国判例法基于法官对"合理使用"构成要素的解读。事实上，采用列举式的方式规定更有利于清晰界定权利的行使边界，而我国并不允许法官解释法律的行为出现，虽然学界习惯将《著作权法》规定的 13 项"权利的限制"称为"合理使用"，实际上并不符合。① IGC 在历届会议文件中基本都采用"限制与例外"规定传统知识的权利限制情形，然而这种方式也往往缺乏一项判定特定行为是否属于"限制与例外"的一般原则，无法全面涵盖有可能产生的权利限制之外的情形。因此，"合理使用"理念的借鉴与移植对于探寻构建中医药传统知识医药信息专用权的合理使用制度具有重大意义。

尽管合理使用制度最先源于英美法系版权相关判例，但随后这一制度迅速扩大至整个知识产权制度体系中，如专利法、商标法都相继建立合理使用制度，用于限制知识产权人权利滥用及平衡各方利益需要，如专利法中不视为侵权情形，商标法中的描述性使用和指示性使用等。然而，专利法、商标法和著作权法由于保护客体来源的差异，合理使用的概念均存在不同，尤其是商标法中的合理使用与著作权法中的合理使用制度存在本质区别。

大多数国家将商标合理使用作为商标侵权有效的抗辩手段之一，用于

---

① 王迁：《知识产权法教程》（第 5 版），中国人民大学出版社，2018，第 217 页。

保证商业活动中的公平竞争及防止商标权利滥用,如《欧洲共同体商标条例》《德国商标和其他标志保护法》《日本商标法》《美国兰哈姆法》等。然而,商标合理使用制度在学界一直存在争议,对商标的合理使用情形并未形成统一的认识。目前,大多数学者比较认可的商标合理使用的类型主要为描述性使用(也称叙述性使用)。我国《商标法》仅规定商标的描述性合理使用,并未规定商标的指示性合理使用。为了防止商标权人滥用商标权,超出商标意义上的使用行为即被认定为构成商标的合理使用,依法不需要经过商标权人同意。

商标的描述性合理使用来源于美国商标法中的 descriptive fair use 一词,即商标权人以外的第三人出于准确描述商品或服务的目的,合理并且善意地利用那些与特定商标权人所有的商标相同或类似的符号或标记,通常这种使用被称为"第一含义"(即原始含义)的使用,区别商标意义上"第二含义"的使用行为。如某些直接表示该类商品的通用名称、产地、型号、原料及用途等不具有显著性的标识,经过长期使用获得显著性而注册成为商标,即获得商标意义上的"第二含义",不能禁止他人对该标识第一含义的使用。因此,只要他人善意使用了注册商标标识的"第一含义",也不会引起消费者对商品或服务来源的混淆,则不构成侵权。对于这种描述性使用,也有学者认为并不构成商标的合理使用,因为描述性使用只是对描述性标志"第一含义"的使用,即对商品或服务的质量、原料、功能、用途、重量、数量等特点进行直接描述,并不是为了指示商品服务的特定来源,即没有将标志作为商标来使用,这种使用根本不能被称为"对商标的使用",更谈不上对"商标的合理使用"[①]。从此角度理解,商标的描述性使用并不构成对商标权的限制,而只是一种"正当使用"。

商标的指示性合理使用(Nominative fair use)源于美国司法判例(New Kids on the Block v. News America Publishing, Inc),即第三人在经营活动中使用他人的商标标识来描述或指示自己的商品用途或服务范围,来表明第三人和商标权人之间的真实关系。[②] 商标的指示性合理使用存在巨

---

① 王迁:《知识产权法教程》(第 5 版),中国人民大学出版社,2016,第 481 页。
② 王太平:《商标法原理与案例》,北京大学出版社,2015,第 376 页。

大争议，我国《商标法》并未明确规定指示性使用可以作为商标不侵权的有效抗辩手段，其他国家对于指示性合理使用的规定也各不相同。从商标侵权的传统判断方法来看，如果商标的使用造成来源混淆，则排除商标的合理使用。而指示性使用中需要直接引用他人的商标，造成混淆的可能性较大，如电脑销售商在商铺中使用"联想"字样，用于指示销售的电脑为联想电脑；汽车修理厂在店铺中使用汽车品牌的 LOGO，用于指示修理的汽车范围等。从我国司法判例中对于指示性使用是否构成侵权的结果来看，大多以是否构成混淆为判断标准，导致几乎所有的指示性使用都被视为商标侵权。因此，指示性使用比描述性使用在合理使用的判断上采用更为严格的标准。

商标法保护的是商业标识，并不是权利人创造的智慧成果，与著作权法、专利法存在本质的不同，且商标法中的合理使用是指这种使用行为并不构成商标法意义上的使用，也不存在商标侵权的后果，并不是基于公共利益对使用行为的豁免。因此，商标权制度本质上是保证市场交易的正常进行，促使消费者能够清楚区分产品或服务的来源以作出正确的商业决定，而不是以激励创新为目的。即使商标权人对自己注册的商标享有商标权，但该商标包含的文字和标识来源于社会的公共领域，商标权人没有权利禁止第三人以原有方式使用该注册商标。当然这种使用需要在法律范围内。尽管如此，商标法仍然遵循利益平衡制度，防止商标权人滥用商标专用权，这一点与著作权、专利权是一致的。

二 传统知识的权利限制与例外

对传统知识的权利限制是 IGC 传统知识审议中最为重要的议题，在 IGC 的审议过程中，在对传统知识的权利限制与例外的不断变化过程中，体现出 IGC 围绕事先知情同意原则和公平惠益分享原则对利用传统知识行为的路径转变及思路的日趋成熟。2006 年 IGC 第九届会议在《保护传统知识经修订的规定草案：政策目标和核心原则》基础上制定《保护传统知识：经修订的目标与原则》（WIPO/GRTKF/IC/9/5），正式提出关于保护传统知识的国际活动中所应秉承的基本目标与原则，综合考虑不同国家、地区和国际各级决策者在保护传统知识方面的适当形式和手段时可能需要权衡的具体问题，正式将权利的范围和例外列入常见问题之一。于第8条限制与例外规定，传统知识的使用不得限制家庭、政府、医院，尤其是附属于医院的传统知识持有人，或为其他公共卫生目的使用传统医药。对于已经进入公有领域的传统知识的正当使用，国家主管单位可以将其排除在事先知情同意原则之外，但条件是，该传统知识的使用者进行工业和商业使用时，必须作出公平的补偿。由于该条规定实质上默认了可以通过采用补偿的方式商业性使用已进入公有领域的传统知识，而无须经过持有人知情同意与其他权利限制情形存在冲突，且与传统知识所一直秉承的观念相违背，后在《保护传统知识：条款草案》中予以删除。

2011年2月21日，IGC起草小组编撰了关于保护传统知识的条款草案，并于第十八次会议对该草案进行审议、修正、完善，形成IGC第一部《保护传统知识：条款草案》（WIPO/GRTKF/IC/19/5），该草案列入了第十七次会议所确定的《保护传统知识：经修订的目标与原则》（WIPO/GRTKF/IC/17/5）中的政策目标和总指导原则。在该部草案中，对传统知识的权利限制与例外并未采用列举式，而是进行原则性的规定，包括对以惯法方式适用和实施传统知识应不加限制，且不得对传统知识持有人的实践、交流、传播、使用行为产生不利影响，并强调对传统知识适当限制或例外的情形应由各国立法自主决定，并遵循事先知情同意原则。后经传统知识协调员对第6条进行修改，替换为新的备选方案，从而产生2012年第二十一届会议《保护传统知识：条款草案》（WIPO/GRTKF/IC/21/4）版本。该版本提出为非商业性文化遗产目的的使用及创作受传统知识启发的原创作品的例外。2019年IGC第四十届会议上，《保护传统知识：条款草案》（第二次修订稿）（WIPO/GRTKF/IC/40/4）将传统知识的权利限制与例外扩大到教学、学习等非商业目的研究使用，国家紧急状况或非商业公共使用，治疗人或动物的诊断方法、治疗方法及外科方法。

从IGC历届会议相关文件对传统知识的权利限制与例外的规定来看，非商业性使用完全排除于盗用行为之外，不需要征得传统知识持有人同意。因此，传统知识的使用行为只要不是以商业性研究开发为目的，都可以列入传统知识合理使用范畴，无须经过持有人同意，包括基于传统方式的使用，用于教学、学习等非商业性研究使用，个人研究学习使用，医院出于诊疗活动的使用，为非商业性文化遗产的保存、展览，或国家出于紧急情况或公共利益的使用等，但需要注明来源出处，且不得对持有人或受益人产生不利影响或利益减损，这也是 IGC 致力于维护传统知识持有人精神权利的要旨所在。

从 IGC 所秉承的对于传统知识的权利与限制规定，以及出于防止传统知识的盗用行为目的出发，私人产权制度的设计应紧密围绕如何防止未经同意的商业性研究开发利用，并最终实现利益分享。然而，对盗用是局限于广泛的商业使用，还是延伸到非商业性使用或者有限规模的商业性使用，国际上并未形成统一认识。而现实困境是，对于商业性使用行为不管是 IGC 还是学界都未给予充分的解读和界定，而所有商业性使用行为是否都必须遵行事先知情同意原则，即商业性使用行为是否可以直接作为构成侵权的唯一标准，仍然需要我们进行深入研究，而这也是我们清晰界定中医药传统知识医药信息专用权权利限制范围所重点考量的。

三 中医药传统知识医药信息专用权合理使用制度构建

（一）传统范围使用的界定

2019 年 6 月 IGC 第四十届会议以《保护传统知识：条款草案》（第二次修订稿）为基础，编拟了《保护传统知识：条款草案》（协调人修订稿）（WIPO/GRTKF/IC/40/18）。该修订稿规定了未经持有人许可的情形，并将使用、利用行为解释为：（a）在某种产品中或某种产品是在受保护的传统知识基础上被开发或取得的，包括（i）在传统范围以外生产、进口、许诺销售、销售、存储或使用该产品；（ii）为在传统范围以外许诺销售、销售或使用产品而占有该产品；（b）受保护传统知识被含在某种方法之中或某种方法是在受保护传统知识的基础上被开发或取得的，包括（i）在传统范围以外使用该方法；（ii）对使用该方法直接产生的产品进行前项中所述行为；（c）在非商业研发中使用受保护传统知识；（d）在商业性研发中使用受保护传统知识。显然，IGC 规定一切利用传统知识并在传统范围以外进行开发和取得产品的生产、进口、许诺销售、销售行为以及基于传统知识所产生的方法等均属于法律所禁止的行为。专利制度通过禁止权所规定的实施行为来限定以生产经营为目的范围，同样可以适用于中医药传统知识通过限制实施行为来界定合理使用行为。而传统范围强调以传统方式的使用，是直接界定上述实施行为构成合理使用还是侵权行为。

对中医药传统知识本身所进行的使用、开发及研究行为，一般认为属于传统范围内的使用，如对传统医药典籍所记载的复方、中药等进行研究，将传统中药、复方使用于临床实践或教学中等，以及以传统使用方法实施的行为，均不列入未经授权使用的范畴，而构成合理使用。如我国中医药传统知识使用的中药和中药复方、针灸、推拿、火罐、敷帖、刮痧、熏洗、穴位注射、热熨、中药炮制、煎熬工艺等。2017年7月31日通过的《中医诊所备案管理暂行办法》中明确规定中医诊所是在中医药理论指导下，运用中药和针灸、拔罐、推拿等非药物疗法开展诊疗服务，以及中药调剂、汤剂煎煮等中药药事服务。《中国药典》炮制通则中记录的中药传统的炮制方式是将中药材的炮制分为净制、切制和炮炙，其中炮炙又分为炒、烫、煅、制炭、蒸、煮、炖、焯、酒制、醋制、盐制、姜汁炙、蜜炙、油炙、制露、水飞、煨。这种传统方式的使用严格遵循中医药传统知识特点，兼具传统文化与传统治疗方法（包括养生、治病）等特性，真正体现中医药传统知识的价值在于疾病的预防、诊断和治疗，有助于延续和发展中医传统知识，在一定程度上反过来促进中医药传统知识传统治疗理念的宣传和普及。

如中医药文献记载某一中药复方的使用通常是以煎熬的方式进行，但对该中药复方进行加工，利用现代技术进行物化处理、蒸馏提取变成颗粒剂、注射剂等改变原有方式的使用，则不构成以传统方式的使用。如《欧洲药典》中对植物药的规定，是指经过提取、蒸馏、压榨、分离、纯化、浓缩或发酵等方式处理所获得的药剂，包括粉碎或粉末状的植物药、酊剂提取物、精油、压榨汁和经过加工的分泌物等，这种对植物药的处理方式即为典型的非传统方式的利用行为。如果形式上是采用现代化设备或工艺，但未改变传统中药的使用方式，则仍属于传统范围内的使用，如利用现代机器设备对方剂中药进行煎熬，尽管是利用现代设备完成的，但仍是传统的煎熬传统工艺，且严格掌握特殊药材的使用方法和时间。两者差别在于传统的中药炮制方法重在改变药材中的成分与用途，而现代制药工艺重在提取、获得植物药的有效成分。

值得注意的是，这种传统范围以外的商业性使用行为应明确排除医疗机构的临床使用行为，即利用现代制药技术对中药或中药复方有效物质进行提取或者加工成为颗粒剂、粉针剂等，这种商业性使用只限于医疗机构内部，且不得在市场上销售，类似于我国《药品管理法》第 76 条规定医疗机构配制制剂的情形。WIPO-IGC 第十次缔约国大会起草的《传统知识保护的政策目标及核心原则（草案）》文件中，将对于传统知识为家庭目的的使用及在政府、医院的使用——特别是由属于该类医院的传统知识持有人使用，或者为其他公共健康目的的使用，列入对于传统知识保护的限制与例外条款中。

（二）"转换性合理使用"的制度借鉴

商业性的使用行为能否成为确定侵权的唯一标准，在理论界和实务界仍然存在争议。如美国判例法中，著作权转换性合理使用并不以构成商业性使用来判定构成侵权。在司法实践中，美国联邦最高法院在著名的 Campbell 案中首次引入"转换性使用"概念，用于判定合理使用的标准，纠正了以往过于注重商业目的使用标准。[①] 随后，使用是否具有"转换性"，以及是否会对原作品的价值和市场造成影响成为判断一个作品是否构成合理使用的重要因素，而不再单纯以是否商业性使用为唯一标准。对于中医药传统知识的商业性使用行为，也不应采用"一刀切"方式，而应根据具体行为来界定其合理性。

转换性合理使用肇始于美国的判例法，1976 年《美国版权法》第 107 条规定判断合理使用成立的"四要素"标准，要素一为使用目的和性质，即是否为商业目的使用，要素二为版权作品的性质，要素三为使用内容的实质性与数量，要素四为对他人作品潜在价值或者潜在市场的影响。在实际判例中，法官更多地趋向于以要素一和要素四标准进行判断。然而，随着社会经济的不断发展，人们对于艺术创作的需求，原先的"四要素"标准难以满足人们对于新型艺术创作的需要，对原有作品进行的模仿性行为是否构成合理使用成为当时著作权领域的讨论热点。1990 年，

---

① Campbell v. Acuff-Rose Music, Inc. 510 US. 569, Ct. 1164（1994）.

皮埃尔·勒瓦尔（Pierre Leval）法官首次在他的著作里提出转换性使用概念①，并在随后1994年美国联邦最高法院Campbell v. Acuff-Rose Music一案中最终确定这一概念的使用②，承认基于原创作进行的改进能够产生新的含义、新的思想区别于原有使用目的的使用，为转换性使用，构成合理使用。区别于原有作品目的的使用渐渐取代了商业性目的，即只要对原有作品以原有使用目的进行转换，则不管后者是不是商业目的，都可成立合理使用。

转换性合理使用涉及两个基本特征，一是不同于原作品的使用目的；二是产生新的含义、新的思想、新的用途等。第一个特征即考量前后两个作品的使用目的的差异性，对使用目的的评判是基于新作品的表现形式及内容的不同，从而推导区别于原作品，主观认定性较强，因此司法实践中多以个案认定进行解读。一般认为，使用作品的"目的"转换性越突出，对原作品的商业替代性就会越弱，受众在了解到转换后的作品时，往往会通过新旧作品之间的联系，增加对原作品的关注度，从而使后作品更具补充性地帮助提高原作品潜在市场需求③，这是认定构成合理使用最为重要的参考标准。通过为公众提供便捷的检索功能而复制某一作品片段，目的并不在于提供整个作品，而在于帮助公众了解该作品，并且是以提供检索为目的，构成转换性使用，不构成侵权。

第二个特征可以认定为产生一定的转换性结果，这种结果是新的含义、新的思想、新的用途产生不同于原先作品的新的审美价值、信息价值及用途价值等。此特征容易与著作权中的演绎如翻译、汇编、改编等行为相混淆，因为基于原作品的演绎行为也是独具创新性的作品，但两者仍然存在重大区别。演绎行为所产生新的创意应该是继承原作品的基本思想，能够产生原作品所预期的演绎效果，不会超越原作品的思想范畴，而转换性使用所产生的新的作品并不一定遵循原作品的创作思想和风格，甚至实质性地改变了原作者的思想表达。

---

① Leval P., "Toward a Fair Use Standard", *Harvard Law Review*, 1990（5）.
② Campbell v. Acuff-Rose Music, Inc. 510 US. 569, Ct. 1164（1994）.
③ Kelvin Kwok, "Google Book Search, Transformative Use, and Commercial Intermediation: An Economic Perspective", *Yale Journal of Law & Technology*, 2015（17）.

根据上述分析可以得知，中医药传统知识的商业性使用行为也并不必然构成侵犯持有人专有权利的行为，著作权法中的转换性使用的判定标准可以为我们厘清中医药传统知识商业性侵权使用和一般合理性使用提供制度借鉴。

中医药传统知识的使用通常包括两种方式，一是不以预防、诊断及治疗疾病为目的，而是用于教育、学习或个人研究、宣传报道等；二是尽管以预防、诊断及治疗疾病为目的，但并不依赖于中医药传统知识所披露的药用价值及治疗功效，而是通过对传统中药、中药复方等中医药传统知识进行研究，发现新的药用价值及治疗功效。

根据转换性合理使用的第一个特征，即只要这种使用区别于原作品的使用目的即可成立。第三人将中医药传统知识用于个人研究使用、教育、广告宣传等，明显区别于专有权利制度设计的使用目的，成立合理使用，不需要征得持有人的同意即可使用。

根据转换性合理使用的第二个特征，如果所使用的传统中药、中药复方是用于预防、诊断或治疗疾病，但并不依赖于所记载的药用价值用途及功效疗法，而是通过对传统中药、中药复方的研究而发现新的药用价值用途或用于治疗新的疾病，即使属于商业性使用亦不构成对持有人专有权利的侵犯。如《肘后备急方》中载明青蒿有除疟疾之功效，如果他人利用现代技术提取相应的物质用于治疗疟疾，即表明是依赖于中医药传统知识的指引，依法进入专有权利保护范围；如果在青蒿上进行独立研究，开发出一种传统医药信息记载之外的药物用途，则成立转换性合理使用。反之，即使采用了新的方式，但最后并未产生新的用途，则不构成转换性合理使用。如鱼腥草功能主治为清热解毒、利尿消肿，将鱼腥草通过加工制成灭菌水溶液，变为注射液，但功能主治仍然是清热解毒、利湿通淋等，尽管用药方式改变了，但仍然是依赖于所记载的药用价值用途及功效疗法。如将两面针为主要成分制成牙膏，尽管最后改变了两面针的传统使用方式，但最后功效仍然是传统医药文献所记载的两面针所具有的活血、镇痛、消肿的功效。

通过借鉴著作权转换性合理使用制度，可以有效解决基于不同目的对中医药传统知识的使用行为构成侵犯专有权利与合理使用的不同情形，可以有效实现持有人专有权利与公共利益之间的平衡。综上，中医药传统知识医药信息专有权利限制与例外内容可以概括成以下几个方面：

（1）以传统使用方法用于临床预防、诊断、治疗中；

（2）为传承活动或家庭目的、个人研究学习中的使用；

（3）基于公益为目的广告宣传；

（4）非商业性文化遗产的保存、展览；

（5）为学校或课堂教学使用的传统医药信息的教材汇编；

（6）以不同于中医药传统知识所载明的用于预防、保健、诊断、治疗的商业性使用行为；

（7）以中医药传统知识所载明的用于预防、保健、诊断、治疗的医疗机构内部的商业性使用行为；

（8）国家出于紧急情况或公共利益的使用。

第七章
中医药传统知识医药信息获取与利益分享实现路径探析

国际上，获取与利益分享①（Access and benefit-sharing，ABS）——主要见于解决全球生物多样性利用及可持续发展问题的《生物多样性公约》以及解决农业植物遗传资源保护的《粮食和农业植物遗传资源国际条约》两大国际法律文件。《生物多样性公约》旨在解决涉及生物遗传资源的保护和利用问题，将保护生物多样性、持续利用生物多样性和公平、公正地惠益分享作为三大目标。在《生物多样性公约》出台之前，遗传资源和传统知识被认为属于全球公共资源，获取和利用不需要经过任何国家、组织和个人同意。遗传资源和传统知识所属国家和社区并不能从他人利用遗传资源和传统知识活动中获益，而发达国家或跨国制药企业却可以利用先进的技术，对遗传资源和传统知识进行商业化产品开发并申请专利，获得巨大的经济利益。基于这种"生物海盗"行为，遗传资源和传统知识的提供国开始有目的地提出获取和惠益分享问题，以阻止"生物海盗"行为的进一步泛滥，促进本国遗传资源和传统知识的可持续利用与发展。

《生物多样性公约》确保各缔约国对生物多样性利用模式的主权权利，各缔约国有义务为实现《生物多样性公约》制度框架下的目标制定相应的国家战略、计划及法律制度。为了各缔约国有效地理解和构建遗传资源的获取与惠益分享制度，2002年第六次缔约国大会通过了《关于获

---

① 有时也翻译成"获取与惠益分享"。

取遗传资源并公正公平分享通过利用所产生惠益的波恩准则》（以下简称《波恩准则》），目的在于帮助缔约国制定一项全面的获取与惠益分享战略，并帮助缔约国建立遗传资源获取与惠益分享步骤。然而《波恩准则》只是一种自愿式的指导准则，并没有引起各缔约国的充分重视，且过于偏重保护提供者利益、分享程序过于繁琐而被诟病。

2004 年《生物多样性公约》第七次缔约国大会再次发起关于获取与惠益分享制度的探讨，会议邀请土著和地方社区、非政府组织、工业及科技学术机构以及政府间组织共同探讨构思一项国际制度，以解决遗传资源与惠益分享问题，计划通过达成一份或多份文件来有效实施《生物多样性公约》第 15 条、第 8 条（J）款以及《生物多样性公约》的三大目标。并专门成立 ABS 特色工作组，通过 9 次会议谈判磋商，最终于 2010 年，《生物多样性公约》缔约国大会第十次会议通过《名古屋议定书》，进一步将国家主权、事先知情同意、公平惠益分享三项原则制度化，建立了遗传资源获取与惠益分享的国际制度。

《生物多样性公约》并不局限于解决遗传资源的国际性问题，而是扩大到全球可持续发展与其他社会问题上。尽管《生物多样性公约》并不以传统知识为主要目标，但仍然涉及遗传资源相关的传统知识。《生物多样性公约》在序言、第 8 条（J）款、第 17 条第 2 款详细阐述了传统知识与遗传资源的关系，以及强调传统知识对创新技术的影响，尊重社区传统知识、利用获取与惠益分享的基本理念。随后第七次缔约国大会形成关于建立保护传统知识的特殊制度的 COP-7（Ⅶ/16）决议，并就第 8 条（J）款所涉及问题设立特设专家组会议，与关于遗传资源获取与利益分享工作组进行密切合作，制定遗传资源相关的传统知识惠益分享制定，经过第八次、第九次缔约国大会，与遗传资源一起纳入惠益分享制度的探讨中，成为 2010 年《名古屋议定书》的重要组成部分。遗传资源不同于物种资源，兼具有形性与无形性等，有些遗传资源所包含的遗传信息往往以传统知识形式所披露，这种与传统知识相关的遗传资源保护模式侧重无形性特征。因此，国际上在探讨遗传资源的保护模式上与传统知识具有同质性，尽管在讨论具体制度设计上存在差异，但并不妨碍两者保护体系的相互借鉴。事实上，遗传资源国家主权原则、事先知情同意原则与公平惠益分享原则已经被很多国家运用于国内法关于传统知识的保护制度设计上。《名古屋议定书》第 7 条与遗传资源相关的传统知识的获取中规定各缔约方应根据国内法酌情采取措施，以期确保获取由土著和地方社区所持有的与遗传资源相关的传统知识，得到这些土著和地方社区的事先知情同意或核准和参与，并订立共同商定条件。该条被认为是承认与遗传资源相关的传统知识享有与《生物多样性公约》遗传资源相同的制度约束，尽管《生物多样性公约》并没有宣称缔约方对与遗传资源相关的传统知识拥有权利，但也没有排除这一可能性。[①] 惠益分享模式探讨与构建以《生物多样性公约》《名古屋议定书》为示范，奠定了国际上探索遗传资源惠益分享模式的基本框架和法理基础。遗传资源和传统知识的获取与惠益分享涉及领域广泛，诸如粮食和农业、知识产权、公共健康、国际贸易等。[②] 2000 年 WIPO 成立的知识产权与遗传资源、传统知识和民间文学艺术政府间委员会，2011 年《粮食和农业植物遗传资源国际条约》，2011 年 WHO《共享流感病毒以及获得疫苗和其他利益的大流行性流感防范框架》（简称"PIP 防范框架"），以及国际贸易协定中涉及的遗传资源、传统知识的惠益分享问题，都极具特色。由于不同利益的博弈，在惠益分享模式的构建及相关问题的解决方式上呈现差异化，国际性谈判和磋商仍然是一个十分艰巨而漫长的过程。

我国是《生物多样性公约》《名古屋议定书》的缔约国，同时也是 FAO、WTO、WIPO 及 WHO 等多个国际组织的成员国，在参与相关国际规则的制定与实施过程中，均不同程度地涉及遗传资源的获取与惠益分享。通过借鉴和改良、创新以及协调上述冲突，制定适合我国国情的中医药传统知识获取与惠益分享模式是实践医药信息专用权较为可行的路径之一。

[①] 〔德〕托马斯·伯赖格、〔哥伦比亚〕索尼亚·佩纳·莫雷诺、〔瑞典〕马蒂亚斯·阿伦：《遗传资源获取与惠益分享的〈名古屋议定书〉诠释》，薛达元、林燕梅校译，中国环境出版社，2013，第 92 页。

[②] 赵富伟、薛达元：《遗传资源获取与惠益分享制度的国际趋势及国家立法问题探讨》，《生态与农村环境学报》2014 年第 6 期。

第一节 获取与利益分享相关国际进展与路径探索

一 获取与利益分享的国际发展新态势

（一）《名古屋议定书》

自 2014 年 10 月生效以来，全球已有 100 多个国家和地区加入《名古屋议定书》。《名古屋议定书》为有效执行《生物多样性公约》的三个目标之一——公平、公正地分享利用遗传资源所产生的利益提供了框架，并达成基本的国际共识：遗传资源的使用者因使用遗传资源所获得的利益应与遗传资源的提供者分享，最终目标是保护和可持续利用生物多样性发展。根据规定，遗传资源的使用者，包括从事遗传资源的研究者及开发者必须进行详细的调查，以证明所获取和利用的遗传资源或传统知识是基于提供国国内法所要求的条件进行的。

《名古屋议定书》对遗传资源的获取条件和程序进行了相应的规定，通过确保惠益分享，对保护和可持续利用遗传资源产生激励作用。与《波恩准则》的自愿性指导规则不同在于，《名古屋议定书》为缔约方规定了一系列获取遗传资源、惠益分享和履约等方面的义务，并确保因共同商定条件产生争端时的法律纠纷解决机制，是一项规范遗传资源及相关传统知识获取与惠益分享的具有约束力的国际法律文书。各缔约国、研究机构、商业协会等陆续以《名古屋协定书》为蓝本制定一系列关于遗传资源获取与惠益分享的行为指南/准则、指导性文件或实施规则，如《欧洲议会和名古屋议定书遵约委员会关于 2014/511 号规则适用范围和核心义务的指导文件》《印度生物遗传资源和相关传统知识获取和惠益分享实施规则》《埃塞俄比亚生物遗传资源和社区知识获取和惠益分享行为准则》《国际制药商协会联盟生物遗传资源获取和公平惠益分享行为指南》等。2016 年 9 月 6 日，我国正式成为《名古屋议定书》缔约国，标志着我国已接受并融入生物遗传资源获取与惠益共享国际新规则。

《名古屋议定书》要求各缔约国在本国的法律制度设计中对获取措施的法律规定明确、清晰和透明，规定公正和非任意性的规则和程序，制定明确的事先知情同意和共同商定条件的规则和程序，规定在准予获取时颁发许可证或等同证件，创造条件促进和鼓励有助于生物多样性的保护和可持续利用的研究，适当注意威胁人类、动物或植物健康的当前或迫在眉睫的紧急情况，考虑遗传资源对于粮食及粮食安全的重要性。① 可以说，《名古屋议定书》提供的规范性准则极具参考性，各国为实现获取采取的措施具可实施性，在立法上更是兼顾实体权利与程序正当的平衡性。获取须完成事先知情同意与共同商定的程序，并以取得资源提供国许可证等事项完成获取的全部过程，包括紧急情况下的获取制度规则。整个获取过程包括由事先知情同意步骤所构成的事先知情同意权，完成事先知情同意的先决条件——共同商定的程序，许可证制度赋予资源提供国保障知情同意权的实现，并设置弹性的制度架构为各缔约国及商业性团体、区域经济组织、非政府组织等在制定惠益分享制度规则时，可以根据本区域经济社会发展情况制定符合本区域的惠益分享制度，兼具灵活性又极具区域特色，极大地避免了区域经济社会发展不平衡所导致的利益冲突。

事先知情同意权的实现通常以资源使用者提出申请为前提，以许可证授权为权利实现的路径。印度国家生物多样性管理局通过所创设表格的形式，由资源使用者提出申请，在审核表格后颁布许可证。② 国家生物多样性管理局对于申请事项需要展开调研活动，与专家委员会和所辖范围内的邦生物多样性管理局、生物多样性管理委员会进行协商，以保证程序的正当合法性。埃塞俄比亚对遗传资源的获取规定得更为详细，包括许可要求、授予许可、否认获取许可的条件、获取的基本条件、前期许可、获取过程、获取结束、获取者职责，共 8 条，规定遗传资源申请者应表明已掌握、熟悉即将获取的生物遗传资源的获取方式及分配路径，提供指示性计划，包括预测实时费用，拟获取的生物遗传资源类型、种类和数量，提供

---

① 《名古屋议定书》，https://www.int/abs/doc/protocol/factsheets/nagoya-zh.pdf，最后访问时间：2019 年 1 月 24 日。
② 《印度生物遗传资源和相关传统知识获取和惠益分享实施规则》（Guidelines on Access to Biological Resource and Associated Knowledge and Benefits Sharing Regulation），2014。转引自李一丁编译《全球生物遗传资源获取与惠益分享行为指南与示范准则资料汇编》，中国政法大学出版社，2018，第 57 页。

与本国学者、科学家等提供协助和合作的计划。①还包含后期惠益分享的计划和安排，以及有可能产生合作的意向计划，而印度惠益分享的协议安排则是在许可证颁布之后。日本则以合法获取生物遗传资源报告来强化遗传资源获取的合法性②，如果资源使用者在境外获取遗传资源并进口至日本，需要提交国际认可的生物遗传资源遵约证书并告知获取和惠益分享信息交换所，资源使用者应在6个月内将表格及遵约证书一并作为报告提交至环境省审核，获取遗传资源合法性。

对于《名古屋议定书》关于遗传资源的获取，也有不少发展中国家代表表示担忧，认为《生物多样性公约》并没有规定国家应制定法律赋予事先知情同意强制义务，仅要求"获取应服从提供资源的合同缔约方的事先知情同意，除非该缔约方另有决定"。而《名古屋议定书》却要求提供国制定事先知情同意的法律是先决条件，这意味着如果一国没有特殊的获取和惠益分享的法律或管理条例，那么没有事先知情同意的获取也是合法的，这将会纵容和促进生物海盗行为。③甚至认为，《名古屋议定书》删除了发展中国家所关注的重点问题，在有些规定上模糊不清，导致各国制定法律的不确定性，重要的是对提供遗传资源的广大发展中国家制定了获取有关的详细和明确的义务，加重了遗传资源提供国的责任。④

在惠益分享方面，规定国内一级的惠益分享措施应该对提供遗传资源的缔约方公正、公平地分享利用遗传资源所产生的利益以及嗣后的应用和

---

① 《埃塞俄比亚生物遗传资源和社区知识获取和惠益分享行为准则》（Code of Conduct to Genetic Resource and Community Knowledge and Benefit Sharing in Ethiopia），2012。转引自李一丁编译《全球生物遗传资源获取与惠益分享行为指南与示范准则资料汇编》，中国政法大学出版社，2018，第57页。

② 《日本生物遗传资源获取及对利用公平公正惠益分享行为指南》（The Guidelines on Access to Genetic Resources and the Fair and Equitable Sharing of Benefits Arising from their Utilization），转引自李一丁编译《全球生物遗传资源获取与惠益分享行为指南与示范准则资料汇编》，中国政法大学出版社，2018，第57页。

③ 《遗传资源的获取及公平公正地惠益分享名古屋议定书》之剖析（二），殷金译，http：//ceblaw.um.edu.my。转引自https：//twnchinese.net/? p=2604，最后访问时间：2019年1月29日。

④ 《遗传资源的获取及公平公正地惠益分享名古屋议定书》之剖析（二），殷金译，http：//ceblaw.um.edu.my。转引自https：//twnchinese.net/? p=2604，最后访问时间：2019年1月29日。

商业化，包括对于遗传资源的基因或生物化学构成的研究和开发。分享应根据共同商定的条件进行。惠益可能是货币或非货币性的，例如特许使用费和分享研究成果。《印度生物遗传资源和相关传统知识获取和惠益分享实施规则》规定以研究或商业开发为目的，将所获遗传资源或相关传统知识转移至第三方，申请者应根据协议规定将从第三方收到的部门惯常数额或税收等相关惠益分享的2%至5%支付给国家生物多样性管理局。[①]《菲律宾生物勘探活动行为指南》（Guidelines for Bioprospecting Activities in the Philippines）第十六部分、第十七部分则直接规定为金钱惠益和其他惠益。只要利用遗传资源所获取的开发性产品在市场流通，使用者就应每年向中央政府或提供者支付所获取样品、最低相当于全球销售总额2%的惠益。其他非货币惠益包括资源保护监管的设备及供应、技术转让辅助、基础设施建设、健康照护等形式。[②]

对于发展中国家来说，"遵约"是《名古屋议定书》"核心中的核心"。在协商的所有阶段，发展中国家一致认为弱的遵约条款将意味着《名古屋议定书》是不重要和无法接受的。[③]《名古屋议定书》强化了遵约的强硬措施，支持遵守提供遗传资源的缔约方的国内法律或管制规定的具体义务，以及遵守共同商定的条件中所体现的合同义务，这是《名古屋议定书》的一项重要创新。缔约方必须采取措施，管辖下的遗传资源获取需要依照事先知情同意，并根据另一缔约方的要求订立共同商定的条件，鼓励以共同商定的条件解决争端，确保因共同商定的条件产生争端时，能够有机会获得法律救济，并诉诸法律，监测遗传资源的利用情况，包括在研究、开发、创新、商业化前或者商业化等价值链的任何阶段指定有效的检查点。

（二）WIPO-IGC

知识产权与遗传资源、传统知识和民间文学艺术政府间委员会（WIPO-

[①] 李一丁编译《全球生物遗传资源获取与惠益分享行为指南与示范准则资料汇编》，中国政法大学出版社，2018，第30页。

[②] 李一丁编译《全球生物遗传资源获取与惠益分享行为指南与示范准则资料汇编》，中国政法大学出版社，2018，第57页。

[③] 《遗传资源的获取及公平公正地惠益分享名古屋议定书》之剖析（二），殷金译，http://ceblaw.um.edu.my。转引自 https://twnchinese.net/? p=2604，最后访问时间：2019年1月29日。

IGC）于 2000 年成立。早在 20 世纪 90 年代末，WIPO 即着手成立专门的专家小组，用于解决遗传资源和传统知识相关的知识产权问题，并陆续在 28 个国家开展传统知识持有人及知识产权需求现状的调查。IGC 的成立试图通过协调 WIPO 成员国之间利益冲突来讨论解决关于遗传资源、传统知识的民间文学艺术的知识产权问题。自 2001 年 4 月 IGC 召开第一次会议以来，截至 2019 年 6 月共召开 40 次会议，形成了两份独立草案：《保护传统知识草案》《保护文学艺术表现形式草案》。与《生物多样性公约》和《名古屋议定书》不同的是，IGC 侧重从知识产权角度解决遗传资源、传统知识问题，并将《生物多样性公约》下的事先知情同意和公平惠益分享原则作为知识产权制度延伸或变革的一部分，用于解决遗传资源和传统知识问题。从某种程度上来说，IGC 是 WIPO 试图践行《生物多样性公约》和《名古屋议定书》所确定解决遗传资源和传统知识的获取与惠益分享问题的基本途径，协调 WIPO 成员国内部的基本立法导向，并提供指导性意见。IGC 更多的是一种协调性努力，产生的议题决议及条款草案不具有强制力，但不可否认，IGC 历届会议对于遗传资源和传统知识关于知情同意与惠益分享方面所作出的创造性工作，对各成员国制定符合本国国情的惠益分享制度具有非常重大的指导意义。实践证明，2014 年《名古屋议定书》生效前后，许多国家在制定惠益分享行为指南时部分借鉴了 IGC 这方面的经验。

其中，IGC 第二十七届会议讨论的《保护传统知识：条款草案》规定成员国应当对传统知识的受益人授予下列集体权利：（1）保持、掌管、保护和发展传统知识；（2）根据事先知情同意授权或拒绝获取和利用；（3）作为事先知情同意的条件，根据订立的条款公正公平地分享因使用传统知识而产生的利益；（4）通过知识产权申请中的公开机制获知传统知识，要求强制公开传统知识持有人的身份及原属国，以及按国家法律或原属国遵守事先知情同意与利益分享时提供相应证据。这些规定对于传统知识获得与遗传资源基于共同的保护理念而构建事先知情同意与利益分享制度提供统一的立法指引。

2019 年 6 月，IGC 第四十届会议编拟了《保护传统知识：条款草案》（协调人修订稿），再次肯定土著人民和当地社区对保持、掌管、保护和发展的传统知识拥有知识产权,并强调对传统知识体系的尊重,和维持这些体系的传统知识持有人的尊严、文化认同以及智力价值,肯定传统知识在转移与传播过程中付出努力的持有人和使用者应享有相应的权利,承认并重申知识产权制度在促进创新创造、知识转移与传播、经济发展中的作用。①

二 获取与利益分享制度现状困境与反思

公平、公正地惠益分享是《生物多样性公约》三大目标之一,《生物多样性公约》从根本上改变了人们对于遗传资源作为人类共同遗产可以免费获取的基本看法,转而支持国家主权范围内的遗传资源获取需要征得遗传资源所属国知情同意,潜在地放弃了遗传资源作为公共领域资源的设定。这种转变是基于一种假设,即遗传资源会得到有效利用——持续利用是该公约的一个目标——而且缔约国的确有义务"致力于创造条件,便利其他缔约国取得遗传资源用于无害环境的用途,不对这种取得施加违背本公约目标包括持续利用的限制"②。从该假设可以看出,公约的目的并不是阻止生物遗传资源的开发利用,相反,遗传资源所在国应积极促使其他缔约国对遗传资源的便利获得,以发挥遗传资源的最大价值。

《生物多样性公约》所确定的三大目标为广大遗传资源丰富的发展中国家建立生物遗传资源可持续发展提供了国际性保障,同时也为全人类共享遗传资源的可持续利用提供路径指引。然而,如何实现"公平"的惠益分享,涉及对利用遗传资源及相关传统知识可能获得的利益价值评估及利益分配问题。《生物多样性公约》《波恩准则》以及专门涉及这一问题的《名古屋议定书》都没有提出很好的解决方式,全球对该议题争议较大,至今仍未形成一个大家可以普遍接受的公平惠益分享机制。目前国际上通行的做法即通过合同契约方式实现惠益分享,至目前为止,全球已有60多个国家和地区(有些组织是以区域形式存在的,如欧盟、安第斯共

---

① WIPO, The Protection of Traditional Knowledge: Draft Articles—Facilitators' Rev. WIPO/GRTKF/IC/40/18, https://www.wipo.int/tk/en/news/igc/2019/news_0009.html,最后访问时间:2018年10月21日。
② 《生物多样性公约》第15条第2款。

同体、非洲联盟）实行这一方式。① 国际上惠益分享协议形式普遍采用两种模式，一是对营利性的商业性开发设定货币惠益分享比例，二是对非营利性质的研究工作的非货币惠益分享，包括科研培训、教育、能力建设、科研项目协作、研究成果出版物分享以及提供研究数据成果等。

然而，通过民事契约合同实现利益分享要真正做到公平、公正却是非常困难的。一方面，ABS制度并没有设计一个合适的激励措施来确保《生物多样性公约》前两个目标的实现，主要原因是ABS双边协议谈判时的信息的不对称性导致谈判成本居高不下，对于未来商业研究价值实现的不可预期性，复杂的事先知情同意制度难以激励使用方积极签订有实质意义的利益分享合同。且双方基于利益的博弈也是建立在并不健全的价值评估体系上，未来的货币惠益分享比例更多地流于形式，难以计算实行商业性开发而获得的实际价值的利益比例分配。同时，行政管辖区域内的遗传资源可能只能满足部分使用者，使用者需要的遗传资源有时涉及多个国家或区域，而共享类似资源的国家或区域之间也会发生价格战，《生物多样性公约》等国际性公约并未就共享资源的国家之间如何协调作出制度安排。② 另一方面，合同契约形式建立在一国事先知情同意程序性保障制度基础之上，如果某一国家尚未建立完善的事先知情同意程序性规定，就无法实现合同契约所约定的权利和义务，而合同契约也无法解决何时因为权利用尽而不再负担公平分享惠益的义务，对此《生物多样性公约》未作出相应安排。而各国或地区的分享行为指南和示范性准则并未提供合理的解决渠道，行为指南一般只提供惠益分享的形式或内容，并不涉及具体规则的适用，而示范性准则多数回避这一问题。

由于ABS机制存在的诸多问题，以及过于原则性的指导意见缺乏可操

---

① Jorge Cabrera Medaglia, Frederic Perron-Welch and Freedom-Kai Phillips, *Overview of Regional and National Measures on Access and Benefit Sharing*, *Challenges and Opportunities in Implementing the Nagoya Protocol*, CISDL, 2014, p. 200. http://www.cisdl.org/aichilex/files/Global%20Overview%20of%20ABS%20Measures_FINAL_SBSTTA18.pdf，最后访问时间：2018年12月11日。

② Manuel Ruiz Muller, "Reshaping the International Access to Genetic Resources and Benefit Sharing Process, Overcoming Resistance to Change and Correction", *Biodiversity*, *Genetic Resources and Intellectual Property: Developments in Access and Benefit Sharing*, Edited by Charles Lawson and Kamalesh Adhikari, Routledge, 2018, p. 164.

作性,在国际上真正运用 ABS 机制解决惠益分享问题的国家或地区并不多,其中具有代表性意义的且被普遍认为 ABS 运行较为良好的国家是哥斯达黎加。该国建立的生物多样性研究所(INBIO)专门解决因获取遗传资源的惠益分享问题。该研究所为国家研究所与外国公司合作共同成立的,于 1998 年建立 ABS 机制,旨在解决将哥斯达黎加保护区获取的遗传资源用于研究开发所获得的任何可持续的经济利益问题。INBIO 通过协商设定惠益分享标准为 0.5%~2.5%。生物勘探中所获得的遗传资源使用的利益分享,其中较有影响力的为紫杉酚(Taxol)和水生栖热菌(Thermus aquaticus)的资源获取与利益分享,涉及数亿美元资产利益分配。尽管 INBIO 不断尝试在 ABS 机制设计上改进,但仍然存在诸多问题,争议不断,经过二十多年的运作,INBIO 目前面临关闭,正在寻求政府救助。[①]

ABS 双边协议合同经过多年国际实践证明并不是最合适的处理惠益分享的有效模式,不断有学者质疑采用双边协议解决惠益分享的可行性,然而对于大部分遗传资源提供国和使用者之间基于《生物多样性公约》《名古屋议定书》和 ABS 制度而践行的合同制惠益分享协议却并未提出任何反对意见。这与各国在践行《粮食和农业植物遗传资源国际条约》、采用协议解决惠益分享时存在的问题具有相似性,因为分享商业化所得货币惠益大多停留在文本层面上,很少有通过协议接受资源的当事方向"惠益分享基金"付款的成功案例。[②]

基于现行 ABS 双边协议存在的弊端,有学者提出在国家主权原则基础上寻求一种新的方法,采用一种新的多边协议方式而不是现行 ABS 制度所采用的双边协议模式。遗传资源的获取最终是为了将相关的遗传信息用于发展生物技术,因此,这种获取遗传信息途径只能依靠一个条件,即如果对生物技术申请专利,则生物遗传信息的使用就会被披露。如果取得商业上的成功,将确定国家间遗传信息的分布情况,并根据物种的保护状

[①] Pablo Fonseca, " A Major Centre of Biodiversity Research Crumbles'(2015) ", Scientific American, http://www.scientificamerican.com/article/a-major-center-of-biodiversity-research-crumbles,最后访问时间:2019 年 11 月 12 日。

[②] 张小勇、王述民:《〈粮食和农业植物遗传资源国际条约〉的实施进展和改革动态》,《植物遗传资源学报》2018 年第 19 期。

况来分享利益。这种利益分享将不再是事先的,而是一种事后控制,即允许生物遗传资源使用者免费获取遗传资源,如果利用遗传资源所获得的遗传信息开发生物技术申请专利,则根据所披露的生物遗传信息来确定这些遗传信息分布的区域情况,以此来决定哪些国家和地区可以参与利益分享。共享遗传信息来源的国家将依物种地理分布按比例来共享既定或预先确定的利益。这种方法被称为"有限的开放"(bounded openness)。[①]"有限的开放"制度的实现需要满足两个前提条件,一是国家对于所属遗传资源需要建立完整的数据库,且对于遗传资源所蕴含的遗传信息需要处于公开可查询状态,以方便确定所属物种遗传信息地理分布情况,确定惠益分享比例;二是使用者需以专利申请情形公开披露所获得的遗传信息。在此基础上,通过谈判协商一致建立多边共享协议。

"有限的开放"为我们采用多边协议形式处理遗传资源惠益分享提供另类视角,此种模式直接跨越获取前的知情同意程序,解决了当遗传资源涉及多个国家资源时所面临的利益分享问题,而这一点,《名古屋议定书》在第10条中也给出了相应的指导意义,即当遗传资源分布在两个或两个以上国家时,可以考虑全球多边分享机制构建的可能性。

第二节 利益分享实现的条件之一:传统医药信息强制披露的构建

医药信息专用权通过确权登记审批制度与数据库构建,完成对享有专用权的医药信息的披露,构建清晰的产权界限,以及侵权判定标准实现中医药传统知识医药信息的全方位保护。然而,该项制度毕竟只停留在理论与制度层面,是否能完全阻止西方发达国家日益猖獗的"生物海盗"行为尚有待检验,对于利益分享的实现,仍然需要依赖于现行知识产权制度,尤其是专利制度。《生物多样性公约》经过多年的努力,成功地将遗

[①] Manuel Ruiz Muller, "Reshaping the International Access to Genetic Resources and Benefit Sharing Process, Overcoming Resistance to Change and Correction", *Biodiversity, Genetic Resources and Intellectual Property—Developments in Access and Benefit Sharing*, Edited by Charles Lawson and Kamalesh Adhikari, Routledge, 2018, pp. 213-214.

传资源来源披露纳入专利法修改的国际议程，经过数十年的不断努力和探索，各国已陆续接受这一提议，将其纳入国内专利法的修改之中。

信息披露包括正向披露和反向披露两个层面，前者是权利人主动披露相关信息，方便日后权益的主张，起着信息权利公示的作用；后者是基于他人利用传统知识从事商业性行为的来源披露义务，更多地体现为专利法中的信息来源披露制度。国际上对利用遗传资源所完成的发明创造应履行披露义务普遍达成共识，但具体操作上各国仍有差异，主要分为强制披露、自愿披露和许可证披露三种方式。我国《专利法》即规定对利用遗传资源所完成的发明创造获取专利权采用强制披露义务，而披露制度也正是知情同意权构建的重要内容之一。

遗传资源作为中医药传统知识重要的载体之一，主要包括具有中医药传统文化及治疗功效的含有遗传功能单位的植物、动物等有形物质实体材料。《生物多样性公约》侧重对有形实体的来源披露，实现对遗传资源的挖掘和利用的控制，但对遗传资源的单方面披露无法实现中医药传统知识的全方位保护。因此，建立符合中医药传统知识的医药信息强制披露制度，对建立知情同意和惠益分享制度具有重大的现实意义。

一 遗传资源信息披露制度出台背景

《生物多样性公约》第15条之5即遗传资源的取得需要经过提供这种资源的缔约国事先知情同意，第15条之6、7为遗传资源获取的惠益分享条款。之后，公约秘书处于2001年10月22~26日在德国波恩达成了《波恩准则》，其中第16（d）（ii）提到"建立措施鼓励遗传资源和传统知识来源信息披露"。

以上模型架构即为"事先知情同意—落实惠益分享—遗传资源获取"。为了有效实现惠益分享模式，获取权利人事先知情同意，再达成惠益分享协议，是遗传资源获取的必然前置程序，而知情同意制度的落实最终仰赖于遗传资源的信息披露制度。有学者认为，专利申请人在申请专利前，已经得到遗传资源权利人的同意，在申请时再对有关遗传资源的来源作出披露，应该是知情同意制度在专利申请程序中的延伸，也是知情同意权利人的权利的后续体现。有时，来源披露制度也可以直接要求把权利人事先知情同意的证据列入要求披露的信息范围，保障事先知情同意制度的实现。①

在国际上，发达国家与发展中国家围绕遗传资源信息披露问题有着重大分歧。在 TRIPS 协议尚未将遗传资源来源信息披露纳入之前，部分发达国家持观望态度，或者采取弱性披露方式，如德国、西班牙和瑞典等国；大部分发展中国家和地区如巴西、哥斯达黎加、印度、秘鲁、南非等皆采用强制性披露方式。遗传资源信息披露制度尽管在《生物多样性公约》的推动下取得了令人瞩目的成就，但作为现行国际通行的知识产权保护标准的 TRIPS 协议对此并未给予足够关注，导致遗传资源信息披露制度并未形成普遍性的国际规则。依据现行 TRIPS 协议规定，各国制定国内专利法时，可以授予利用有关遗传资源的发明创造专利权，这将可能使该遗传资源为特定的专利权利人所有。而现行 TRIPS 协议又未采用事先知情同意和公平惠益分享原则，因此，一些国家建议在现行规则下，利用遗传资源相关的发明创造申请专利时，应该披露该遗传资源的来源，并应取得资源提供国的事先知情同意和惠益分享证据，将其作为取得专利权的要件内容，修改 TRIPS 协议第 27.3 条（b）或第 29 条。2004 年 12 月，世界知识产权组织大会上，欧盟委员会发表声明要求建立一个强制性的、具有普遍法律约束力的信息披露制度，并提议修改《专利法条约》（The Patent Law Treaty）、《专利合作条约》和一些地区性协议如《欧洲专利公约》。对于原产地来源不明确的，申请人在申请时应当声明发明人知晓获得该遗传资源的有效途径。② 欧盟立场的转变，使得这一进程又进一步加快了。

二 传统知识的来源披露与遗传资源来源信息披露的关系

（一）传统知识的来源披露

前已述及，传统知识的信息披露首次出现于《波恩准则》第 16（d）

---

① 张炳生、陈丹丹：《论生物技术专利保护中的利益平衡原则》，《浙江社会科学》2008 年第 6 期。
② WIPO，《在专利申请中公开遗传资源和相关传统知识的来源》，https：//www.wipo.int/meetings/ru/doc_details.jsp？doc_id=151518，最后访问时间：2014 年 11 月 13 日。

(ii) 条 "建立措施鼓励遗传资源和传统知识来源信息披露"。但该条款并未就传统知识的披露问题作进一步说明。世界粮农组织也是基于育种者的特殊权利保护而丝毫未涉及传统知识的问题。[1]

1999 年 9 月 WIPO 的第三次专利法常设委员会 (SCP) 上，哥伦比亚代表团第一次就来源披露制度提出建议，并提交大会进行讨论，涉及来源披露的主题不仅包括遗传资源，也包括传统知识的来源披露问题。

传统知识的来源披露并未形成普遍的国际公约规范，但是却被一些发展中国家相继采用，并用于指导制定国内法规范。如埃及《专利法》规定，如果发明涉及传统医药、农业、工业或手工知识以及文化或环境遗产，发明人应当以合法手段取得这些来源资料。南非《专利修正案》规定，申请人按照规定的方式向登记员提交一份声明，说明要求受到保护的发明是否基于或源于原住民生物资源、遗传资源或传统知识或使用方式，如果是，登记员应请申请人提供"有权被授权使用"的证据。2000 年安第斯共同体签订的《知识财产共同制度》第 26 (i) 条规定：对于从缔约国原产的传统知识中得出，或者以缔约国原产的传统知识为基础开发的产品或工艺技术，依据《关于遗传资源获取的共同制度》（简称《ABS 共同制度》）的规定，申请人申请专利时应当提交能够证明得到缔约国社会、非洲裔美洲人社会或地域社会许诺或许可使用该传统知识的文书。印度 2005 年修改后的《专利法》第 9 (p) 条规定：如发明本身是属于传统知识的，或者发明本身是属于一个或两个以上的传统知识构成要素（component）的组合物或复制品，则不属于专利法所规定的发明。[2] 尽管印度专利法中并未直接规定传统知识的来源披露，但对于发明本身是利用传统知识禁止授予专利权，是对未经同意擅自利用传统知识的另一种限制。

（二）遗传资源来源信息披露的缺陷

从上述分析可以看出，《生物多样性公约》对生物资源主题的规制导

---

[1] Muriel Lightbourn, *Food Security, Biological Diversity and Intellectual Property Rights*, Ashgate Publishing Limited, 2009, p. 130.
[2] 金锡华：《关于我国传统知识、遗传资源的保护——以来源披露制度为论点》，《贵州民族学院学报》（哲学社会科学版）2010 年第 1 期。

致传统知识未能纳入国际公约议题中,形成传统知识来源披露制度的国际法空白。尽管遗传资源和传统知识在某些程度上存在一定的关联性,如某些生物遗传材料的医药用途信息就属于传统知识,但是两者仍然存在较大差别。遗传资源的国际法律保护主要来源于《生物多样性公约》和 FAO 等组织,而传统知识更多地表现为传统部族、社区的一种实践知识、信息,在传统知识未与民间文学艺术分离的时候,还表现为一种文化表达方式,因此,遗传资源信息来源的披露并不能代表传统知识来源的披露,两者功能和社会效用差异明显。将传统知识来源披露制度纳入中医药传统知识医药信息专用权设计中,对于该制度会产生什么样的影响,与专利法中遗传资源信息披露制度相比究竟有何优势?

众所周知,专利法中的遗传资源信息披露制度是落实事先知情同意和公平惠益分享制度的重要措施。取得遗传材料原产国的书面事先同意证书,在事先同意的基础上达成惠益分享协议,这两项书面材料共同构成遗传资源信息披露最为重要的证据。因此有学者认为,这种制度设计人为地变革了专利的基本原理,将遗传资源信息披露制度提高到与专利实质审查三要件等同的高度和标准,在适用上很难得到认可,尤其是发达国家的认可,从所述大部分发达国家都以弱式披露的方式变相推诿这项制度的实施即可看出。也有学者认为,以知情同意和惠益分享模式通过专利法保护遗传资源,并不是构建一种专属权利,而是出于公平原则,为遗传资源的利益分担提供的一种可供操作性的平台机制。

该制度并非毫无缺陷。首先,专利尚未授权之前,研发者利用遗传资源进行开发可能只停留在某种设想上,研发过程本身就存在一定风险,在这阶段研发者需要花费大量的时间和人力、物力去寻求原产地国并完成事先知情同意和惠益分享内容。待到研发基本成型之日申请专利权,再去商谈知情同意和惠益分享事宜,存在谈判成本的高风险,很有可能在原有的预期内不能达成惠益分享协议,可能因不能完成来源披露而不能获得专利权。因此遗传资源来源披露制度在操作上存在重大缺陷。

其次,当第三人通过其他途径利用遗传材料提取了有效的物质成分,并申请专利,在申请专利时直接以有效物质成分的形式出现,如何判断该有效物质成分是利用遗传材料所完成的发明创造?比如通过对植物 A 进行有效物质提取,得到物质 B,如果发明人不主动履行来源披露制度,那么如何证明物质 B 来源于植物 A?因为物质 B 是新物质,这个来源只有研发者知道,而唯一的解决方法就是按照专利法中的方法专利要求实行举证责任倒置(实际上物质 B 是产品发明,也无法成立举证责任倒置),由研发者自己证明该物质 B 不是来源于植物 A,但需要提供相关数据,比如研究时的材料、实验数据等。

三 中医药传统知识医药信息披露与专利衔接

中医药传统知识最大特色和优势在于复方,其融合了阴阳五行、八纲辨证的内容,在配伍上讲究君臣佐使、相畏相杀,通过合理的药物搭配达到预防和祛除疾病的功效。传统复方涉及药物多为两种以上,各种药物在煎熬过程中发生的化学反应及分离出来的物质直接作用于人体,达到预防和祛除疾病的目的,这种物质用今天的科技手段无法萃取出来,也无法通过具体技术特征予以表征,因此成为适用专利制度的最大障碍。

在专利权利制度中建立中医药传统知识医药信息披露制度,阻止他人未经同意直接使用该中医药传统知识所披露的医药信息申请专利,主要包括用于预防和治疗人体疾病通过中药的理法方药表现出来的医药信息,这些药物可能具有治疗多种疾病或适应证的用途。通过权利制约促使他人与权利人进行协商谈判,签订惠益分享协议。对于研发投资者来说,一方面,该协议可以采用普通、排他和独占许可等多种方式获得医药信息用于商业目的,这对于研发投资者本身就是一个保障,因此更有利于激励其与权利人进行谈判合作;另一方面,研发投资者可以直接找到权利人,在研发初期即可实施此种谈判合作方式,有利于商业开发的快速开展。

四 中医药传统知识医药信息披露模式路径选择

遗传资源来源信息披露并不涉及传统知识的披露,更多地涉及有形实体即遗传材料,"生物海盗"行为也是直接针对遗传材料进行开发利用。而中医药传统知识医药信息披露侧重于对传统知识的信息披露,涉及生态意义上的植物、动物遗传资源和传统医药信息两方面,其中植物、动物遗传资源是传统医药信息直接的物质载体,传统医药信息的开发和利用离不开中药（主要指药用动植物）这一有形载体，两者之间具有对应性，相较于其他知识产权载体的不特定性具有明显区别。从此角度来说，医药信息披露制度需综合考虑三方面内容，以建立全新的披露模式。

(一) 如何确定来源地

如何确定具体的来源地，对于来源地披露是只限于"原产国"（country of origin）还是包括"提供国"（providing country）？对于此问题，各国家和地区并未形成统一的规定，但大部分国家基本上规定披露只限于"原产国"，而不要求披露"提供国"。

有学者认为，如果披露范围只限定在披露传统知识或遗产资源的原产国，在下列情形中则会给专利申请人带来极大的困难：（1）因在原产地域外获取传统知识或遗传资源，申请人不知道原产国；（2）存在多个原产国；（3）通过交配等方法进行品种改良，无法确定原产国；（4）因遗传资源古老而无法提供证明原产国的相关材料等。① 在传统知识或遗传资源与发明的关联性上，也存在难以判断具有多样性的传统知识或遗传资源的起源、发明与传统知识或遗传资源的利用范围等问题。②

以传统中草药（药用植物）为例，同一种药用植物药不仅分布在中国，也会散布于其他国家或地区，如何处理这种区域分布及正确披露来源地需要从以下几种情况着手。（1）分布在不同区域的同一品种药用植物，有些区域的植物药用价值被传统知识披露，而在有些区域只是作为普通的植物存在，并未披露药用价值。（2）分布在不同区域的同一品种药用植物，虽然传统知识揭示的药用功效基本一致，但在效用上仍然会存在差异。（3）分布在不同区域的同一品种药用植物，各个区域所披露的植物药用功效不同。（4）某种药用植物专属于某个区域，形成的药用价值与该地区土壤和气候环境有着紧密联系。

第一种情况，传统中草药区别于其他普通植物药的特殊之处在于药用价值信息是以传统知识形式披露的，且两者之间具有唯一对应的关系，因

---

① 田上麻衣子:《遺伝資源及び伝統的知識の出所開示と関から一考察》,《知的財産法政策学研究》2005 年第 8 期。
② 森田岡一:《薬用植物特許紛争これは伝統的知識と公共の利益ばれてい》,《特許研究》2005 年第 9 期。

此只需披露那些揭示医药信息的药用植物所在区域的来源地即可。第二种情况，需要披露不同的区域来源地。第三种情况，基于对应关系，只需披露对应的医药信息及药用植物所在区域来源地即可。第四种情况，可以直接披露来源地。

上述是针对单味中草药的来源地披露的探索，而对中药复方的来源地披露主要依据文献来源或者传承的方式，如果是民间口头流传并经过当地长期实践检验具有较好的稳定性疗效的中药复方，可以通过口头流传确定所在区域。

（二）传统文化披露

作为传统知识披露的某些传统医药知识，对传统社区具有宗教价值和信仰意义，具有文化身份的表征功能，甚至有些药用植物承担着传统部族图腾的功能。如亚马孙河流域盖丘亚族用来做"精神的葡萄酒"的"死藤水"，印第安人用于治疗疟疾和其他发热病症的"金鸡纳树树皮"，它们由于神奇的治疗效果，被赋予图腾意义。这些药用植物凝聚着传统部族的精神信仰，是其赖以生存和发展的精神动力，同时，对传统知识图腾文化的崇拜也进一步加深了传统部族对药用价值的认识。

传统知识作为一种文化要素，是文化多样性的有机组成部分，是实现文化可持续发展的基本条件，然而传统部族文化多样性资源正在大规模地、快速地消失，要维护传统知识的生存状态需要巩固文化多样性的发展，促进国际社会对传统知识文化的尊重和保护。

中医药传统知识包含以气血、阴阳五行所形成的朴素的哲学唯物辩证法思想，在发展历程中，呈现各个时代不同的社会思潮和人文因素。传统中药所蕴含的药物用途价值应当披露产生这些药物用途的文化因素，一是出于保存传统文化发展的需要，实现传统文化可持续发展；二是赋予中医药传统知识特殊的文化意义，披露的内容也可以成为判断他人未经同意擅自使用该中医药传统知识医药信息侵权的依据。

（三）相关的医药信息披露

医药信息披露内容包括该中医药传统知识的功效、主治、用法及炮制到直接用药的方法、步骤及流程等，对应现代医学可能相似的疾病名称或现代医学术语表述的主治、功效等信息。以单味药青蒿为例，两千多年前

《黄帝内经》描述了疟疾的寒热症状，东晋葛洪《肘后备急方》利用青蒿来治疗疟疾，其中所述"青蒿一握，以水二升渍，绞取汁，尽服之"，主要用于暑邪发热、阴虚发热、夜热早凉、疟疾寒热、湿热黄疸等，后来中国中医科学院根据上述文献，采用现代制药技术制取青蒿提取物，最后从中分离提取抗疟有效单体，命名为青蒿素，成为治疗疟疾的首选药物。① 根据披露要求，如欲对青蒿提取物申请专利，则应该在申请专利时披露上述关于青蒿治疗疟疾的中医药传统知识出处、功效、主治等信息。

遗传资源的来源信息披露制度为制止发达国家非法利用发展中国家遗传资源进行商业开发的"生物海盗"行为提供了最基本的制度框架。遗传资源所蕴含的治疗疾病的医药信息来源于传统知识，而由传统知识所衍生开发的知识产权利益更为广泛。中医药传统知识医药信息披露模式可以采用医药信息专用权权利要求设计的内容披露模式（详见第六章），有利于保护传统中医药在现代化过程中的产业化利用，实现侵权责任的认定及有效落实中医药传统知识知情同意和惠益分享制度。

第三节 利益分享实现的条件之二：获取知情同意的路径构建

知情同意和惠益分享制度是《生物多样性公约》创立的关于遗传资源获取的核心规则，特别是 2010 年《名古屋议定书》将事先知情同意作为三大原则之一与国家主权原则、公平惠益分享原则并列，更是突出了事先知情同意的重要性。然而，《生物多样性公约》并没有为传统知识获取的"知情同意"作出制度安排，传统知识获取的"知情同意权"行使并未形成国际性规范，多数散见于各国对于传统知识、传统医药获取的国内法规定中。传统知识区别于遗传资源在于获取对象客体的无形性，以及主体的不确定性，而这使得传统知识的获取所遵循"知情同意"变得更为复杂。

知情同意权属于民事权利，来源于民事医疗法律关系，后来多用于国

---

① 杨天权：《青蒿素的发现》，http://xmwb.news365.com.cn/ygb/201111/t20111101_3169998.htm，最后访问时间：2016 年 2 月 27 日。

际贸易进出口中涉及有毒有害或危险物品管控的法律或国际多边协议中，从法律特征来说，都是基于平等关系的民事主体行为，充分体现尊重当事人意思自治和主体平等权利意识。

知情同意权强调遗传资源或传统知识持有人对于他人使用遗传资源或传统知识具有事先知悉的权利，遗传资源或传统知识的获取者或使用者履行法定提前告知的义务。强调"事先"，是为了有效地实现"同意"，在知情同意权的设计中，如何实现充分的告知及作出权利主体真实的意思表示的同意行为是最为重要的环节。

我国的《中医药法》借鉴《生物多样性公约》关于遗传资源获取规则设立知情同意权和利益分享权，旨在控制他人的获取和利用行为。正如第六章所述，医药信息专用权商业性研究开发的排他性权利从某种程度上来说，即已包含通过事先同意可以阻却排他性，似无再设立知情同意权之必要。解决上述问题需要深入探讨知情同意权背后的法理及权利属性。

一 "知情同意"的法理背景

知情同意，又称为事先知情同意（prior informed consent），概念来源于美国医学领域，作为医生与病人沟通对话的一种方式，目的是在病人对自己健康问题作出决定的时候，确保医生能够为病人提供足够多的信息帮助病人作出决定。随后各国开始将事先知情同意应用于主权国家之间安全保卫的一种机制，控制出口国将潜在的有害物质进口到一国领域。[①] 如涉及有毒有害的化学物质、基因工程生物体、持久性的有机污染物以及遗传资源等。1976年《有毒物质控制法案》（Toxic Substances Control Act，TSCA）出台。TSCA是美国环境保护署（EPA）关于有毒物质出口通知和条件的规定，通过具体措施控制化学物质或混合物有可能出现的不合理风险导致对健康或环境的潜在危害。TSCA责成个人或公司在出口有危险的化学物质时告知EPA，并提交与接受国分享利益的信息，出口商在实际出口之前有义务告知EPA出口的计划。反过来，EPA也为进口商提供进口信息。

---

① Cairo Guidelines and Principles for the Environmentally Sound Management and Disposal of Hazardous Wastes, June 17, 1987, http://www.unep.org/Documents/Default.asp?DocumentID=Ol O&ArticleID=1663，最后访问时间：2018年6月28日。

另一项具有知情同意机制的美国法律是管理危险废物的《资源保护与回收法》（Resource Conservation Recovery Act，RCRA）。危险废物出口商需要在计划出口之前60天通知EPA。美国国务院代理EPA向废物进口国发出通知，要求进口国必须提供书面同意，EPA将收到的进口国同意（有条件或无条件）的信息告知出口商。TSCA和RCRA提供了一些实践做法，比如在事先知情同意中如何做到"事先知情/告知"。

虽然事先知情同意的概念植根于美国国内法，但是随着多边环境保护协定越来越多，这种概念也不断在发生变化。在随后的多边协议中，《鹿特丹公约》（The Rotterdam Convention）要求出口商在进行贸易前必须列出被禁止或限制的化学物品和除害剂已经获得进口商的事先知情同意。公约推动了通过不同形式的援助来确保进口的化学物质的安全性，并确保进口商和危险物品的出口商符合安全管理的要求。而《巴塞尔公约》（The Basel Convention）仿效美国RCRA，创建了一个关于废物出口方面的多边协议知情同意制度。[1]

与有毒物质和废物的知情同意制度不同的是，遗传资源和传统知识的事先知情同意涉及告知信息是什么，何时提供信息，责任如何分配，以及程序问题等。《波恩准则》在程序上提供了一些准则，包括国家和地方社区的同意机制、持有人参与机制、合理时间和最后期限、指定用途类别、双方同意条款、获取同意的程序细节和获取过程的一般规定。

上述制度设计的重心在于事先知情同意的构成要素以及各要素之间的关系。遗传资源、传统知识的事先知情同意不仅涉及国家，还涉及提供遗传资源和传统知识的传统社区、原住民等，因此在整个制度构建上具有十分浓厚的政治色彩。2001年，一份关于原住民[2]、私人部门、自然资源、能源和采矿公司的人权组织的工作报告指出，原住民作为土地和资源所有权人，在与政府和采掘行业（公司）谈判时有说"不"的权利。[3] 2005

---

[1] Melanie Nakagawa, "Overview of Prior Informed Consent from an International Perspective", *Sustainable Development Law & Policy*, 2004（4）.

[2] 此处原住民与土著人民意思等同，都是指某地方较早定居的族群，二者可以交替使用。

[3] Report of the Workshop on Indigenous Peoples, Private Sector Natural Resource, Energy and Mining Companies and Human Rights, UN Doc. E/CN. 4/Sub. 2/AC. 4/2002/3, p.52.

年联合国常设论坛（United Nations Permanent Forum on Indigenous Issues, UNPFII）关于原住民问题举办了一个国际研讨会，达成了不受约束的事先知情同意基本共识，原住民可以采取更为有利便捷的方式实施不受约束的事先知情同意。[1] 然而在 2006 年，澳大利亚、新西兰和美国等代表在联合国常设论坛研讨会上明确提出拒绝这种"基本共识"的方案，沃恩（Peter Vanghan）提出不同国家和原住民对"同意"的定义不同，认为达成关于不受约束的事先知情同意的共识还为时尚早。[2] 并强调，研讨会的方案只是一种非强制性的，而且不受约束的事先知情同意不应该作为一项绝对权利而存在，事实上，将这种绝对权利赋予原住民，对于国家其他公民来讲也是一种潜在的歧视。对于这种观点，有学者提出反对意见，认为任何支持这种言论的观点都是对平等的错误解读，将会产生更多的实质不平等。因为他们忽视了传统部族、原住民长期被剥削的历史，如果要基于平等的观念，那么就应该给予原住民必要的补偿，以实现实质性的平等。[3]

由此可见，事先知情同意在遗传资源和传统知识的获取与利益分享制度设计上表现得更为复杂。通过多年的艰苦努力，原住民在国际法上获得一定胜利，任何跟原住民利益相关的事项都需要征得原住民同意，事先知情同意已获得部分国际法上的承认并上升为一种权利，变成一种基于原住民自决权而产生的"事先知情同意权"。当前构建原住民"知情同意权"的国际性公约包括《消除种族歧视公约》（Convention on the Elimination of Racial Discrimination）、《美洲人权公约》（American Convention on Human Rights）、《经济、社会和文化权利国际公约》（International Covenant on Economic, Social, and Cultural Rights）和《国际劳工组织公约》（International Labour Organization Convention）等，涉及 169 个独立国

---

[1] Report of the International Workshop on Methodologies Regarding Free, Prior and Informed Consent and Indigenous Peoples, UN Doc. E/C. 19/2005/3, p. 47.

[2] Statement to the Permanent Forum on Indigenous Issues Regarding the Declaration on the Rights of Indigenous Peoples (May 22, 2006), http://www.austlii.edu.au/au/journals/AILR/2006/41.txt/cgi-bin/download.cgi/download/au/journals AILR/2006/41.pdf, 最后访问时间：2018 年 6 月 29 日。

[3] Rashwet Shrinkhal, "Free Prior Informed Consent as A Right of Indigenous Peoples", *Journal of National Law University*, 2014 (54).

家的原住民和部落、民族。知情同意是原住民实现权利的核心,包括文化权利、自决权和财产权。在过去的几十年里,知情同意制度也得到发展,通过自愿准则、社会和环境准则、契约协议和政治公投,涉及伐木、采矿、移民、筑坝和获取遗传资源等方面。① 然而知情同意作为一种原住民自决权的工具,也一直遭到很多国家和以开采资源为主的工业企业的异议,特别是在赋予知情同意权的意义和范围上。②

二 "知情同意权"的权利属性——自我决定权与否决权

原住民权利来源于国际法中的自我决定权,又称民族自决权。③ 2007年9月13日《联合国土著人民权利宣言》通过,自我决定权作为原住民一项国际权利获得承认。《联合国土著人民权利宣言》第3条规定,土著人民享有自决权,可以自由决定自己的政治地位,有自由追求经济、社会和文化发展方面的权利。

对于自我决定权的理解,著名学者马格纳雷拉曾指出:"自我决定权是指一个人通过一系列程序和结构、手段可以自由决定自己的命运。"④ 杰拉尔德·德沃金将自我决定权解释为人的"内在、心理上的自由",因此,在哲学意义上,"自我决定权指的是一个人行使自由的能力,在合理范围内,包括个人的福利和利益"⑤。《联合国土著人民权利宣言》认为自决权即"土著人民有权利决定那些有可能影响他们权利的事项"。《联合国土著人民权利宣言》第19条和第32条规定了关于事先知情同意的条款,认为事先知情同意与土著人民的自决权是不可分割的,同时也贯穿于

---

① The World Bank Group and Extractive Industries, *Final Report of the Extractive Industries Review*, 2004, http://www.eireview.org/,最后访问时间:2019年3月27日。
② Rashwet Shrinkhal, "Free Prior Informed Consent as A Right of Indigenous Peoples", *Journal of National Law University*, 2014 (54).
③ Paul J. Magnarella, "The Evolving Rights of Self-Determination of Indigenous Peoples", *St Thomas L. Rev*, 2001 (14); Bartolome Clavero, "The Indigenous Rights of Participation and International Development Policies", *Arizona Journal of International & Comparative Law*, 2005 (41).
④ Paul J. Magnarella, "The Evolving Rights of Self-Determination of Indigenous Peoples", *Thomas L. Rev.* 2001 (14).
⑤ G. Dworkin, "Aboriginal Self-Determination: The Status of Canadian Aboriginal Peoples at International Law", *Sask. L. Rev*, 1992 (6).

国家人权理论中的财产、文化和非歧视权利。联合国土著人民权利前特别起草人詹姆斯·阿纳亚（James Anaya）将自决权描述为"对于大多数人所享有的普遍的人权……并可以平等自由控制自己的命运"①。

由此可见，事先知情同意作为土著人民自决权，在国际人权中已经得到普遍确认，而事先知情同意是否可以延伸发展成一项单独的否决权？这主要取决于自我决定权是一项个人权利还是一项群体权利。在国际法上，自决权似乎是作为一项群体权利而存在的。因此，如果他人违反自决权，个人似乎并不能获得赔偿。我们假设一个社区去参与发展当地一个项目而需要用到集体土地，但某个人或某个家庭拒绝离开土地，在这种情况下，个人利益可能需要服从整体利益。也可能存在另一种情形，例如印度法律规定，假如某一项目影响该地区80%的居民，那么政府会征求他们同意，但很有可能20%的人口会被国家边缘化，因此，法律必须保护少数民族的地位和权利，以及文化不受侵犯。自我决定权的制度设计绝对不是由一个国家占绝大多数的人口来决定群体权利的行使，而是由各民族、部族、传统社区内部的人口比例来确定群体权利的行使。比如一个多民族国家，其中一个民族人口占国家总人口的绝大多数，其他民族人口占比较小，群体权利的行使绝不是以总人口的基数来决定少数服从多数的集体权利意识，而是由各民族内部分别行使群体权利，采用少数服从多数原则，突出个人利益必须服从集体利益。

很多国家拒绝将事先知情同意视为一项否决权，认为否决权是一项绝对权利，影响国家的政策实施。因此只承认事先知情同意是保护土著人民权利的一种手段，而不是否决权。阿纳亚在报告中明确支持这一观点，他指出，宣言的事先知情同意不应该被认为是根据土著人民而定的对可能产生影响的决定的一般"否决权"，而是将建立共识作为与土著人民协商的目标。②《联合国土著人民权利宣言》第46条之一申明，宣言不应该被理解成授权或鼓励任何分裂或破坏独立主权国家领土完整或主权的行为。第46条之二允许对《联合国土著人民权利宣言》的权利进行限制，前提是

---

① James Anaya, *Indigenous Peoples in International Law*, Oxford University Press, 1996, p.81.
② James Anaya, Report to the Human Rights Council, 2008, https：//www.un.org/webcast/unhrc/archive.asp? go=080910，最后访问时间：2019年3月27日。

这种限制是"非歧视性"的和完全必要的，仅为确保对他人权利和自由的尊重，并与民主社会所要求的行为相一致。第 46 条之三将宣言中的权利解释为"按照公正、民主、尊重人权的基本原则和平等、非歧视、良治和诚信"。

综上，事先知情同意作为原住民基本人权中自我决定权实现的一个基本工具，具有成为权利的正当法理基础，该权利坚持以国家主权原则为依据，排除作为"否决权"的绝对权利存在，坚持"非歧视性"和完全必要为原则的适当权利限制，以实现原住民公平、公正的利益目标为宗旨。

三 医药信息专用权"知情同意"的实现路径

有毒物质和废物的出口商必须获得进口商所在国的知情同意，要披露有可能给进口商造成危害的可能性因素，且须提供书面的利益分享计划信息。在多边协议中，出口商在进行贸易前也必须列出禁止或限制化学物品和除害剂已经获得进口商的事先知情同意，以此来确保进口的化学物质的安全性。由此可见，知情同意权最初设立的目的并不在于侵权事后的救济处理，而在于事先的防范，通过设立知情同意权，以完成"事先"的告知程序，是预防风险发生的前置程序。在遗传资源和传统知识的事先知情同意权设计中，知情同意权体现的是一种民族自决权和对本民族、部族、社区事务的处置权，所含意义更为深远。在这一点上，医药信息专用权的排他性商业利用只能作为侵权的事后救济，如果没有知情同意权，医药信息专用权将无法阻止他人未经同意进行研究开发并申请专利的行为。

现行民事医疗行为中的知情同意权建立在医院接受患者求诊并予以诊治、医患双方形成医疗合同关系之后，即知情同意权是基于双方的契约关系而构建的。而医药信息专用权所建构的基础并不是双方的契约关系，而是法律的创设，因为其他人想获取和利用中医药传统知识医药信息，必须先征得专用权人同意，而此时契约关系并未成立，当专用权人同意并签署书面同意书时，才意味着合同正式生效成立。因此，医药信息专用权项下的知情同意权更强调一种权利使用的"事先"控制，这种"事先"控制依赖知情同意权构建一系列程序和措施，如告知方式、什么时候告知，告知内容等，而这是商业性利用排他权所不具备的。

通过构建知情同意权可以有效地实现对中医药传统知识获取的监控和管理,是实现利益分享的有效途径,契合我国《中医药法》对中医药传统知识持有人相关权利的立法精神,对有效保护我国中医药传统知识具有积极意义。

知情同意权作为法律所赋予的法定权利为构建具体的制度与路径提供了法律依据,如何实现从获取"告知"到"同意",以实现真正意义上的公平合理的利益分享,路径设计显得尤为重要。

(一) 传统知识"事先知情/告知"的路径启示

知情同意,包括知情和同意两方面。笔者认为只有在对交易对象、获取的资源背景、利益分享模式具有充分足够知情的基础上,才能作出合乎利益的同意或不同意的理性选择。

知情同意权充分保障了当事人之间平等意思表示的自由,对于遗传资源和传统知识的获取应在充分征询遗传资源、传统知识持有人或所有人的同意后方可实施。这种"同意"包括两层含义。首先,同意应是不受任何限制的自由表达,因此,也被称为不受约束/自由行使的事先知情同意(Free prior informed consent),不受约束意味着同意不受任何政府或非政府组织的胁迫、恐吓、操纵,事先意味着土著人民必须尽早参与项目规划,并给予足够的时间充分考虑建议措施。"告知/知情"意味着土著人民对项目所有事项或潜在的影响须有足够的了解。[①] 其次,这种同意应是持有人在充分了解所要获取的全部信息后,基于信息和专业的对称性所作出符合真实意思的表示。

对于传统知识而言,事先知情或事先告知需要传统知识获取者或使用者进行信息的充分披露,即披露所获取的传统知识的详尽资料,包括获取和利用的主体、传统知识范围、使用时间、预计用途(并指明是商业还是非商业性用途)、投资计划、未来利益分享等事项。该部分涉及具体披露的信息清单,也是后期组成利益分享协议最为重要的内容。国际上对于

[①] Ginger Gibson MacDonald, Gaby Zezulka Boreal Leadership Council, *Understanding Successful Approaches to Free Prior and Informed Consent in Canada*, "Part I: Recent Development and Effective Roles for Government, Industry, and Indigenous Communities", Boreal Leadership Council, 2015, p. 8.

遗传资源获取"告知"的方式一般有两种：一是通过意向书通知遗传资源所属权利主体将在特定范围内开展相关的研究及后续的商业性开发活动，如《菲律宾生物勘探活动行为指南》；二是根据遗传资源所属国制定好的标准申请表格，提交相应的资料，再由相应的主管机关进行初步审核，此种方式类似许可证制度，如埃塞俄比亚、日本、德国、印度等国家皆采用。[1] 不管是哪一种方式，均需要完整披露所要获取的遗传资源相关信息，而这一点，与传统知识具有相似之处，值得借鉴。

实践中，落实上述"事先知情/告知"，获取者或使用者披露的信息清单并不能彻底解决传统知识存在的问题，相较于遗传资源而言，传统知识为某一民族、部族、社区所创设，具有专属性特征，传统知识客体的非物质性，无法通过直接占有控制他人获取。因此，传统知识需要给予权属认定，即通过标示署名的方式披露专属于某一民族、部族、社区或某个国家。而遗传资源并非某一主体所创设，是自然界本身存在的事物，不同国家，不同民族、部族、社区可能存在诸多相同或相似的遗传资源，在法律上通常以主权国家境内的地域范围来界定权属关系。因此，区别于遗传资源，需要给传统知识获取者以反向披露，即哪些传统知识享有专有权利，需要践行"知情同意权"，哪些属于公共资源，不需要获得知情同意即可实施。通过反向披露的权属证明，可以印证他人未经同意使用传统知识而应承担的相应责任。

因此，从某种意义上来说，事先知情/告知另一作用在于解决传统知识获取后可能面临的一种风险及所应采取的防范措施。事先知情/告知是一道"阀门"，而建造这道"阀门"需要两个要素，一是有检视这种行为所披露的信息资料，二是当出现他人非法获取传统知识时有相应的信息权属登记证明。对于传统知识来说，一方面，传统知识的获取者或使用者应提供相应的信息清单资料以实现充分的"告知"义务；另一方面，需要传统知识的提供国建立信息登记制度或完整的数据库，以核实印证"告知"信息清单所涉及的传统知识权利归属。

---

[1] 李一丁编译《全球生物遗传资源获取与利益分享行为指南与示范准则资料汇编》，中国政法大学出版社，2018，第54页。

(二) 如何做到真正的"同意"

充分"告知"实现"知情同意"的程序一般是指传统知识的获取者通过意向书告知传统知识所属权利主体,在特定范围内开展传统知识相关的研究及后续的商业性开发活动;或者是传统知识所属国制定获取许可标准,使用者通过填写传统知识所属国固定的许可申请表格,提交相应的资料,由传统知识所属国进行初步审核,通过许可申请方式,实现传统知识提供国"知情"的必要程序。

《菲律宾生物勘探活动行为指南》第五章"事先知情同意"第十三部分"事先知情同意指南"13.1 规定使用者应确保在现行法律规定前提下获得包括土著人民、地方政府、保护地管理委员会、私人主体或对其他专门区域拥有特殊管辖权的机构事先知情同意。13.2 详细规定了提供方进行事先知情同意应遵循的程序,包括:A. 通知:使用者应通过意向书通知土著人民、地方政府、保护区管理委员会、私人土地所有者或其他机构有意在特定区域内开展生物勘探活动。提交意向书时应附上研究计划复印件,且必须披露拟开展活动和已提交生物勘探活动申请详情。B. 部门协商:申请使用者应要求组织成立社区大会,并张贴或发出通知,申请使用者应以社区能够理解的语言或方言向社区大会提供足够数量的研究计划概要或提供复本。[①] 而印度采用的则是后一种许可模式来实现"知情"的程序设定。印度授权国家生物多样性管理局来审批商业利用、生物调查、为商业开发而进行生物利用活动获取程序的许可制度,任何试图在印度以研究或生物调查或为研究进行生物利用活动而获取生物遗传资源或传统知识的,应以规定的统一表格形式向国家生物多样性管理局提出获取申请许可。[②] 采用类似许可方式实现使用者"告知"制度的还有埃塞俄比亚、日本、德国等国家。事实上,第一种程序的"告知"更多的类似于许可证制度下的申请前调研和磋商阶段,最终仍需提供国授权许可,方可进行获

[①] 李一丁编译《全球生物遗传资源获取与惠益分享行为指南与示范准则资料汇编》,中国政法大学出版社,2018,第 54 页。

[②] 《印度生物遗传资源和相关传统知识获取和惠益分享实施规则》(Guidelines on Access to Biological Resource and Associated Knowledge and Benefits Sharing Regultion),2014。转引自李一丁编译《全球生物遗传资源获取与惠益分享行为指南与示范准则资料汇编》,中国政法大学出版社,2018,第 54 页。

取的后续步骤。

上述是对于"告知"的程序性规定,通过告知程序实现知情同意,而在告知的基础上,如何做到"真正"的同意,即真正体现传统知识持有人的真实意思表示,则是我们需要予以重视的。

四 "知情同意"路径实现的信息交换所模式

"同意"是一种根据信托关系给予许可的过程。知情同意意味着提供清晰的解释,还应提供合同细节、可能的收益、产生的影响和未来用途。过程应当透明,语言应当让土著人民充分理解。[1]"知情同意"的概念反映出人们日益承认对环境和社会影响进行评估是任何谈判进程的一个先决条件,这使各方能够作出均衡的决定。如何做到"知情/告知"后的"同意",且这种同意是在真正理解传统知识获取者或使用者的真实意图之后所做的?任何基于信息不对称或非真实意思表示所作出的"同意"均违反"知情同意权"设立的初衷和法理精神。因此,如果原住民没有足够的能力去理解纷繁复杂的相关法律或政策,他们在行使"同意"的时候必然面临挫败感。人们往往通过有无能力实现有效的自我管理来评价一个人,于某种意义上来说,原住民行使"同意"的行为等同于他们拥有自我管理能力。其中自我管理能力又分为两个部分,一是能够有效地行使管理自己生活的政治选择权,有权参与言论、结社自由;二是有能力持有财产,以及与其他人拥有平等的财产权。[2] 因此,从某种意义上来说,国家应充分保障公民实现有效的自我管理,对于一个国家来说,有义务有责任在原住民签订合同过程中提供尽可能的帮助,使其理解并真正实现自我管理。[3] 包括建立专门的公益性机构或私人民间组织,帮助原住民在被获取遗传资源或传统知识时提供专业性指导意见和提供法律及决策参考。

---

[1] 转引自 WIPO《关于传统知识可能采用的各种不同体现形式的清单和简要技术性解释》(WIPO/GRTKF/IC/17/INF/9),附件第 4 段,https://www.wipo.int/meetings/en/fulltext_mdocs.jsp?q=WIPO%2FGRTKF%2FIC%2F17%2FINF%2F9,最后访问时间:2019 年 3 月 22 日。

[2] Martha Nussbaum, "Human Rights and Human Capabilities", *Harv. Hum. Rts. J*, 2007 (41).

[3] Rashwet Shrinkhal, "Free Prior Informed Consent as A Right of Indigenous Peoples", *Journal of National Law University*, 2014 (54).

《卡塔赫纳宣言》为解决这一问题提供了一种生物安全信息交换所（Biosafety Clearinghouse）模式。① 该交换所建立中心数据库，政府和个人可以公布技术信息、风险研究、关于具体种子和商品的风险影响评估，以及遗传资源、传统知识获取者披露的信息清单，公众可以通过公共网络查询该数据库获取上述信息。并且交换所提供全程法律咨询、财务服务以及相关的技术信息服务。这种信息交换所将"告知"与"同意"充分结合起来，即充分实现了告知的义务，让遗传资源、传统知识提供国享有充分的知情权，充分理解这些告知信息后的真实意思表示，实现基于提供国自身利益考虑的真实"同意"行为。实际上，《生物多样性公约》即已明确提出基于各国技术交流建立信息交换所，《名古屋议定书》第一部分第14条则进一步明确设定获取和利益分享的信息交换所。《欧洲议会和名古屋议定书遵约委员会关于2014/511号规则适用范围和核心义务的指导文件》也指出，为了与《名古屋议定书》第14条第2款保持一致，缔约方有义务将关于获取和利益分享的法律、行政或政策措施发布于获取和利益分享信息交换所。

Clearinghouse 在《布莱克法律词典》中具有三层意思，第一层即为银行支票或汇票结算每日余额的地方或机构，后引申为第二层意思即股票或商品的结算交易所，通常统称为票据结算所。随着科学技术的发展，这个概念逐渐由金融领域跨入其他行业，有着更为广泛的第三层意思，现在通常用来指任何相关货物、服务或信息在提供者和使用者之间的一种交换机制，意指任何交换信息的地方（Any place for the exchange of specialized information）。② 根据联合国环境规划署使用的一份词汇表，信息交换所机制是一种促进和简化多个缔约方之间信息交换或交易的机制。③ 1992年《生物多样性公约》首次将Clearinghouse应用于生物多样性保护规定中，明确提出交换所概念，目的在于促进和便利缔约方、其他政府和利益攸关者

---

① Melanie Nakagawa, "Overview of Prior Informed Consent from An International Perspective", *Sustainable Development Law & Policy*, 2004 (4).
② Bryan A. Garner, *Black's Law Dictionary* (*Tenth Edition*), Thomson Reuters, 2014, p.307.
③ 联合国环境规划署：《环境署多边环境协定谈判者词汇表》，http://www.unep.org/delc/portals/119/Glossary_terms_20_for_Negotiators_MEAs.pdf，最后访问时间：2019年4月3日。

之间的科技合作。我国为了践行《生物多样性公约》的相关规定，于1998年建立并运行的中国国家生物多样性信息交换所网站（Biodiversity Clearing-House Mechanism of China，CHM）① 和为了履行2000年《卡塔赫纳生物安全议定书》的职责而建立的中国国家生物安全信息交换所网站（Biosafety Clearing-House of China）② 均采用"交换所"这一称谓。

交换所模式具有多种表现形式，但共同点都是基于互联网技术而实现的数据交换模式。国际上交换所模式通常有五种表现形式，即单纯的实现信息数据交换、共享的信息交换所（information clearinghouse）模式；为促进技术转移、转化合作的技术交换所（technology exchange clearinghouse）模式；建立在自由免费获取基础上的共享和使用的开放获取交换所（open access clearinghouse）模式；通过建立标准许可授权的标准许可交换所（standard licences clearinghouse）模式；集信息交换、标准许可、许可费结算、许可实施及监督、争议方式的解决等服务于一体的许可费结算交换所（royalty collection clearinghouse）模式。③

《生物多样性公约》无法依赖于单一的交换所模式以实现促进技术转让和技术与科学合作的目的。《生物多样性公约》倡导建立的全球生物多样性信息交换所模式只能处理生物多样性信息共享问题，而无法解决授权获取及后期的利益分享问题。作为交换所的基础模式，信息交换所以生物多样性数据库实现信息的交流与共享，技术交换所在此基础上通过建立专业的服务团队，为生物信息获取者与持有人提供专业的信息对接及相应的法律服务，有效实现生物资源持有人充分的知情同意。而标准许可交换所致力提供适用于所有生物资源获取与使用、利益分享的标准许可模式，极大地降低了交易谈判成本，便利生物资源的获取与利益共享，再通过设立专门的许可费结算的集体管理组织，实现标准许可模式下的许可费结算交换所模式。由此可见，多种类型的交换所模式结合的实践探索可以有效解

---

① 参见中国国家生物多样性信息交换所官网，http：//www.biodiv.gov.cn。
② 参见中国国家生物安全信息交换所官网，http：//english.biosafety.gov.cn。
③ Esther van Zimmeren，"Clearinghouse Mechanisms in Genetic Diagnostics Conceptual Framework"，edit，Geertrui Van Overwalle，*Gene Patents and Collaborative Licensing Models—Patent Pools*，*Clearinghouses*，*Open Source Models and Liability Regimes*，Cambridge University Press，2009，p. 69.

决生物多样性获取与利益分享产生的诸多问题。

在中医药传统知识领域,同样面临上述问题,交换所不仅可以实现有效的登记、信息管理功能,还可以建立专业的服务团队,在获取中医药传统知识时有效实现知情同意以及建立标准的利益分享模式。

(一) 专业服务团队实现获取的知情同意

语言的差异以及对于技术方面的理解不同、对于不同国家法律理解差异所导致的问题并不鲜见。生物遗传资源使用者或获取者对于未来研究开发计划、利用生物遗传资源所涉及的各项问题提供信息清单,但由于信息的不对称,原住民难以获取足够的与所利用生物遗传资源开发项目的有关信息。原住民由于独特的生活方式,很可能无法理解社会、政治以及开发项目所涉及的财务问题,反过来对他们行使事先知情同意的这种决策过程产生不利影响。

因此,对于一个国家来说,有义务、有责任在原住民签订合同过程中提供尽可能的帮助。① 包括建立专门的公益性机构向原住民提供专业性指导意见,或向私人民间组织提供法律及决策参考。技术交换所建立的专业服务团队模式可以有效地解决这一问题,真正实现在遗传资源获取与技术交流过程中对于原住民、传统社区的"知情同意"。

经申请审核登记入库的中医药传统知识享有专门权利,在他人意图商业性使用专用权人持有的中医药传统知识时,由执业中医师、律师、医学和法律专家、相关政府官员等组成的专业化顾问团队,提供相应的咨询及帮助履行知情同意的相应授权,解答相应问题,真正落实"知情同意权"的行使。

(二) 标准许可交换所模式下的利益分享路径

标准许可交换所模式下提供两种主要模式。第一种模式采用交换所网站设置下拉菜单和一些标准问题,由被许可人来勾选,从而创建一个定制协议,以适应授权许可中的各种情况。这种模式主要以获取者或使用者自我选择为主导。第二种模式则是共享模式下的 CC 许可证模式,这种模式

---

① Rashwet Shrinkhal, "Free Prior Informed Consent as A Right of Indigenous Peoples", *Journal of National Law University*, 2014 (54).

以许可者为主导，具有代表意义的是基于开放科学（Open Science）理念下——科学共享（Science Commons）创立的知识共享许可证（Creative Commons licenses，简称CC许可证）。知识共享网站作为一个开放的互联网平台，将用户捐献的享有著作权的作品授权颁发CC许可证书，用户签订CC许可证免费获取作品来实现知识的共享。知识共享的一个目标在于增加公共领域中公开许可的作品数量。通过CC许可证的使用，全世界数以百万计的人将他们的照片、视频、著作、音乐等创造性内容免费提供给公众使用，使用者再进行演绎、加工创造出新的作品形式。①

第一种模式在生物技术获取与转化上由获取者或使用者选择后创建许可协议文本。该模式需要依据不同选项评估许可者对协议文本的接受程度，拥有遗传资源的原住民、传统社区对于众多协议文本的理解以及产生的法律后果等。第二种模式即CC许可证模式根据是否为商业性使用、对所获取的内容是否可以进行演绎性修改等目的设立六种不同的许可证模式，每种许可证模式采用标准统一的授权许可格式文本，由分享作品的所有权人事先设定允许采取的许可模式，与作品获取者或使用者签订授权许可文本。

中医药传统知识许可证模式可以由中医药传统知识所在国家或代表国家管理中医药传统知识的组织设立，分为非商业性科研使用、商业性科研使用、非科研性公益使用、非科研性商业使用四种类型。前两种类型侧重于科研成果的商业化利用程度，如利用中医药传统知识披露的医药信息进行相应的非临床药物研究等属于非商业性科研使用，利用中医药传统知识医药信息提取有效物质后进行产品化行为则为商业性科研使用。后两种侧重于对中医药传统知识所披露医药信息本身直接使用的商业/非商业性目的，如对中医药传统知识的普及教育、宣传、以传统方式使用于临床等属于非科研性公益使用，对中医药传统知识进行衍生产品的开发及商业性销售行为属于非科研性商业使用。

四种生物多样性许可获取模式可以有效地涵盖中医药传统知识获取的不同目的，并针对不同目的设立不同的授权许可文本，文本规定获取条件

---

① 参见知识共享网站，https：//creativecommons.org/share-your-work/licensing-types-examples。

以及利益分享事宜，可以有效降低获取成本，提高获取效率。

(三) 许可费结算交换所模式下的统一授权管理

许可费结算交换所，又称为许可费结算所，国际上具有代表性的为版权许可费结算所（Copyright Collection Societies，CCS）。这种结算所主要以著作权集体管理组织形式存在，主要解决许可费用结算及管理问题，和理论界一直探索的专利许可费结算所（Patent Royalty Collection Clearinghouse，PRCCH）具有相似之处。许可费结算所集信息交换、标准许可、许可费结算、许可实施及监督、争议方式的解决等服务于一体，具有较为完备的制度体系结构。CCS作为著作权集体管理组织在集中处理版权的授权许可及版权使用费收取方面发挥着巨大作用，包括美国、法国、德国、日本等国在法律结构、决策程序、许可费定价程序、许可条件等设定上都极具特色，为我们探索生物多样性获取许可费的统一收取和结算提供了充分的参考依据。

在我国，生物多样性信息收集及数据库主要集中在政府公共部门和一些私人研究机构。从20世纪80年代开始，各部委和地方政府陆续建立生物多样性数据库，包括土地生态利用、自然生态系统、物种、遗传资源、传统中药等数据库达150多种。但由于没有统一的生物多样性信息系统，缺乏网络管理的总体规划、设计、协调和管理，各部门之间的信息交流和共享也缺乏公平合理的规则，各部门均根据各自的实际需求，制定自己的数据管理标准。不同部门掌握的生物多样性数据不同，生物多样性数据管理标准的差异导致信息交换、共享和综合处理的困难，也造成了财力和人力的浪费。1998年为了履行《生物多样性公约》义务而成立的中国国家生物多样性信息交换所，在一定程度上为建立一个统一的生物多样性信息网络平台提供了基本的框架和设计，但该平台并未实现数据库的整合，数据资源较单一，且缺乏统一的组织机构对其进行有效管理。

《生物多样性公约》规定在生物多样性的获取上以国家主权为原则，由国家通过建立某一机构或组织代表原住民、传统社区履行对于区域范围内生物多样性的知情同意。我国可借鉴印度的国家生物多样性管理局、巴西的生物多样性管理理事会等，组建国家中医药传统知识管理委员会，构建全国性的中医药传统知识交换所网站，统一行使对于全国范围内的中医药传统知识管理，包括中医药传统知识的登记审批、获取、使用同意以及利益分享等。在数据库构建上，可以借鉴印度、韩国和菲律宾等国关于传统医药信息数据库的建构模式，建立信息管理委员会，根据中医药传统知识涉及的不同部门下设多个中心。在《生物多样性公约》所确定的基本框架下，借鉴国际上生物多样性信息数据库成功经验，实现标准许可交换所模式，对于中医药传统知识的获取、技术合作与转化制度构建具有积极意义。

综上，中医药传统知识医药信息专用权知情同意权的实现路径，在于构建清晰的产权登记信息数据库，以获取充分的"反向披露"。同时，为医药信息专用权人做到真正的"同意"，需要建立专门的机构或组织，聘请包括由中医药、法律、知识产权等领域专家组成的咨询顾问团队，建立标准交换所模式，实现医药信息专用权人的利益分享权。

结　语

当可授予专利权的范围扩大到诸如软件、商业方法和基因序列等生物技术领域时，专利制度已经发生变化，这些领域的专利或显得无效，或范围过大，导致人们认为专利是阻碍而不是鼓励发明。我们应该清楚地认识到，试图调整专利系统适应不同的技术是一个错误[①]；应根据不同的技术属性创造性地运用专利规则，实现新的权利制度的突破。

中医药传统知识医药信息具有抽象性，注定无法用现代科学实验的数据测量方法进行量化。然而，制度与主题的匹配永远不是建立在想象之上。传统医药信息与专利制度在某些方面具有高度的契合性，同时又具有某些天然的本质差异。因此，对专利制度保护传统医药信息的探讨为建构符合中医药传统知识医药信息特色的新型知识产权保护制度提供借鉴。

赋予中医药传统知识医药信息专用权，能否达到资源的优化配置，是否可以有效遏制西方发达国家的"生物海盗"行为？答案是未知的，对这一制度的具体构建和完善有赖于后续的精深研究和翔实的实证调查以及实践的检验，但应该肯定，建立新型权利形态是我们探索中医药传统知识知识产权保护的必由之路。

最后，借 Ronald Dworkin 教授的一句话作为结尾："当我们继承了一种文化结构，基于正义的理念，我们便有义务将这种结构传递给下一代，并且确保它的丰富性不会在我们手中消逝。"[②] 历史赋予我们这一代人的

[①] 〔美〕亚当·杰夫、乔希·勒纳：《创新及其不满：专利体系对创新与进步的危害及对策》，罗建平、兰花译，中国人民大学出版社，2007，第182页。

[②] Ronald Dworkin, *A Matter of Principle*, Harvard University Press, 1985, pp. 232-233.

使命，是在我们可以享受经济科技带来的种种好处的同时，能以清醒的头脑抵御科技对于传统知识文化的冲击，实现法之公平正义的最基本诉求。

附 录

中华人民共和国中医药传统知识医药信息专用权保护条例
（建议稿）

目 录

第一章 总则
第二章 专用权内容和归属
第三章 授予专用权的条件
第四章 专用权申请登记、审批与授权
第五章 专用权的期限、终止和无效
第六章 专用权的保护
第七章 附则

第一章 总则

第一条 为了保护中医药传统知识所能够用于人体预防、保健，疾病的诊断治疗的医药信息专用权，鼓励对于传统中药、中药复方的新药技术创新，促进中医药的现代化发展，制定本条例。

第二条 本条例下列用语的含义：

（一）医药信息，是指经长期实践的传统中药、中药复方等以文献方式记载或口头流传的具有稳定的，能够用于人体预防、保健和疾病的诊断、治疗功效的信息，包括功能主治、适应证、性味归经、用法用量以及传统治疗方法、炮制方法及制备工艺等。

（二）以传统方法的使用，是指区别于运用现代科学技术，再现中药、中药复方的传统使用方法。

（三）医药信息专用权人，是指依照本条例规定，对中医药传统知识进行创新或持有的享有专用权的自然人、法人或非法人组织。

（四）商业化利用，是指为商业目的以传统医药信息为指引进行的相关产品开发、销售、许诺销售、进口行为或利用传统医药信息开发新的方法的商业性行为。

第三条 国务院中医药主管部门负责管理全国的中医药传统知识医药信息工作，统一受理登记申请、审批，依法授予专用权。

省、自治区、直辖市人民政府管理中医药工作的部门负责本行政区域内的中医药传统知识医药信息管理工作。

第四条 国家中医药主管部门设立中医药传统知识管理委员会，负责管理全国已进入公共领域且已公开的中医药传统知识医药信息管理工作，以及商业化利用的备案及后续利益分享工作，并作为申请人向中医药主管部门提出登记申请。

省级地方中医药主管部门设立地方中医药传统知识管理委员会，负责收集、整理地方已进入公共领域且已公开的中医药传统知识医药信息工作。

中医药传统知识管理委员会设立专项基金库，将已进入公共领域且已公开的中医药传统知识医药信息的商业化利用所获得收益纳入专项基金库，用于中医药传统知识的传承和保护。

第五条 已进入公共领域且已公开的中医药传统知识专用权由国家享有，国家授权中医药传统知识管理委员会行使相应权利。

第六条 中国自然人、法人或非法人组织对持有的或在传承基础上进行创作产生新的中医药传统知识医药信息，依照本条例享有专用权。

第七条 经过长期实践，基于相同宗教文化背景而世代相传的中医药传统知识医药信息，以某一民族或社区为集体专用权人。

第八条 外国人或外国组织经过专用权人同意而创作产生新的中医药传统知识医药信息，依照本条例享有专用权。

第九条 对未经专用权人同意，他人在享有专用权的医药信息基础上创作新的医药信息，不授予专用权。

在国家作为专用权人的医药信息基础上创作新的医药信息不需要经过同意即可依法授予专用权，但不得损害原专用权人利益。

第二章 专用权内容和归属

第十条 中医药传统知识医药信息被登记授予专用权后，除本条例另有规定以外，任何单位或者个人未经专用权人许可，都不得从事商业性利用行为，即不得为商业目的，以传统医药信息为指引进行相关产品开发、销售、许诺销售、进口或以其他方式直接使用传统医药信息的商业性行为，以及利用传统医药信息开发新的方法的商业性行为。

第十一条 自然人、法人或非法人组织行使享有专用权的医药信息从事商业化利用行为，需征得医药信息专用权人同意，并就利益分享事宜达成协议。

第十二条 对于需要使用已进入公共领域且已经公开的享有专用权的医药信息进行商业化利用行为，采取登记备案制度，正式进入产业经营后三个月内向中医药传统知识管理委员会报送利益分享方案，经双方确定后实施。

第十三条 两个或两个以上的自然人、法人或非法人组织就相同的医药信息进行登记申请，经审查批准授权后，共同享有专用权。

第十四条 医药信息专用权属于自然人的，该自然人死亡后，专用权依照继承法的规定转移。

第十五条 医药信息专用权人享有自己传承或指定他人传承的权利。

第十六条 医药信息专用权人对他人商业化利用行为享有知情同意权和利益分享权。

第十七条 医药信息专用权的申请权和专用权可以依法转让。

中国的单位或个人、集体就在中国享有的医药信息专用权向外国人转让申请权或者专用权的，应当经审批机关批准。

转让申请权或专用权的，当事人应当订立书面合同，并向审批机关登记，由审批机关予以公告。

第十八条　在下列情况下使用经登记授权的中医药传统知识医药信息，可以不经专用权人同意，不签署利益分享协议，但是不得侵犯专用权人依照本条例享有的其他权利：

（1）以传统方法用于临床预防、诊断、治疗中；

（2）为传承活动或家庭目的、个人研究学习中的使用；

（3）基于公益为目的的广告宣传；

（4）非商业性文化遗产的保存、展览为目的；

（5）为学校或课堂教学使用的传统医药信息的教材汇编；

（6）以不同于中医药传统知识所载明的用于预防、保健、诊断、治疗为目的的商业性使用行为；

（7）以中医药传统知识所载明的用于预防、保健、诊断、治疗为目的的医疗机构内部的商业性使用行为；

（8）国家出于紧急情况或公共利益的使用。

第三章　授予专用权的条件

第十九条　授予专用权的中医药传统知识医药信息，应当具有商业新颖性、医药用途的独特性、稳定性和有效性。

第二十条　商业新颖性，是指该医药用途信息未被他人用于商业性利用行为，即在登记之前未被他人用于相关产品的研发、销售、许诺销售、进口等行为。

第二十一条　医药用途的独特性，是指授予专用权的医药信息在人体预防、保健、疾病的诊断和治疗方面具有一定的独特性。

第二十二条　稳定性和有效性，是指授予专用权的医药信息经过长期实践证明，疗效显著，且保持长期不变。

第二十三条　以某一民族或社区为单位集体申请专用权设立登记，需成立自治管理代表机构代为申请；不能成立或尚未成立代表机构的，由所在地中医药主管部门组织成立代表机构。

第二十四条　中国的单位和个人申请专用权的，可以直接或者委托代理机构向审批机关提出申请。

第二十五条　中国的单位和个人、集体申请专用权的医药信息涉及国家安全或者重大利益需要保密的，应当按照国家有关规定办理。

第四章　专用权的申请登记、审批与授权

第二十六条　申请专用权的，应当提交请求书、说明书及摘要和权利要求书等文件。

请求书应当写明所要申请医药信息的名称，申请人姓名、地址及其他事项。

说明书应当清楚、完整地说明所要申请医药信息的中药及方剂组成，具有的功效，治疗目的，用法，以及涉及的炮制工艺、传统制备方法，长期临床实践证明具有稳定的疗效和医药用途的独特性，没有被作为商业性开发使用的陈述，以及原始来源或直接来源，无法说明原始来源的，应当陈述理由。在他人享有专用权的医药信息基础上创新产生的新的医药信息，需要提供经同意的证明材料。

摘要应当简要说明医药用途信息的功效和治疗目的。

权利要求书应当以说明书为依据，清楚、简要地限定要求专用权保护的范围。

第二十七条　国家中医药主管机关以收到首次提交申请文件之日起为申请日，如果申请文件是邮寄的，以寄出的邮戳日为申请日。

第二十八条　受理申请登记的中医药主管机关经初审合格后，发出公告，公告期限为六个月，在公告期限内，任何人均可以提出异议，或者请求增补自己为共同申请人。公告期满无异议也无增补请求的，进入实质审查阶段。

公告根据申请人在申请书中注明选择的公开内容进行公布，涉及保密登记申请的，应当能够反映最基本信息的医药信息名称、功能主治等。

第二十九条　对初步审定并公告的传统医药信息提出异议或增补请求的，主管机关应当听取当事人的陈述事实和理由，经调查核实后，自公告期满之日起十二个月内作出最终裁决，确定最终申请人或驳回申请，并书面通知当事人。

第三十条　医药信息登记授权后，除非有特殊理由和法定规定的事由，主管机关不再接受异议和增补请求，且自登记授权后最长不得超过五年。

第三十一条 主管机关对申请登记的医药信息进行实质审查后，认为不符合本条例规定的，应当通知申请人，要求在指定期限内陈述意见，或对申请材料进行修改，无正当理由逾期不答复的，该申请视为撤回。

第三十二条 经申请人陈述意见或者进行修改后，主管机关仍然认为不符合本条例规定的，应予以驳回。

第三十三条 医药信息登记申请经实质审查没有发现驳回理由的，由中医药主管机关作出授予专用权的决定，发给专用权证书，同时予以登记和公告。专用权自申请日起生效。

第三十四条 医药信息专用权登记分为三类：

第一类为已进入公共领域且已公开的医药信息专用权登记采取公开披露方式，公众可以自由查阅所有相关资料信息；

第二类为由自然人、法人或非法人组织为主体申请进行的医药信息专用权登记，可以决定是否公开，以及公开的程度；

第三类为保密登记，涉及国家安全及社会公众利益以保密方式登记，但应公开医药信息的基本名称、功效等信息。

第三十五条 国家中医药主管部门设立医药信息复审委员会。医药信息登记申请人对中医药主管机关驳回申请的决定不服，或者对初步审定公告后的异议或增补申请裁决不服的，可以自收到通知之日起三个月内，向医药信息复审委员会请求复审。医药信息复审委员会复审后，作出决定，并通知申请人。

第三十六条 自然人、法人或非法人组织对于由中医药传统知识管理委员会向中医药主管机关申请登记的中医药传统知识医药信息持有异议的，可以向中医药主管机关提出异议，异议不成立的，可以向医药信息复审委员会请求复审。

第三十七条 申请人对医药信息复审委员会的复审决定不服的，可以自收到通知之日起三个月内向人民法院起诉。

第五章 期限、终止和无效

第三十八条 医药信息专用权的有效期为二十年，自申请之日起计算。

第三十九条　医药信息专用权有效期满，需要继续维持的，专用权人应当在期满前十二个月内按照规定办理手续，在此期间未能办理的，可以给予六个月的宽限期。每次续展有效期为二十年，自上一届有效期满次日起计算。期满未办理续展手续的，自动进入第一类登记，由国家享有专用权，行使相关权利和履行相应义务。

第四十条　医药信息专用权人以书面声明放弃专用权的，专用权由国家享有。

第四十一条　自国务院中医药主管部门公告授权登记之日起，任何单位或者个人、集体代表组织认为该授权登记不符合本条例有关规定的，可以请求医药信息复审委员会宣告该授权登记无效。

第四十二条　医药信息复审委员会对宣告登记无效的请求应当及时审查和作出决定，并通知请求人和专用权人。宣告专用权无效的决定，由国务院中医药管理部门登记和公告。

第四十三条　对医药信息复审委员会宣告专用权无效或者维持专用权的决定不服的，可以自收到通知之日起三个月内向人民法院起诉。人民法院应当通知无效宣告请求程序的对方当事人作为第三人参加诉讼。

第四十四条　被宣告无效的专用权视为自始不存在。

第六章　专用权的保护

第四十五条　中医药传统知识管理委员会建立中医药传统知识医药信息数据库，加强中医药传统知识医药信息的记录与维护。

第四十六条　中医药传统知识管理委员会建立中医药传统知识交换所，组建专业团队，以及建立利益分享许可模式。

第四十七条　医药信息专用权保护范围以权利要求的内容为准，说明书及附图可以用于解释权利要求的内容。

第四十八条　未经专用权人许可，商业性利用医药信息即侵犯专用权，引起纠纷的由当事人协商解决，不愿协商或者协商不成的，专用权人或者利害关系人可以向人民法院起诉，也可以请求中医药主管部门处理。中医药主管部门处理时，认定侵权行为成立的，可以责令侵权人立即停止侵权行为，当事人不服的，可以自收到处理通知之日起十五日内依照

《中华人民共和国行政诉讼法》向人民法院起诉；侵权人期满不起诉又不停止侵权行为的，中医药主管部门可以申请人民法院强制执行。进行处理的中医药主管部门应当事人的请求，可以就侵犯专用权的赔偿数额进行调解；调解不成的，当事人可以依照《中华人民共和国民事诉讼法》向人民法院起诉。

第四十九条 专用权侵权纠纷涉及对医药信息的商业性利用行为的，使用传统医药信息的单位或者个人应当提供商业利用后产品所披露的医药用途信息不同于专用权所登记的医药用途信息的证明。

第五十条 在专用权侵权纠纷中，被控侵权人有证据证明商业利用行为所依赖的医药信息属于已经被商业化利用过的，不构成侵犯专用权。

第五十一条 经备案后商业化利用已进入公共领域且已公开的中医药传统知识医药信息，未及时报送利益分享方案的，由中医药传统知识管理委员会处以经营数额三倍以下罚款。

第五十二条 中医药主管部门根据已经取得的证据，对涉及侵害专用权行为进行查处时，可以询问有关当事人，调查与涉嫌违法行为有关的情况；对当事人涉嫌违法行为的场所实施现场检查；查阅、复制与涉嫌违法行为有关的合同、发票、账簿以及其他有关资料。

中医药主管部门依法行使前款规定的职权时，当事人应予以协助、配合，不得拒绝、阻挠。

第五十三条 侵犯专用权的赔偿数额按照侵权人因侵权所获得的利益确定。侵权人所获得的利益难以确定的，参照一般利益分享协议计算方法的倍数合理确定。

侵权人获得的利益和利益分享协议费用无法计算的，人民法院根据医药信息的实际临床应用价值，以及商业化利用行为所处阶段，及对未来预期市场价值评估等因素，确定给予一万元以上五百万元以下赔偿。

第五十四条 为生产经营目的使用、许诺销售、销售、进口不知道是未经专用权人许可的医药信息侵权产品，能证明该产品合法来源的，不承担赔偿责任。

第五十五条 违反本条例相关规定向外国转让医药信息专用权的，泄露国家秘密的，由所在单位或者上级主管机关给予行政处分，构成犯罪的，依法追究刑事责任。

第五十六条 从事中医药传统知识医药信息管理工作的国家机关工作人员以及其他有关国家机关工作人员玩忽职守、滥用职权、徇私舞弊，构成犯罪的，依法追究刑事责任；尚不构成犯罪的，依法给予行政处分。

第七章 附则

第五十七条 审批机关可以对本条例施行前已列入国家中医药保护名录或已进入国家非物质文化遗产保护代表性传承项目的中医药传统知识医药信息作出变通性规定，简化登记授权程序。

第五十八条 本条例自 年 月 日起施行。

主要参考文献

中文文献

(一) 专著

[1] 吴汉东:《知识产权总论》,中国人民大学出版社,2013。

[2] 吴汉东:《著作权合理使用制度研究》,中国政法大学出版社,1996。

[3] 王迁:《知识产权法教程》(第5版),中国人民大学出版社,2016。

[4] 王太平:《商标法原理与案例》,北京大学出版社,2015。

[5] 黄晖:《商标法》,法律出版社,2013。

[6] 严永和:《论传统知识的知识产权保护》,法律出版社,2006。

[7] 徐国栋:《民法哲学》,中国法制出版社,2009。

[8] 吴汉东:《知识产权多维度解读》,北京大学出版社,2008。

[9] 郑成思:《知识产权-应用法学与基本理论》,人民出版社,2005。

[10] 宋晓亭:《中医药传统知识的法律保护》,知识产权出版社,2009。

[11] 蔡明诚:《专利法》,台湾大学科际整合法律学研究所,2013。

[12] 崔国斌:《专利法原理与案例》,北京大学出版社,2012。

[13] 吴汉东等:《知识产权基本问题研究》(总论)(第二版),中国人民大学出版社,2009。

[14] 张勤:《知识产权基本原理》,知识产权出版社,2012。

[15] 尹新天:《专利权的保护》(第2版),知识产权出版社,2005。

[16] 尹新天：《中国专利法详解（缩编版）》，知识产权出版社，2012。

[17] 许忠信：《国际专利公约及发展趋势》，台湾"经济部"智慧财产局出版、台湾大学科际整合法律学研究所编印，2009。

[18] 杨崇森：《专利法理论与应用》，三民书局，2006。

[19] 谢铭洋：《智慧财产权法》，元照出版公司，2008。

[20] 郑成思：《版权法》，中国人民大学出版社，2009。

[21] 赵功民：《遗传的概念》，中国社会科学出版社，1996。

[22] 秦天宝编译《国际与外国遗传资源法选编》，法律出版社，2005。

[23] 秦天宝：《遗传资源获取与惠益分享的法律问题研究》，武汉大学出版社，2006。

[24] 胡惠林：《文化产业学》，高等教育出版社，2006。

[25] 薛晓源：《全球化与文化产业研究》，载林拓主编《世界文化产业发展前沿报告》（2003-2004），社会科学文献出版社，2004。

[26] 李明德：《美国知识产权法》，法律出版社，2011。

[27] 国际人权法教程项目组编写《国际人权法教程》第一卷，中国政法大学出版社，2002。

[28] 孔祥俊：《WTO知识产权协定及其国内适用》，法律出版社，2002。

[29] 汤宗舜：《专利法教程》，法律出版社，2003。

[30] 张晓都：《专利实质条件》，法律出版社，2002。

[31] 《日本专利法》，杜颖、易继明译，法律出版社，2001。

[32] 《法国知识产权法典》，黄晖译、郑成思审校，商务印书馆，1999。

[33] 郑成思：《知识产权法》，法律出版社，1997。

[34] 贵州省地方志编纂委员会主编《贵州省志·民族志》（下册），贵州民族出版社，2002。

[35] 孔建中：《智慧财产权法制的关键革新》，元照出版公司，2007。

[36] 端木正：《国际法（第三版）》，北京大学出版社，2000。

[37] 吴汉东：《知识产权制度基础理论研究》，知识产权出版社，2009。

[38] 韦之：《知识产权论》，知识产权出版社，2001。

[39] 钱弘道：《法律的经济分析》，清华大学出版社，2006。

[40] 龙文懋：《知识产权法哲学初论》，人民出版社，2003。

[41] 蔡瑟珍：《专利发明实体审查基准（一）》，台湾地区"经济部"智慧财产局出版、台湾大学科际整合法律学研究所编印，2006。

[42] 郭巧生主编《药用植物资源学》，高等教育出版社，2007。

[43] 李楠明：《价值主体性：主体性研究的新视域》，社会科学文献出版社，2005。

[44] 张小勇：《遗传资源的获取和惠益分享与知识产权》，知识产权出版社，2007。

[45] 杜勤：《药用植物学》，中国医药科技出版社，2011。

[46] 雍琦：《法律逻辑学》，法律出版社，2004。

[47] 李一丁编译《全球生物遗传资源获取与利益分享行为指南与示范准则资料汇编》，中国政法大学出版社，2018。

[48]《十二国著作权法》，《十二国著作权法》翻译组译，清华大学出版社，2011。

[49] 李昶、黄璐琦、肖培根、王永炎：《道地药材的知识产权保护研究》，上海科学技术出版社，2011。

（二）译著

[1]〔美〕E.博登海默：《法理学：法律哲学与法律方法》，邓正来译，中国政法大学出版社，2004。

[2]〔德〕托马斯·伯赖格、〔哥伦比亚〕索尼亚·佩纳·莫雷诺、〔瑞典〕马蒂亚斯·阿伦：《遗传资源获取与惠益分享的〈名古屋议定书〉诠释》，薛达元、林燕梅校译，中国环境出版社，2013。

[3]〔德〕莱万斯基：《原住民遗产与知识产权：遗传资源、传统知识和民间文学艺术》，廖冰冰、刘硕、卢璐译，中国民主法制出版社，2011。

[4]〔德〕弗里德里希·卡尔·冯·萨维尼：《论占有》，朱虎、刘智慧译，法律出版社，2007。

[5]〔美〕罗尔斯：《正义论》，何怀宏等译，中国社会科学出版社，1988。

[6]〔英〕罗伊·波特主编《剑桥插图医学史》，张大庆等译，如果出版社、大雁文化事业股份有限公司，2008。

[7]〔阿〕卡洛斯·M.科雷亚：《传统知识与知识产权：与传统知识保护有关的问题与意见》，国家知识产权条法司中文译本，2001。

[8]〔美〕爱尔乌德：《文化进化论》，钟兆麟译，世界书局，1932。

[9]〔英〕约翰·斯道雷：《文化理论与通俗文化导论》（第2版），杨竹山等译，南京大学出版社，2001。

[10]〔法〕维克多·埃尔：《文化概念》，康新文、晓文译，上海人民出版社，1988。

[11]〔美〕拉德克利夫·布朗：《社会人类学方法》，夏建中译，华夏出版社，2002。

[12]〔德〕卡尔·拉伦茨：《法学方法论》，陈爱娥译，商务印书馆，2003。

[13]〔英〕洛克：《政府论》（下篇），叶启芳、瞿菊农译，商务印书馆，1964。

[14]〔澳〕彼得·德霍斯：《知识财产法哲学》，周林译，商务印书馆，2008。

[15]〔美〕威廉·费歇尔：《知识产权的理论》，黄海峰译，载刘春田主编《中国知识产权评论》（第一卷），商务印书馆，2002。

[16]〔美〕罗伯特·P.墨杰斯、彼特·S.迈乃尔、马克·A.莱姆利、托马斯·M.乔德：《新技术时代的知识产权法》，齐筠等译，中国政法大学出版社，2003。

[17]〔德〕库尔特·拜尔茨：《基因伦理学》，马怀琪译，华夏出版社，2001。

[18]〔美〕达里尔·A.塞、格雷厄姆·杜特费尔德：《超越知识产权——为原住民和当地社区争取传统资源权利》，许建初、张兰英等译，云南科技出版社，2003。

[19]〔加〕威尔·金利卡：《多元文化的公民身份——一种自由主义的少数群体权利理论》，马莉、张昌耀译，中央民族大学出版社，2009。

[20]〔日〕中山弘信：《多媒体与著作权》，张玉瑞译，专利文献出

版社，1997。

[21]〔美〕亚当·杰夫、乔希·勒纳：《创新及其不满：专利体系对创新与进步的危害及对策》，罗建平、兰花译，中国人民大学出版社，2007。

[22]〔法〕孟德斯鸠：《论法的精神》（上册），许明龙译，商务印书馆，1985。

[23]〔美〕罗伯特·D. 考特、托马斯·S. 尤伦：《法和经济学》，张军等译，上海三联书店，1994。

[24]〔德〕拉德布鲁赫：《法学导论》，米健等译，中国大百科全书出版社，1997。

[25]〔美〕康芒斯：《制度经济学》（下册），于树生译，商务印书馆，1962。

[26]〔德〕黑格尔：《法哲学原理》，范扬等译，商务印书馆，1961。

[27]〔英〕弗里德利希·冯·哈耶克：《法律、立法与自由》（第二、三卷），邓正来等译，中国大百科全书出版社，2000。

[28]〔美〕德沃金：《法律帝国》，李常青、徐宗英译，中国大百科全书出版社，1996。

[29]〔美〕理查德·波斯纳：《法律的经济分析》（上），蒋兆康译，中国大百科全书出版社，2007。

[30]〔美〕威廉·M. 兰德斯、理查德·A. 波斯纳：《知识产权法的经济结构》，金海军译，北京大学出版社，2005。

(三) 期刊

[1] 李步云：《论人权的本原》，《政法论坛》2004年第2期。

[2] 孙阳：《演进中的合理使用规则及其启示》，《知识产权》2018年第10期。

[3] 李琛：《论我国著作权法修订中"合理使用"的立法技术》，《知识产权》2013年第1期。

[4] 谢晴川、何天翔：《论著作权合理使用制度的开放化路径》，《知识产权》2019年第5期。

[5] 梁艳：《传统知识非专有产权保护模式研究》，《甘肃社会科学》

2017年第6期。

[6] 孟奇勋、李晓钰等：《转换性使用规则的判定标准及其完善路径》，《武汉理工大学学报》（社会科学版）2019年第4期。

[7] 刘锡诚：《传承与传承人论》，《河南教育学院学报》（哲学社会科学版）2006年第5期。

[8] 肖夏：《环保专利共享法律制度研究》，《时代法学》2011年第3期。

[9] 黄裕霞、黄裕锋：《Clearinghouse（数据交换中心）与数字化地理信息共享》，《遥感信息》2003年第3期。

[10] 王迁：《论认定"模仿讽刺作品"构成"合理使用"的法律规则：兼评〈一个馒头引发的血案〉涉及的著作权问题》，《科技与法律》2006年第1期。

[11] 郭文华、童路：《试论现代植物药》，《世界科学技术》1999年第3期。

[12] 周伟伟：《欧盟植物品种局：观赏植物新品种保护申请比例最高》，《中国花卉园艺》2008年第21期。

[13] 徐瑄：《专利权垄断性的法哲学分析》，《中国法学》2002年第4期。

[14] 林其敏：《土著人民权利的国际保护——兼评〈联合国土著人民权利宣言〉》，《民族学刊》2011年第6期。

[15] 吴汉东：《文化多样性的主权、人权与私权分析》，《法学研究》2007年第6期。

[16] 吴汉东：《关于知识产权私权属性的再认识——兼评知识产权公权化理论》，《社会科学》2005年第10期。

[17] 郑万春：《知识产权与人权的关联辨析——对"知识产权属于基本人权"观点的质疑》，《法学家》2007年第5期。

[18] 吴汉东：《知识产权的私权与人权属性——以〈知识产权协议〉与〈世界人权公约〉为对象》，《法学研究》2003年第3期。

[19] 孙昊亮：《多维视野下遗传资源的法律保护分析》，《西北大学学报》（哲学社会科学版）2010年第5期。

［20］李扬、李念秋、熊莹：《人权与正义论：保护传统知识合理性的自然法哲学分析》，《重庆科技学院学报》（社会科学版）2009年第2期。

［21］卫欢：《传统知识法律保护的正当性——以传统知识为例》，《太原理工大学学报》（社会科学版）2010年第3期。

［22］吴汉东：《知识产权 VS. 人权：冲突、交叉与协调》，台湾《法令月刊》2003年第8期。

［23］朱谢群：《知识产权的法理基础》，《知识产权》2004年第5期。

［24］胡波：《专利法的伦理基础》，博士学位论文，西南政法大学，2009。

［25］徐显明：《人权主体之争引出的几个理论问题》，《中国法学》1992年第5期。

［26］吴汉东：《关于知识产权本体、主体与客体的重新认识——以财产所有权为比较研究对象》，《法学评论》2000年第5期。

［27］吕炳斌：《社区作为传统知识权利主体的基本理论问题研究》，《时代法学》2010年第2期。

［28］吴汉东：《关于知识产权本质的多维度解读》，《中国法学》2006年第5期。

［29］李长健、徐海萍：《传统知识的知识产权保护正当性研究》，《时代法学》2007年第3期。

［30］崔国斌：《专利法上的抽象思想与具体技术——计算机程度算法的客体属性分析》，《清华大学学报》（哲学社会科学版）2005年第3期。

［31］冯晓青：《信息产权理论与知识产权制度之正当性》，《法律科学》2005年第4期。

［32］崔国斌：《基因技术的专利保护与利益分享》，载郑成思主编《知识产权文丛》（第四卷），中国政法大学出版社，2000。

［33］马晓青、陈晓琦：《植物新品种保护与植物专利保护的区别》，《专利法研究》2004年第3期。

[34] 张平:《论商业方法的可专利性》,《网络法律评论》2002 年第 2 期。

[35] 张勇、朱雪忠:《专利实用性要件的国际协调研究》,《政法论丛》2005 年第 4 期。

[36] 张勇、朱雪忠:《商业世界 VS. 思想王国——以实用性要件为主线的专利制度发展研究》,《科技与法律》2006 年第 2 期。

[37] 古祖雪:《论传统知识的可知识产权性》,《厦门大学学报》(哲学社会科学版)2006 年第 2 期。

[38] 杨明:《传统知识的法律保护:模式选择与制度设计》,《法商研究》2006 年第 1 期。

[39] 黄武双:《构建传统医药知识利益保护新制度的建议》,《法学》2006 年第 3 期。

[40] 黄树民:《原住民政策评估研究之我思》,《人类学视界》2009 年第 3 期。

[41] 李扬:《传统知识保护的公共领域困境解读》,《电子知识产权》2009 年第 5 期。

[42] 龙文:《论民间文学艺术的权利归属及其知识产权保护模式》,载郑成思主编《知识产权文丛》第 10 卷,中国方正出版社,2004。

[43] 蒋鸣湄:《传统知识国内法保护议题下客体判定问题初探》,《广西民族大学学报》(哲学社会科学版)2012 年第 7 期。

[44] 张炳生、陈丹丹:《论生物技术专利保护中的利益平衡原则》,《浙江社会科学》2008 年第 6 期。

[45] 金锡华:《关于我国传统知识、遗传资源的保护——以来源披露制度为论点》,《贵州民族学院学报》(哲学社会科学版)2010 年第 1 期。

[46] 吕炳斌:《社区作为传统知识权利主体的基本理论问题研究》,《时代法学》2010 年第 2 期。

[47] 曲三强:《传统财产理论与知识产权观念》,载《中国高校知识产权研究会第十届年会论文集》,西安交通大学出版社,2002。

[48] 崔国斌:《知识产权与文化及生物多样性》,博士学位论文,北京大学,2002。

外文文献

(一) 英文专著

[1] William Morgan, "*Navaho Treatment of Sickness: Diagnosticians*" in David Landy, ed., *Culture Disease and Healing: Studies in Medical Anthropology*, Macmillan Publishing Company, 1977.

[2] P. N. V. Kurup, "*Medical Astrology*" in Traditional Medicine and Health Care Coverage, World Health Organization, 1983.

[3] Pascal Boyer, *Tradition as Truth and Communication: A Cognitive Description of Traditional Discourse*, Cambridge University Press, 1990.

[4] Charles M. Good, *Ethnomedical Systems in Africa: Patterns of Traditional medicine in Rural and Urban Kenya*, The Guilford Press, 1987.

[5] Lesser W., *Sustainable Use of Genetic Resources under the Convention on Biological Diversity: Exploring Access and Benefit Sharing Issues*, CAB International Press, 1998.

[6] SANDS P., *Principles of International Environmental Law*, Cambridge University Press, 2003.

[7] Chidi Vitus Oguamanam, *International Law, Plant Biodiversity and the Protection of Indigenous Knowledge: An Examination of Intellectual Property Rights in Relation to Traditional Medicine*, The University of British Columbia press, 2003.

[8] Graham Dutfield, *Intellectual Property Rights, Trade and Biodiversity: Seeds and Plant Varieties*, Earth Scan Publications Ltd, 2000.

[9] Bradley R. Schiller, *Essentials of Economics* (4th ed), Mcgraw-Hill Press, 2002.

[10] Gary Minda, *Postmodern Legal Movements: Law and Jurisprudence at Century's End*, New York University Press, 1995.

[11] H. L. A. Hart, "*Introduction*", in Essay on Bentham: Jurisprudence and Political Theory, Oxford University Press, 1982.

[12] Richard Lucas, *Nature's Medicines: The Folklore, Romance, and Value of Herbal Remedies*, Parke Publishing Inc., 1966.

［13］Virgin Vogel, *American Indian Medicine*, University of Oklahoma Press, 1970.

［14］Marie Battiste & James S. Y. Henderson, *Protecting Indigenous Knowledge and Heritage: A Global Challenge*, Purich Publishers, 2000.

［15］David Bainbridge, *Intellectual Law* (4th ed), Financial Times Pitman Publishing, 1999.

［16］Sheldon W. Halpern, Craig A. Nard, Kenneth L. Port, *Fundamentals of United States Intellectual Property Law: Copyright, Patent and Trademark*, Kluwer Law International, 1999.

［17］Franklin Ursula, *Real World of Technology*, House of Anansi Press, 1989.

［18］N. P. Carvalho, *The TRIPS Regime of Patent Rights*, Kluwer, 2002.

［19］Peter Drahos, *A Philosophy of Intellectual Property*, Dartmouth Publishing Group, 1996.

［20］Jorge Cabrera Medaglia, Frederic Perron-Welch and Freedom-Kai Phillips, *Overview of Regional and National Measures on Access and Benefit Sharing, Challenges and Opportunities in Implementing the Nagoya Protocol*, CISDL, 2014.

［21］Charles Lawson, Kamalesh Adhikari, *Biodiversity, Genetic Resources and Intellectual Property-Developments in Access and Benefit Sharing*, Routledge, 2018.

［22］James Anaya, *Indigenous Peoples in International Law*, Oxford University Press, 1996.

［23］Geertrui van Overwalle, *Gene Patents and Collaborative Licensing Models—Patent Pools, Clearinghouses, Open Source Models and Liability Regimes*, Cambridge University Press, 2009.

（二）英文期刊

［1］Rashwet Shrinkhal, "Free Prior Informed Consent as A Right of Indigenous Peoples", *Journal of National Law University*, Delhi 2014 (54).

［2］Kelvin Kwok, "Google Book Search, Transformative Use, and Commercial Intermediation: An Economic Perspective", *Yale Journal of Law &*

Technology, 2015 (17).

[3] Leval P., "Toward a Fair Use Standard", *Harvard Law Review*, 1990 (5).

[4] Noami, Roht-Arriaza, "Of Seeds and Shamans: The Appropriateness of Scientific and Technical Knowledge of Indigenous and Local Communities", *Michigan Journal of International Law*, 1996 (17).

[5] Edwin C. Hettinger, "Justifying Intellectual Property", *Phil. & Pub. Aff*, 1989 (18).

[6] Graham Dutfield, "TRIPS-Related Aspects of Traditional Knowledge", *Case Western Reserve Journal of International Law*, 2001 (33).

[7] Klaus Kornwachs, "A Formal Theory of Technology", *Journal of the Society for Philosophy and Technology*, 1998 (4).

[8] Richard S. Gruner, "Intangible Inventions: Patentable Subject Matter For An Information Age", *Loy. L. A. L. Rev*, 2002 (35).

[9] Lester Yano, "Protection of Ethnobiological Knowledge of Indigenous Peoples", *UCLA Law Review*, 1993 (41).

[10] Rebecca S. Eisenberg Robert P., "Merges Opinion Letter as to the Patentability of Certain Inventions Associated with the Identification of Partial cDNA Sequences", *AIPLA Quarterly Journal*, 1995 (23).

[11] Read Bain, "Technology and State Government", *American Sociological Review*, 1937 (2).

[12] Harold Demsetz, "Toward a Theory of Property Rights", *Econ. Rev*, 1967 (347).

[13] David Lange, "Recognizing the Public Domain", *Law & Contemp. Probs*, 1981 (147).

[14] Jessica Litman, "The Public Domain", *Emory L. J*, Fall, 1990.

[15] Tyler T. Ochoa, "Origins and Meanings of the Public Domain", *U. Dayton L. Rev*, 2002 (28).

[16] Michael A. Heller, "The Tragedy of the Anti-commons: Property in the Transition from Marx to Markets", *Harv. L. Rev*, 1998 (621).

[17] John A. Powell, "New Property Disaggregated: A Model to Address Employment Discrimination", *U. S. F. L. Rev*, 1989 (363).

[18] Van, Hoorebeek, Mark, Onzivu, William, "The Eco-Patent Commons and Environmental Technology Transfer: Implications for Efforts to Tackle Climate Change", *CCLR*, 2010 (5).

[19] Pasi Laihonen, Risto Kalliola, Jukka Salo, "The Biodiversity Information Clearinghouse Mechanism (CHM) as A Global Effort", *Environmental Science & Policy*, 2004 (7).

[20] James M. Buchanan & Yong J. Yoon, "Symmetric Tragedies: Commons and Anti-commons", *Journal of Law & Economics*, 2000 (134).

[21] William Van Caenegem, "The Public Domain: Scienta Nullius", *European Intellectual Property Review*, 2002 (12).

[22] Melanie Nakagawa, "Overview of Prior Informed Consent from An International Perspective", *Sustainable Development Law & Policy*, 2004 (4).

[23] Paul J. Magnarella, "The Evolving Rights of Self-Determination of Indigenous Peoples", *St. Thomas L. Rev*, 2001 (14).

[24] Bartolome Clavero, "The Indigenous Rights of Participation and International Development Policies", *Arizona Journal of International & Comparative Law*, 2005 (41).

[25] Benedict Kingsbury, "Reconciling Five Competing Conceptual Structures of Indigenous Peoples Claims in International and Comparative Law", *N. Y. U. J. INT'L. L. & POL*, 2001 (189).

[26] Martha Nussbaum, "Human Rights and Human Capabilities", *Harv. Hum. Rts. J*, 2007 (41).

[27] G. Dworkin, "Aboriginal Self-Determination: The Status of Canadian Aboriginal Peoples at International Law", *Sask. L. Rev*, 1992 (6).

[28] William W. Fisher III, "Property and Contract on the Internet", *Chi. -Kent L. Rev*, 1998 (27).

后 记

本书是我在博士学位论文基础上继续研究的成果，也是10年来对中医药传统知识保护进行学习和思考的结晶。这10年正值中国知识产权事业进入高速发展时期，知识产权强国战略初步形成，《中医药发展战略规划纲要（2016~2030年）》及《中医药法》的颁布也为中医药事业的发展提供重要契机。时值国家积极推动出台《中医药传统知识保护条例》之际，本书即将付梓，不免感慨万千。

缘于对中医与法学的双重热爱，有幸成为江西中医药大学中医（医事法律方向）专业首届学子。5年来我沉迷于浩瀚精深的中医辨证论治之道及精妙的法学思想，奈何精力有限，天资不够聪慧，正所谓"鱼与熊掌不可兼得"，遂弃医从法，继续求学于六朝古都，专研医药法，其间初涉传统中医药知识产权保护问题。后机缘巧合攻读中南财经政法大学知识产权法学博士学位，师从国家知识产权局前局长王景川教授，得以继续钻研传统中医药的知识产权保护问题。

感谢我的博士生导师王景川教授，他严谨的治学态度、对事物的敏锐洞察力以及高屋建瓴的宏观视野，对我影响深远。从恩师的教诲中，不仅学到了对待科研严谨踏实的态度，更多的是为人处世的大将风度。感谢我的副导师黄玉烨教授，她温良、耐心、宽厚、包容、谦逊、睿智，多年来对我的论文写作给予诸多的帮助和指导，对我的学习、工作和生活给予无私的帮助。

感谢吴汉东教授、曹新明教授、胡开忠教授、彭学龙教授、宁立志教授在博士学位论文答辩期间给予的大量中肯和富有成效的意见，感谢宋晓亭教授、朱雪忠教授、梁志文教授、卢文祥教授对论文给予诸多的指导和启示，感谢我的硕士生导师田侃教授在人生道路上给予的指引和帮助，感谢台湾东吴大学校长潘维大教授对我求学的鼓励与引荐，感谢南京师范大学韦宝平教授的无私帮助与支持。

感谢张弘、李士林、张鹏、郑伦幸、姚鹤辉等诸位同窗好友，在读博四年对我的帮助和启迪，以及沧桑岁月的陪伴。感谢同事白庚亮老师对全书进行了通读、校对，感谢本书责编高媛老师辛勤细致的编辑工作。最后感谢家人对我的鼓励与照顾，感谢我的妻子及伶俐可爱的小公主，她们对我的包容与支持，为我的人生重启幸运之门。

本书以中医药传统知识新型知识产权权利保护类型为论题，对于中医药传统知识的制度保护而言并不算是一个新议题，学界从 20 世纪八九十年代即已有诸多成果问世，因此，写出具有新意且符合我国国情的中医药传统知识的知识产权保护制度极具挑战性。由于能力及视野所限，对于有些制度设想并未进行深入论证，观点难免有失偏颇或存在谬论之处，论文虽然得以出版，但需要探讨和研究的地方还有很多，恳请各位老师、同仁批评指正。

最后以博士毕业临别寄词为结尾："先习医，潜轵阴阳六腑论，混得半个郎中；后从法，聆皓智财中南情，匡得一世抱负。待从头，十年一幕，晓南湖畔，文泓传义，我辈同窗，文治天下。"是为纪念。

以上，是以为谢！

陈庆　谨致

二〇二一年三月三十一日　于南京·仙林羊山湖畔

图书在版编目(CIP)数据

中医药传统知识医药信息专用权研究/陈庆著.--北京：社会科学文献出版社，2022.6
　国家社科基金后期资助项目
　ISBN 978-7-5228-0032-5

Ⅰ.①中… Ⅱ.①陈… Ⅲ.①中国医药学-信息学-知识产权-研究-中国 Ⅳ.①D923.404

中国版本图书馆CIP数据核字（2022）第065726号

国家社科基金后期资助项目
中医药传统知识医药信息专用权研究

著　　者 / 陈　庆

出 版 人 / 王利民
责任编辑 / 高　媛
责任印制 / 王京美

出　　版 / 社会科学文献出版社·政法传媒分社（010）59367156
　　　　　地址：北京市北三环中路甲29号院华龙大厦　邮编：100029
　　　　　网址：www.ssap.com.cn
发　　行 / 社会科学文献出版社（010）59367028
印　　装 / 三河市龙林印务有限公司

规　　格 / 开　本：787mm×1092mm　1/16
　　　　　印　张：18　字　数：285千字
版　　次 / 2022年6月第1版　2022年6月第1次印刷
书　　号 / ISBN 978-7-5228-0032-5
定　　价 / 98.00元

读者服务电话：4008918866

▲ 版权所有 翻印必究